周越然 zhou yueran 作品系列

文史杂录

history

周越然 / 著

陈子善　王稼句 / 策划

金小明 / 编

北方文艺出版社

周越然的书

陈子善

日前在深圳见到一位收藏界后起之秀，他出示一份所藏清代以降藏书家手札目录，自朱彝尊起，至黄永年止，名家汇集，洋洋大观。但笔者发现其中有个重要的遗漏，周越然并不包括在内。应该指出的是，周越然墨迹存世很少，也是不争的事实。

余生也晚，知道周越然的名字已在1980年代后期了。那时为搜寻张爱玲作品，查阅1940年代上海的《杂志》《风雨谈》《古今》《天地》等文学和文史掌故杂志，经常见到周越然的妙文。后来又在旧书摊上淘到周越然的《书书书》《六十回忆》等著作，始知周越然并非藉藉无名，等闲之辈。然而，我们已经把他遗忘得很久了。

周越然（1885—1962）原名文彦，又名复盦，浙江吴兴（今湖州）人，藏书家、编译家、散文家和性学家。他是清光绪三十年（1904年）的秀才，又是南社社员。曾执教江苏高等学堂、安徽高等学校和上海中国公学等校，是严复弟子，为辜鸿铭所赏识，戴季陶则向他从过学。他精通英语，1915年起任职商务印书馆编译所英文部近二十年之久，编译各类英语教科书和参考书籍三十多种，尤以《英语模范读本》销数最大，几乎垄断当时全国的中学语文课本。他1940年代专事写作。1950年代先后在上海水产学院教授英语和从事图书馆工作。

根据现有资料可知，周越然生前出版了《书书书》(1944年5月上海中华日报社初版)《六十回忆》（1944年12月上海太平书局初版）和《版本与书籍》（1945年8月上海知行出版社初版）三种谈书的书，《情性故事集》（1936年7月上海天马书店初版），《性知性识》（1936年7月上海天马书店初版）二种谈性的书。虽然还不能说周越然已经著作等身，但如果说他著述甚丰，影响不小，却是完全符合史实的。

由此也可见，周越然是早该进入文学史的人物。1980年5月台北成文出版社出版的刘心皇著《抗战时期沦陷区文学史》里就出现了周越然的名字，称其“藏书有外国古本，中国宋元明版，中外绝版三种。数量之多，更是惊人。”这大概是文学史著作首次写到周越然。1995年2月上海人民出版社出版的陈青生著《抗战时期的上海文学》里也写到周越然，特别对周越然的散文给予颇高的评价。此书论及上海沦陷时期的“清谈风”与“怀旧热”散文时，给周越然以相当的篇幅，认为周越然的“书话”“专谈古书版本流变及伪赝‘古书’的识别，举证周详，论列精细”，而周越然“将有关‘书’的广博见识，用半文半白、亦庄亦谐的文笔写出”，“在中国古今同类散文小品中，显示出承前启后的独特个性。”至于周越然的“忆旧散文”，也自有其风格，“没有严密的秩序，忆及即写，散漫随意”，“下笔也比较自由，叙已述人或谈事载言，虽未必确切周到，却不失真实生动。”这是内地文学史著作写到周越然之始，都不能不提。

自1990年代中期起，随着内地出版界思想的解放，选题的多样，重印周越然著述逐渐付之实施。据笔者粗略统计，已经出版的周越然著述有如下七种：

《书与回忆》（1996年9月辽宁教育出版社初版）《言言斋书话》（徐雁等编，1998年9月陕西师范大学出版社初版），《周越然书话》（陈子善编，1999年3月浙江人民出版社初版），《言言斋古籍丛谈》（周炳辉编，2000年2月辽宁教育出版社初版），《言言斋西书丛谈》（周炳辉编，2003年3月广西师范大学出版社初版），《夹竹桃集：周越然集外文》（金小明、周炳辉编，2013年3月中央编译出版社初版）。

这些周越然作品集当然各具特色，对传播周越然其人其文所起的作用自不待言。但是，除了集外文的发掘整理，它们大都是重新编排的选本，而非周越然著作的初版原貌。这是一个明显的不足，因为读者无法从中得见周越然自己编定的集子，也即无法品尝周越然作品集的原汁原味，不少读者对此深以为憾。

从这个意义讲，北方文艺出版社此次新版《周越然作品系列》，首批印行周越然生前编定的五种作品集，就令人大为惊喜了。不但周越然脍炙人口的《书书书》《六十回忆》《版本与书籍》三种据初版本重印，《性情故事集》和《性知性识》两种生动有趣的性学小品集更是1949年以后首次与读者见面，极为难得。此后还将陆续印行《修身小集》《文史杂录》《旧籍丛话》等周越然集外文辑。“文字飘零谁为拾？”这部真正是原汁原味的《周越然作品系列》的问世，正好较为圆满地回答了百岁老人周退密先生当年的诘问，也必将对周越然研究有所推动。

也许因为笔者以前编过《周越然书话》，王稼句兄不弃，嘱为北方文艺出版社这部颇具新意的《周越然作品系列》写几句感言，拉拉杂杂写了以上这些话，聊以塞责，不当之处，谨请高明指教。

丙申初冬于海上梅川书舍

目　录

非宋即元

一

书籍大概得分为两类：（一）应仔细收藏者，（二）可随便翻阅者。前者不宜损伤，后者不怕遗失。前者含古董性，后者为流行品。前者，传世较稀之古本也；后者，市上常见之刊物也。前者即宋金元本，或明初本，或清代精刻本，或名家手抄手校本。后者即普通木刻本，或传抄本，或铅印石印本。本篇及行将在本报连续发表诸篇（约计八篇），专讲最可珍贵之古本，故以《非宋即元》为题。然有时亦难免自破其例，即所述者不尽为宋为元，如本篇之金本《尚书注疏》是也。惟金版最少，且最为藏家所尊视，其真值实与宋版元版相等。他篇中或者间及明代刊物如华氏会通馆活字本者，亦取其可珍也。

《非宋即元》各篇之主旨，在使初学版本者，或不研究版本而嗜书籍者，得知宋元本之真相，得见宋元本之真面目也。每篇所讲之书，或四五种或五六种不等。每种必说明其要略与行格等等，且每种必影印其最精华之半叶（不作“页”

字）。本篇先讲经部，以后再讲史部，子部，集部。经史子集四部，亦有称为“甲，乙，丙，丁”者。

依清代四库分类法：经部细别为易类，书类，诗类，礼类，春秋类，孝经类，五经总类，四书类，乐类，及小学类。本篇所择诸书，易类一种，书类二种，诗类一种，礼类一种，春秋类一种。每种所影印之叶，其原本今尚为作者所有，非若他人之“有目无书”，或借自别家者也是。

本篇所讲各书如下：

（一）宋本《易传》（即《周易程传》）

《易传》，宋程颐撰，入清四库经部易类二。其书但解上下经及彖象文言；系辞传，说卦传，杂卦传无注。提要引杨时跋语云，“伊川先生著易传，未及成书，将启手足，以其书授门人张绎。未几绎卒，故其书散亡。学者所传无善本。谢显道得其书于京师，以示余；错乱重复，几不可读。东归，待次毘陵，乃始校正；去其重复，逾年而始完……”。提要又云，“程子不信邵子之数。故邵子以数言易，而程子此传则言理；一阐天道，一切人事。盖古人著书，务抒所见而止，不妨各明一义。守门户之见者，必坚护师说，尺寸不容逾越，亦异乎先儒之本旨矣”。

本篇所影印之半叶，系卷一第一叶。（见图一）原书板匡高约市尺七寸半，广约十寸半。版心记字数，并有刻工姓名；白口，单鱼尾，左右双栏。每半叶八行，每行十五字；经顶格，传低一格。书中遇“贞”字缺笔（即不作最末之一点），——此为宋刻之最大证据。原叶字字明晰，则又为宋印之证据矣。

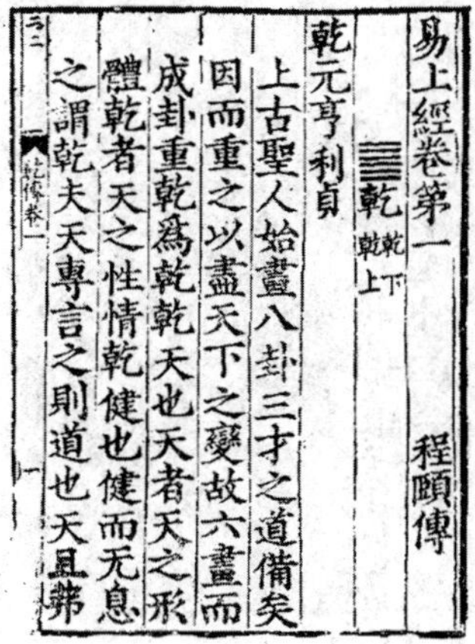

易上經卷第一　程頤傳
☰乾 乾下乾上
乾元亨利貞
上古聖人始畫八卦三才之道備矣因而重之以盡天下之變故六畫而成卦重乾爲乾乾天也天者天之形體乾者天之性情乾健也健而无息之謂乾夫天專言之則道也天且弗

图一

（二）宋本《书集传》

《书集传》，宋蔡沈撰，入清四库经部书类一。沈字仲默，号九峰，建阳人，元定之子也，事迹附载《宋史·元定传》。提要称，“庆元己未朱子属沈作书传，至嘉定己巳书成。淳祐中其子杭表进于朝，称《集传》六卷，《小序》一卷，《朱熹问答》一卷，缮写成十二册。其《问答》一卷久佚。董鼎《书传集注》称淳祐经进本，录朱子与蔡仲默帖及语录数段，今各类入纲领辑录内。是其文犹散见于鼎书中，其条目则不可复考。《小序》一卷，沈亦逐条辨驳，如朱子之攻《诗序》。今其文犹存，而书肆本皆削去不刊。考朱升《尚书旁注》，称古文《书序》自为一篇，孔注移之，各冠篇首。蔡氏删之，而置于后，以仍其旧，——盖朱子所授之旨。是元末明初刊本，尚连《小序》。……钦定《书经传说汇纂》亦多所考订厘正，盖在朱子之说《尚书》，主于通所可通，而缺其所不可通，……而沈于殷盘周诰，一一必求其解，其不能无憾也固宜。……”

本篇所影印者（见图二），卷四第四十三叶之前半也。

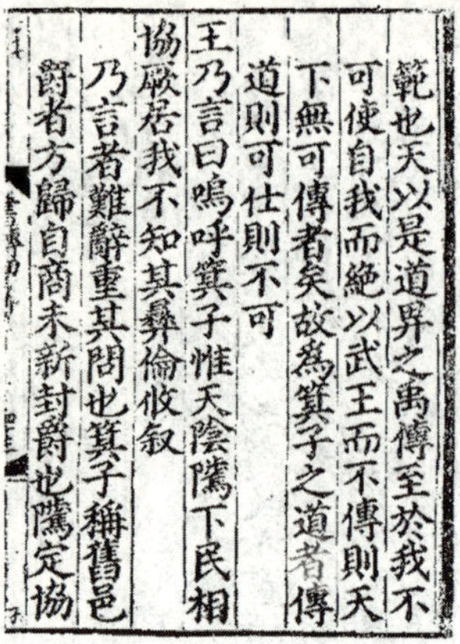

範也天以是道畀之禹傳至於我不
可使自我而絶以武王而不傳則天
下無可傳者矣故爲箕子之道者傳
道則可仕則不可
王乃言曰嗚呼箕子惟天陰騭下民相
協厥居我不知其彝倫攸叙
乃言者難辭重其問也箕子稱舊邑
爵者方歸自商未新封爵也騭定協

图二

原书板匡高约七寸半，广约十寸又一寸之四分之三。版心记字数，并有刻工姓名；白口，双鱼尾，左右双栏。每半叶八行，每行十五字；经顶格，传低一格。原书字字明晰，足为宋印之证。

（三）金本《尚书注疏》

《尚书注疏》，唐孔颖达撰；颖达，字仲达，衡水人。常熟瞿氏有此书之全本二十卷。其藏目卷二云，“案《说命中》篇“惟天聪明”节，注疏各本伪脱。日本山井鼎据古本宋版，正误补缺，载之《考文》。此本正与之合。……余与《考文》所载宋版合者什九。核其文义，多胜他本。止如《尧典第一》，疏云“交代揖让，以重无为，故为第一也”。各本“重”皆作“垂”，阮校亦以“重”为非。窃意惟重之所以冠诸首，孔氏正以“重”字释尧典为第一之故，似作“重”为优。此类甚众，未能殚述。”瞿目又云，“每半叶十三行，行大字廿六至廿九不等；小字皆卅五，蝇头小楷，雕镂极工，虽南宋精椠，不能及也。”

本篇所影印者（见图三），二十卷第六叶也。板匡高约六寸半，广约九寸，白口，双鱼尾，版心记字数，惟无刻工姓名。

图三

（四）宋本《诗集传》

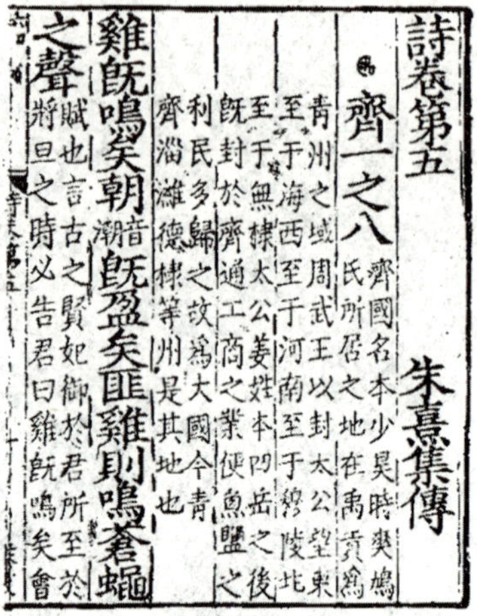
詩卷第五　　朱熹集傳

齊一之八　齊國名本少昊時爽鳩氏所居之地在禹貢爲青州之域周武王以封太公望東至于海西至于河南至于穆陵北至于無棣太公姜姓本四岳之後既封於齊通工商之業便魚鹽之利民多歸之故爲大國今青齊淄濰德棣等州是其地也

雞既鳴矣朝音潮既盈矣匪雞則鳴蒼蠅之聲　賦也言古之賢妃御於君所至於將旦之時必告君曰雞既鳴矣會

图四

《诗集传》，宋朱熹撰，入清四库经部诗类一。提要云，“朱子注易，凡两易稿。其初著之易传，宋志著录，今已散佚，不知其说之同异。注诗亦易两稿。凡吕祖谦《读诗记》，所称‘朱氏曰’者，皆其初稿，其说全宗《小序》。后乃改从郑樵之说，是为今本。卷首自序作于淳熙四年，中无一语斥《小序》，盖犹初稿；序末称‘时方辑诗传’，是其证也。……杨慎《丹铅录》，谓‘文公因吕成公太尊《小序》，遂尽变其说’；虽意度之词，或亦不无所因欤？自是以后，说诗者分攻序宗序两家，角立相争，而终不能以偏废。《钦定诗经汇纂》，虽以《集传》居先，而《序》说亦皆附录，允为持千古之平矣。”

本篇影印之宋刻《诗集传》（见图四），系卷五第一叶。版匡高约五寸半，广约八寸半。白口，单鱼尾，左右双栏，版心有刻工姓名。每半叶七行，每行十五字；小字双行，字数同。此叶清晰异常，确是宋刊宋印。

（五）元本《礼记集说》

《礼记集说》，即《云庄礼记集说》，元陈澔撰，入清四库经部礼类三。澔字可大，号云庄，都昌人。提要云，“是书成于至治壬戌。……初延祐科举之制，易书诗春秋，皆以宋儒新说与古注疏相参，惟礼记则专用古注疏，盖其时老师宿儒，尤有存者，知礼不可以空言解也。澔成是书又在延祐之后，亦未为儒者所称。明初始定礼记用澔注。胡广等修《五经大全》，礼记亦以澔注为主。用以取士，遂诵习相沿。……澔所短者，在不知礼制当有证据，礼意当有发明，而笺释文句，一如注《孝经》《论语》之法，故用以蒙训则有余，求以经术则不足。朱彝尊《经义考》以免园册子诋之，固为已甚，要其说亦必有由矣。……”

本篇影印者（见图五），卷十六第一叶也。刻印均佳，诚元本之最上等者。原书版匡高约六寸，广约八寸。黑口，双鱼尾，版心不记字数，亦无刻工姓名。左右双栏，每半叶十一行，每行二十一字；小字双行，字数同。

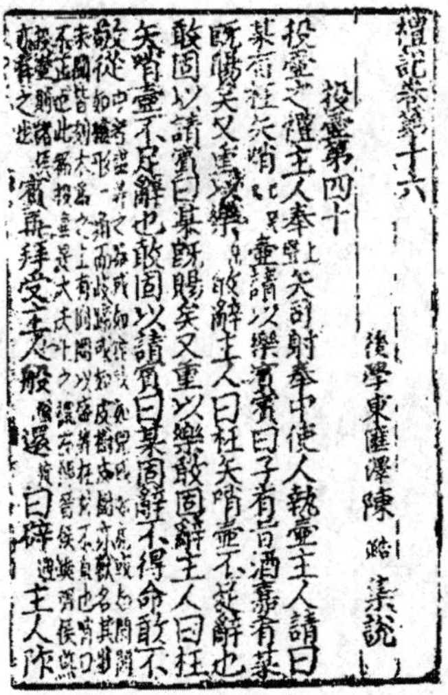
禮記卷第十六
後學東匯澤陳澔集說
投壺第四十
投壺之禮主人奉矢司射奉中使人執壺主人請曰某有枉矢哨壺請以樂賓賓曰子有旨酒嘉肴某既賜矣又重以樂敢辭主人曰枉矢哨壺不足辭也敢固以請賓曰某既賜矣又重以樂敢固辭主人曰枉矢哨壺不足辭也敢固以請賓曰某固辭不得命敢不敬從……賓再拜受主人般還曰辟主人阼……

图五

（六）宋本《春秋公羊传注疏》

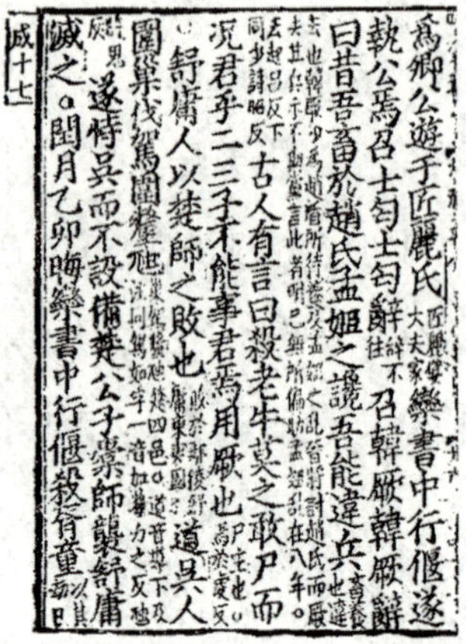
成十七
為卿公遊于匠麗氏欒書中行偃遂
執公焉召士匄士匄辭召韓厥韓厥辭
曰昔吾畜於趙氏孟姬之讒吾能違兵
古人有言曰殺老牛莫之敢尸而
況君乎二三子不能事君焉用厥也
舒庸人以楚師之敗也道吳人
圍巢伐駕圍釐虺
遂恃吳而不設備楚公子橐師襲舒庸
滅之。閏月乙卯晦欒書中行偃殺胥童

图六

《春秋公羊传注疏》，汉公羊寿传，何休解诂，唐徐彦疏，入清四库经部春秋类一。公羊子齐人，名高。徐彦疏引戴宏序曰，“子夏传与公羊高，高传与其子平，平传与其子地，地传与其子敢，敢传与其子寿。至汉景帝时，寿乃与齐人胡母子都著于竹帛”。何休之注亦同。何休，后汉樊人，字邵公，精究六部。徐彦，不知时代，清四库馆臣，据《广川藏书志》，假定其为唐人也。

本篇影印者，系原书二十八卷第二十六叶之后半。版匡高约六寸，广约八寸，白口，双鱼尾，版心记字数，惟无刻工姓名。左右双栏；左栏外有耳子（见图六），记某公某年，如本叶之“成十七”是也。每半叶十行，行十七字；小字双行，行二十三字。此叶刷印虽佳，刻工并不甚精。

细观上面影印各叶，可知下述四事：（一）宋版之字，大都作颜体，（二）元版之字，大多作赵体，（三）宋版多白口本，（四）元版多黑口本。

原载一九四三年七月一日《中华月报》第六卷第一期

二

上篇（参观本报复刊第一号）言经，本篇言史。古时经史不分；经即史也，史即经也。《汉书》艺文志载《史记》于春秋类——此为最明之证。魏晋以后，史书之著作日繁，其种类竟与经传相埒。故目录学者不得不离六艺而另立门类也。

史书最多，然能举重明轻，求其文直事核，历代取法者，亦不难屈指计之。《尚书》《春秋》《左传》，最古之史也，但属于经传，不必采及。史之古者，当为《国语》。《战国策》述春秋以后时事，其体本乎《国语》，不可偏废。——两者清四库均归入杂史。《史记》《汉书》为正史之冠，并为历代所推崇。语，策，史，汉，周秦两汉之巨著也。后世佳作，惟《资治通鉴》与《纪事本末》。前者效法于《左传》，后者导源于《尚书》，其文与事，与语，策，史，汉同垂不朽。此外，如《通志》《通考》，荟萃历代政典，详其因革，加以贯通，亦为读史者所不可不重。兹将此八书之"故事"简述如后，并影印宋元刊本各半叶，以为阅众之参考。语，策，通，志，余家无宋元藏本，因缺。

（一）《国语》，周左邱明撰

邱明，鲁之太史也，与孔子同时。孔子作《春秋》，邱明述其志而作传，是为《左传》；又取其遗事，分国（周，鲁，齐，晋，郑，楚，吴，越）纂记，是为《国语》。清四库提要云，“《国语》出自何人，说者不一，然终以汉人所说为近古。所记之事，与左传俱迄智伯之亡，时代亦复相合。……汉志作二十一篇。……隋志作二十二卷，唐志作二十卷，而此本（越案：指章铨家藏吴韦昭注本）首尾完具，实二十一卷。诸家所传南北宋版，无不相同。知隋志误一字，唐志脱一字也。”

《国语》亦称《春秋外传》。

余家虽无宋元本《国语》，而有《国语补音》（唐人旧本，宋宋庠，补葺），兹影印半叶（见图一）如下：

儒林列傳第六十一　史記百二十一
太史公曰余讀功令至於廣厲學官之路未嘗不
廢書而歎也曰嗟乎夫周室衰而關雎作幽厲微
而禮樂壞諸侯恣行政由强國故孔子閔王路廢
而邪道興於是論次詩書修起禮樂適齊聞韶三
月不知肉味自衛返魯然後樂正雅頌各得其所
世以混濁莫能用是以仲尼干七十餘君無所遇
曰苟有用我者期月而已矣西狩獲麟曰吾道窮
矣故因史記作春秋以當王法其辭微而指博後
世學者多錄焉自孔子卒後七十子之徒

图一

上面影印者，宋刊本卷二第十七叶也。原书版匡高九吋，广十二吋半。白口，单鱼尾，左右双栏，半叶十行，行大小均二十字。元代有翻宋本，其版心“国”字作“国”。旧时吴兴陆氏曾藏宋刊本《国语补音》三卷。

（二）《战国策》

《战国策》，一名《长短书》，先秦诸人所记战国时事也。汉刘向重加编校，其体与《国语》相似。四库提要云，“案汉艺文志《战国策》与《史记》为一类，历代史志因之。

《晁公武读书志》始改入子部纵横家，《文献通考》因之。案班固称司马迁作《史记》，据左氏《国语》，采世本《战国策》，……则《战国策》当为史类，更无疑义，且子之为名，本以称人，因以称其所著；必为一家之言，乃当此目。《战国策》乃刘向裒合诸记，并为一编，作者既非一人，又均不得其主名。所谓子者安指乎？公武改隶子部，是以记事之书，为立言之书，以杂编之书，为一家之言，殊为未允。今仍归之史部中。”

（三）《史记》，汉司马迁撰

《史记》一百三十卷，起自黄帝，迄于汉武；为十二本纪以序帝王，十表以贯岁月，八书以纪政事，三十世家以述公侯，七十列传以志士庶。迁殁后，缺十篇；元成间，褚少孙追补，并附以武帝后事——体大思精，文富事备，非陈寿（三国志）以下诸史之所能及也。

本篇影印元刊本史记儒林列传第六十一卷首叶之前半（见图二）。原书版匡高八吋半，广一吋。白口，单鱼尾，四周双栏，半叶十行，行大字十九，注文二十五、

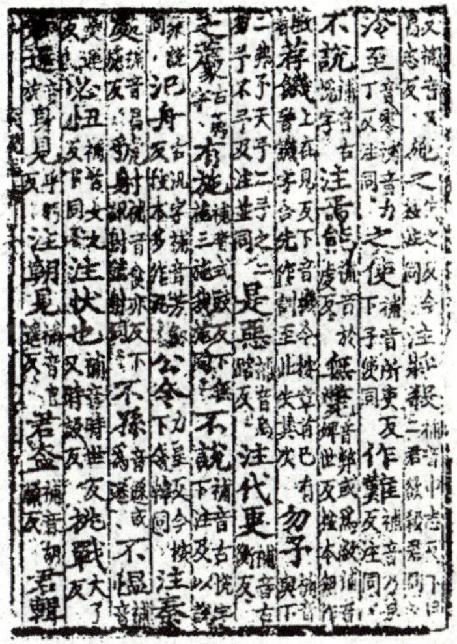

图二

六字不等。版心有刻工姓名。《甘泉乡人稿》曾提及此本。

（四）《汉书》，后汉班固撰

班固，安陵人，字孟坚。明帝时，典校秘书，作汉书，至建中初乃成。八表及天文志未竟而卒。和帝诏固妹昭，就东观藏书踵成之。全书一百廿卷，其体例一依《史记》，惟删去世家之名而统称列传，又易八书之书名为志。后世史家大抵皆从固之所定。“是书历代宝传，咸无异论”（四库提要）。

本篇影印之半叶（见图三），系南宋大字本第六十六卷之首叶。原书版匡高九吋半，广十五吋。白口，无上下鱼尾，左右双栏，半叶九行，行十六字，颜师古注文双行，每行二十字。此书书法严整，藏家皆珍视之。

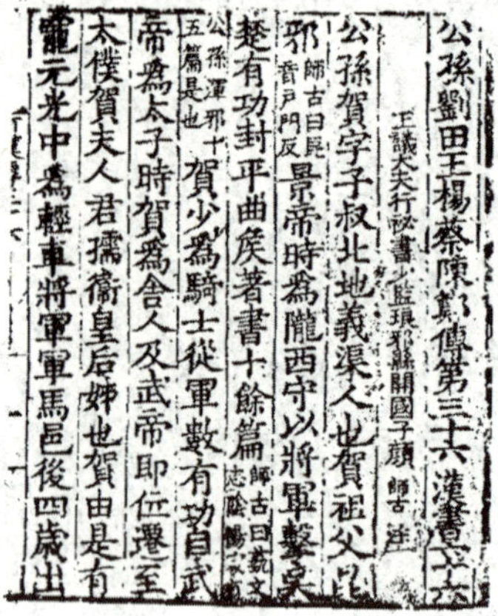
公孫劉田王楊蔡陳鄭傳第三十六　漢書六十六
正議大夫行秘書少監琅邪縣開國子顔師古注
公孫賀字子叔北地義渠人也賀祖父昆
邪師古曰昆音戶門反景帝時爲隴西守以將軍擊吳
楚有功封平曲侯著書十餘篇師古曰藝文志陰陽家有公孫渾邪十五篇是也　賀少爲騎士從軍數有功自武
帝爲太子時賀爲舍人及武帝即位遷至
太僕賀夫人君孺衛皇后姊也賀由是有
寵元光中爲輕車將軍軍馬邑後四歲出

图三

（五）《资治通鉴》，宋司马光撰

全书二百九十四卷，始于周威烈王命三晋为诸侯一事，而终于五代之季，凡十六代，一千三百六十二年。书成，上之神宗，赐名《资治通鉴》。光自谓“精力尽于此书”，非大言也。

光字君实，陕州夏县涑水乡人。历仕仁宗，英宗。至神宗时，以议新法之害，出居于洛。哲宗立，光入为相。尽改新法。在相位八月而卒，赠太师温国公，谥文正。

下面影印之半叶（见图四）系北宋蜀费氏进修堂大字本，即宋人所谓“龙爪本”也。原书版匡高九吋，广十五吋半。白口，双鱼尾，左右双栏，半叶十一行，行十九字。本篇影印之叶，二百七十卷第一叶之前半也。

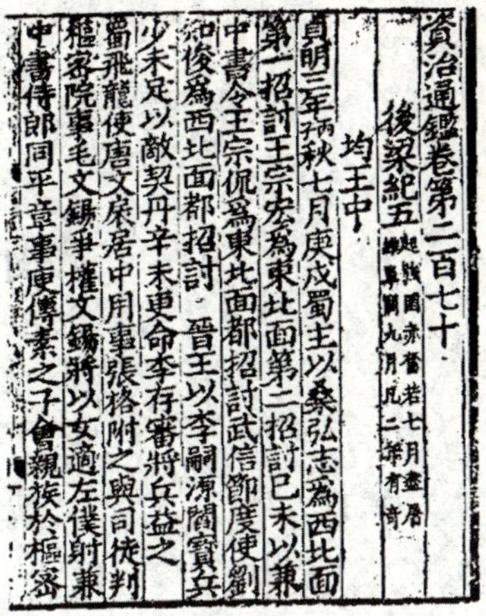
資治通鑑卷第二百七十
後梁紀五 起强圉赤奮若七月盡屠維單閼九月凡二年有奇
均王中
貞明三年丙子秋七月庚戌蜀主以桑弘志爲西北面
第一招討王宗宏爲東北面第二招討己未以兼
中書令王宗侃爲東北面都招討武信節度使劉
知俊爲西北面都招討。晉王以李嗣源閻寶兵
少未足以敵契丹辛未更命李存審將兵益之
蜀飛龍使唐文扆居中用事張格附之與司徒判
樞密院事毛文錫爭權文錫將以女適左僕射兼
中書侍郎同平章事庾傳素之子會親族於樞密

图四

（六）《纪事本末》，宋袁枢撰

枢字机仲，建安人，官至工部侍郎，宋史有传。四库提要云，“古之史册，编年而已，周以前无异轨也。司马迁作《史记》，遂有纪传一本，唐以前亦无异轨也”。提要又云，“然纪传之法，或一事而复见数篇，宾主莫辨。编年之法，或一事而隔越数卷，首尾难稽，枢乃自出新意，因司马光《资治通鉴》，区别门目，以类排纂；每字各详起讫，自为标题，每篇各编年月，自为首尾。始于三家之分晋，终于周世宗之征淮南；包括数千年事迹，经纬明晰，节目详具，前后始末，一览了然。遂使纪传编年，贯通为一，实前古之所未见也。”

下面影印宋淳熙湖州大字本卷一第八十叶之前半（见图五）。原书版匡高十吋半，广十五吋半。白口，单鱼尾，左右双栏。每半叶十一行，每行十九字。版心记字数，又有刻工姓名。《仪顾堂续跋》，曾提及此本。

（图五欠奉）

（七）《通志》，宋郑樵撰

樵字渔仲，莆田人，博学强记，好为考证伦类之学。绍兴中，以荐召对，给札使归抄此书。书成（凡二百卷），入为枢密院编修。

是书规仿正史纪传之体，而不断于一代，与史记正同，清四库入别史类。其中二十略，采摭详博，议论警辟，为全书之精华。

余家无《通志》之宋元本，故不能影印。

（八）《文献通考》，元马端临撰

是书凡二百四十八卷。自序谓“欲观圣王之迹，则于其粲然者，后王是也。昔司马温公作《通鉴》，取三百余年之事，著其理乱兴衰，使人有所鉴戒。独至经国典章之要，历代之因仍损益，而鲜自为之条理贯通者。因仿唐杜祐《通典》而推广之；以《通典》八门，析为一十有九，而增以经籍，帝系，封建，象纬，物异五门。”其所纪之事，上起黄虞，下讫宗宁，分条排纂，加以论断，诚史学要籍也。

马端临，字贵舆，鄱阳人。

本篇影印者（见图六），元延祐本卷十八第一叶之前半也。原书版匡高十吋，广十五吋半。白口，双鱼尾，左右双栏，每半叶十三行，每行二十六字。

《通志》《通考》《通典》，合称三通。余家虽无《通志》，然有《通典》。兹影印半叶（见图七）如下：

上面影印者，北宋本第一百九十五卷之末叶也。版匡九吋半，广十三吋。白口，左右双栏，半叶十五行，行二十七字。本叶有晋府藏书印记，请注意之。

原载一九四三年十二月一日《中华月报》第六卷第六期

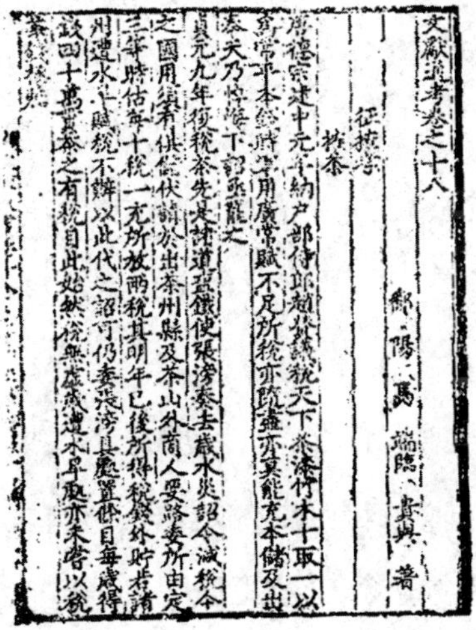

文獻通考卷之十八
鄱陽馬端臨貴與著
征榷考
榷茶
唐德宗建中元年納戶部侍郎趙贊議税天下茶漆竹木十取一以為常平本錢時軍用廣常賦不足所税亦隨盡亦莫能充本儲及出奉天乃悼悔下詔亟罷之
貞元九年復税茶先是諸道鹽鐵使張滂奏去歲水災詔令減税今之國用須有供儲伏請於出茶州縣及茶山外商人要路委所由定三等時估每十税一充所放兩税其明年已後所得税外貯之若諸州遭水旱賦税不辦以此代之詔可仍委滂具處置條目每歲得錢四十萬貫茶之有税自此始然税無虛歲遭水旱處亦未嘗以税

图六

通典卷第百九十五

图七

三

《非宋即元》第一篇（经部），见本刊第六卷第一期，第二篇（史部），见同卷第六期。本篇为第三篇（子部），应在半年以前发表。余所以不能准时续写，迟迟至今者，非忘之者，非忘之也，实因他种关系也。千祈阅众原谅。

诸子之学，始于战国。古者学皆在官，私人绝无著述。周室东迁，官司失守；私人讲学之风大盛。其中当然有庞杂者，但博大者亦不少；所以千载犹新，而终不可废也。

孔孟入经，不归子部。所谓诸子者，依照汉刘向刘歆（父子）之《七略》，得分为十家：（一）儒家，（二）道家，（三）阴阳家，（四）法家，（五）名家，（六）墨家，（七）纵横家，（八）杂家，（九）农家，（十）小说家。清四库加兵家，医家，释家，而无阴阳家，名家，墨家，纵横家。四库又加天文算法，术数，艺术，谱录，类书五类，各不以“家”称之。本篇因篇幅有限，只言三家，即儒家，释家，道家也。

（一）儒　家

儒家之祖为孔子。其主旨在一“仁”字，何谓仁？“己欲立而立人，己欲达而达人”也；“君君臣臣，父父子子”也。

儒家之代表，似为荀况，董仲舒，杨雄，及王通四人。荀况，亦称荀卿，或称孙卿，战国时赵人。其所著书，凡十三篇，名曰《荀子》，以孔子为标准。惟倡性恶之说；与孟子相反。

但其旨在使人去恶归善，固无二致，下面影印者，宋本《荀子》第二十卷第十二叶之后半也（见第一图）。此本每半叶十一行，每行大字二十一，小双行，二十五字；大黑口，双鱼尾，左右双栏；左边栏外有耳子，记篇名，卷数，叶数。版匡高七吋又四分之一，广约九吋半。清孙氏平津馆，陆氏仪顾堂均盛称此刻。元刊亦有十一行，二十一字本，惟栏外无耳子。

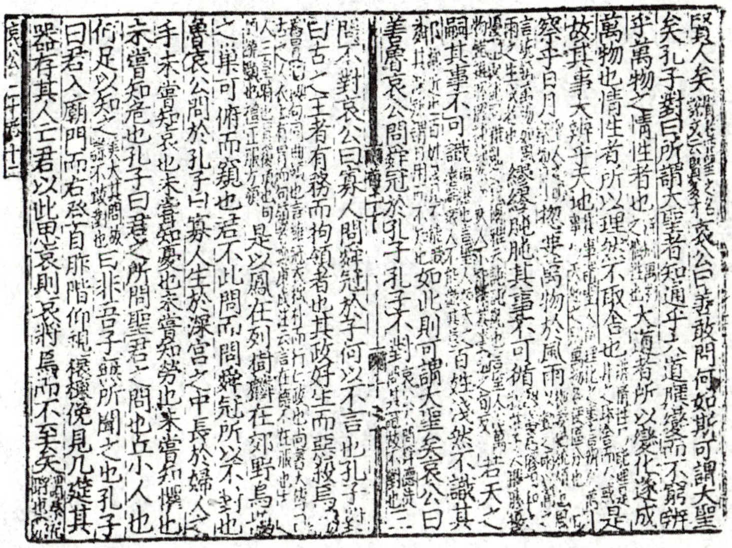

賢人矣 哀公曰善敢問何如斯可謂大聖矣孔子對曰所謂大聖者知通乎大道應變而不窮辨乎萬物之情性者也 大道者所以變化遂成萬物也情性者所以理然不取舍也 是故其事大辨乎天地 察乎日月 總要萬物於風雨 繆繆肫肫其事不可循 若天之嗣其事不可識 百姓淺然不識其鄰 若此則可謂大聖矣哀公曰善

魯哀公問舜冠於孔子孔子不對 三問不對哀公曰寡人問舜冠於子何以不言也孔子對曰古之王者有務而拘領者也其政好生而惡殺焉 是以鳳在列樹麟在郊野烏鵲之巢可俯而窺也君不此問而問舜冠所以不對也

魯哀公問於孔子曰寡人生於深宮之中長於婦人之手未嘗知哀也未嘗知憂也未嘗知勞也未嘗知懼也未嘗知危也孔子曰君之所問聖君之問也丘小人也何足以知之 曰非吾子無所聞之也孔子曰君入廟門而右登自胙階仰視榱棟俛見几筵其器存其人亡君以此思哀則哀將焉而不至矣

哀公二十卷十二

图一

董仲舒，汉广川人，少治《春秋》，下帷讲授，三年不窥园。武帝时对策，请诸不在六艺之科，孔子之术者，皆绝其道，勿使并进。其为学可谓严矣！仲舒所著，有《春秋繁露》，入四库经部。余以其言之不类甲部也，故改置于此。

今试引一短段以明之：

何为仁？仁者憯怛爱人，谨翕不争，好恶敦伦；无伤恶之心，无隐忌之志，无嫉妒之气，无感愁之欲，无险诐之事，无辟违之行。故其心舒，其志平，其气和，其欲节，其事易，其行道；故能平易和理而无争也。如此者谓之仁。

余家无《春秋繁露》之宋元本，故不能影印。

杨雄，字子云，汉成都人，少好学深思，口吃不能剧谈。成帝时召对承明庭，奏甘泉，河东，长扬等赋，遂以为郎，给事黄门。后仕于王莽。所著有《方言》《太玄》《法言》三书。《法言》仿效《论语》尤为有名——后世无不推崇之。其《修身》篇云，“修身以为弓，矫思以为矢，立义以为的。奠而后发，发必中矣”。言简意赅，千载一人而已。余家无《法言》藏本，不克影印。

王通，字仲淹，隋龙门人，幼笃学，仁寿间游长安，上太平十二策，知不能用，退居河汾教授，受业者数千人。所著有《礼论》《乐论》《续书》《续诗》《元经》《赞易》等皆不为诸儒称道，故其书不显。惟《中说》独传，以其仿效《论语》，较《法言》尤为酷似也。卒年三十七，门人谥曰“文中子”。

《中说》十卷，下面影印者（见第二图），宋刊本卷三第一叶之前半也。此书行格寸尺，与《荀子》（第一图）完全相同；即黑口，双鱼尾，左右双栏，栏外有耳，半叶小一行，

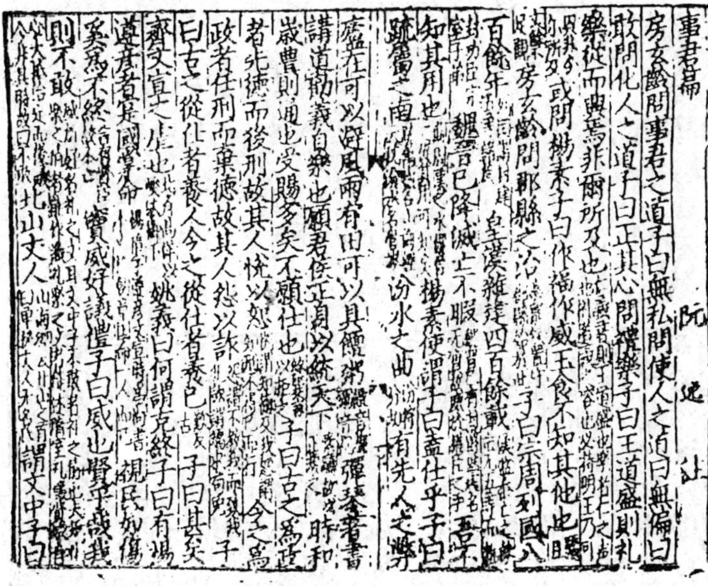

中說卷三　阮逸注

事君篇

房玄齡問事君之道子曰無私問使人之道曰無偏曰敢問化人之道子曰正其心問禮樂子曰王道盛則禮樂從而興焉非爾所及也或問楊素子曰作福作威玉食不知其他也房玄齡問郡縣之治子曰宗周列國八百餘年皇漢雜建四百餘載魏晉已降滅亡不暇吾不知其用也楊素使謂子曰盍仕乎子曰疏屬之南汾水之曲有先人之弊廬在可以避風雨有田可以具饘粥彈琴著書講道勸義自樂也願君侯正身以統天下時和歲豐則通也受賜多矣不願仕也子曰古之爲政者先德而後刑故其人悅以恕今之爲政者任刑而棄德故其人怨以詐子曰古之從仕者養人今之從仕者養己子曰甚矣齊文宣之虐也姚義曰何謂克終子曰有湯道存者寔國受命視民如傷者爲不終賞威好禮子曰威也賢乎哉我則不敢北山丈人謂文中子曰

图二

行大廿一字，小廿五字是也。孙氏平津馆曾记此本。

（二）释　家

汉代开边，而佛教东来。创佛教者，释迦也，在东周之世，与孔子老子同时。西汉时，吾国已有佛法，惟传布不广。后明帝闻西域有佛，遣蔡愔往天竺（印度）求取之，得《四十二章经》，并携沙门摄摩腾竺法兰而归，遂于永平八年立白马寺于洛阳。是后高僧之来华者日众，而释典之译成汉文者亦日多。至魏黄初中，佛教大行，剃发为僧者为数不少。

下面影印者（见第三图），宋本《心经》第五叶之前半也。四库虽有释家，而《心经》不入四库。《心经》为经典，四库惟录诸家之书为释氏作者，而不录释氏之经典也。宋刊《心经》（即第三图），每半叶十行，每行十六字，注释不顶格，十五字；白口，双鱼尾，四周双栏，版匡高约八吋，广约十吋。《心经》梵文原本，早已失传，故《东亚圣书丛刊》中之英文译本，亦以汉文译本为祖本也。

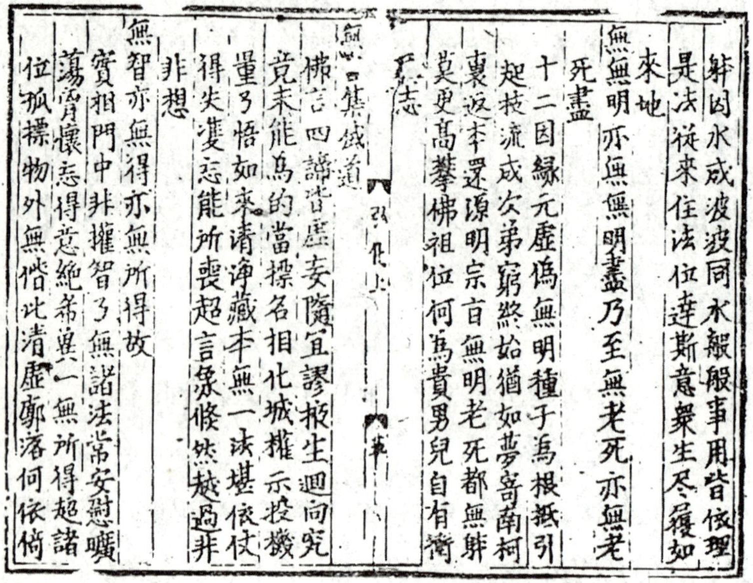
解因水成波波同水般般事用皆依理
是法從來住法位達斯意衆生各覆如
來地
無無明亦無無明盡乃至無老死亦無老
死盡
十二因緣元虛偽無明種子為根抵引
起枝流成次弟窮終始猶如夢寄南柯
裏返本還源明宗旨無明老死都無躰
莫更高攀佛祖位何為貴男兒自有衝
聖志
無苦集滅道
佛言四諦皆虛妄隨宜謬拔生迴向究
竟未能為的當標名相化城權示投機
量了悟如來清淨藏本無一法堪依仗
得失凄忘能所喪超言象倏然越過非
非想
無智亦無得亦無所得故
實相門中非權智了無諸法常安慰曠
蕩胸懷忘得意絕希冀一無所得超諸
位孤標物外無偕比清虛廓落何依倚

图三

（三）道　家

道家以清虚自守，卑弱自持为主旨；其学以自隐无名为务。

道家之祖为老聃，即李耳，字伯阳，楚人，周守藏室之史，相传母怀之八十一岁而生，故号为“老子”。周衰，老子西出函关，隐去。著《道德经》五千言，莫知所终，其上篇三章《安民》云，“不尚贤，使民不争。不贵难得之货，使民不为盗。不见可欲，使民心不乱。是以圣人之心，虚其心，实其腹，弱其志，强其骨，常使民无知无欲，使夫智者不敢为也。为无为，则无不治。”又三十三章《辨德》云，“知人者智，自知者明。胜人者有力，自胜者强。知足者富。强行者有志。不失其所者久。死而不忘者寿”。

余家无宋元本《道德经》，故不能影印。

老子之后，当为列子。列子，即列御寇，周郑人，所著有《冲虚至德经》八卷。或谓列子《冲虚至德经》，久已亡佚；今所传者，后人之伪作也。本篇不事考据，故不多辩。余但引数语，以见其说之深刻。《力命》篇云，“力谓命曰，‘若之功奚若我哉？’命曰，‘汝奚功于物而欲比朕？’力曰，‘寿夭穷达，富贵贫贱！我力之所能也’。命曰，‘彭祖之智，不出尧舜之上，而寿八百。颜渊之才，不出众人之下，而寿四八。仲尼之德，不出诸侯之下，而困于陈蔡。殷纣之行，不出三仁之上，而居君位。季札无爵于吴，田恒专有齐国，夷齐饿于首阳，季氏富于展禽。若是汝力之所能，奈何寿彼而夭此？穷圣而达逆？贱贤而贵愚？贫善而富恶邪？’力曰，‘若如是言，我固无功于物；而物若此邪？此皆若之所制邪？’命曰，‘既谓之命，奈何有制之者邪？朕直而推之，曲而任之，自寿自夭，自穷自达，自贵自贱，自富自贫。朕岂能识之哉？

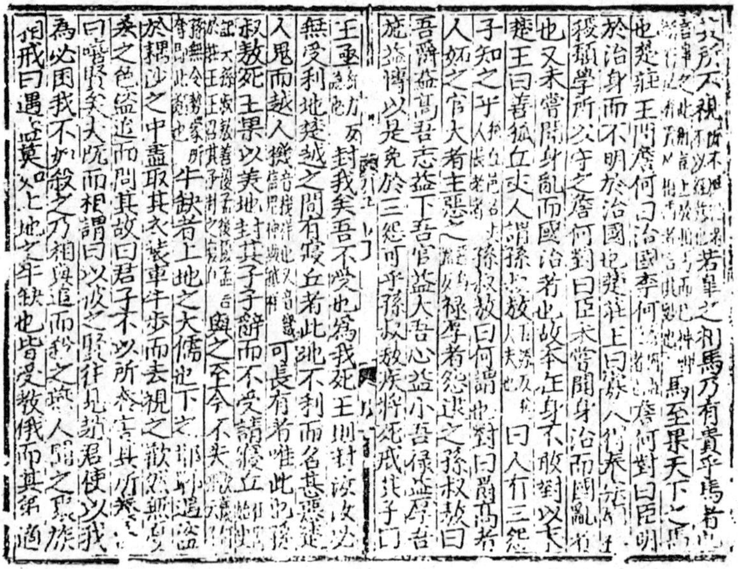
以所不視　若皋之相馬乃有貴乎馬者也
馬至果天下之馬
也楚莊王問詹何曰治國奈何詹何對曰臣明
於治身而不明於治國也楚莊王曰寡人得奉宗
廟社稷願學所以守之詹何對曰臣未嘗聞身治而國亂者
也又未嘗聞身亂而國治者也故本在身不敢對以末
楚王曰善狐丘丈人謂孫叔敖曰人有三怨
子知之乎　孫叔敖曰何謂也對曰爵高者
人妒之官大者主惡之　祿厚者怨逮之孫叔敖曰
吾爵益高吾志益下吾官益大吾心益小吾祿益厚吾
施益博以是免於三怨可乎孫叔敖疾將死戒其子曰
王亟封我矣吾不受也爲我死王則封汝汝必
無受利地楚越之間有寢丘者此地不利而名甚惡楚
人鬼而越人禨　可長有者唯此也孫
叔敖死王果以美地封其子子辭而不受請寢丘
與之至今不失
牛缺者上地之大儒也下之邯鄲遇盜
於耦沙之中盡取其衣裝車牛步而去視之歡然無憂
吝之色盜追而問其故曰君子不以所養害其所養
曰嘻賢矣夫既而相謂曰以彼之賢往見趙君使以我
爲必困我不如殺之乃相與追而殺之燕人聞之聚族
相戒曰遇盜莫如上地之牛缺也皆受教俄而其弟適

图四

朕岂能识之哉？’”

下面影印者（见第四图），宋刊《列子》之半叶也。宋刊本，黑口，双鱼尾，双栏，半叶十一行，行二十一字。

末言庄子：

庄周，战国时楚蒙人，其所著书存于世者共三十三篇，名曰《南华经》。庄子之学，出于老子，但其说较老子为尤激。老子之学，得庄子之议论与文辞而益彰明光大也。庄周尝为蒙漆园吏，于学无所不精。楚威王闻其贤，遣使厚币迎之。周曰，“千金重利，卿相尊位也。子独不见牺牛乎？衣以文绣，食以刍菽；及其牵而入于太庙，欲为孤豚，其可得乎？”

据此，可知庄周高隐之由矣。

下面影印者（见第五图），宋刊《庄子》卷三第十叶之前半也。白口，双鱼尾，左右双栏；每半叶九行，每行十八字，小字双行，字数同。版匡高约七吋半，高九吋又四分之三。余家另有宋本《南华经》十卷，系吴兴皕宋楼旧物，其行格藏印等，详见拙著《书书书》第一〇四及一〇五页[①]。

原载一九四四年六月一日《中华月报》第七卷第六期

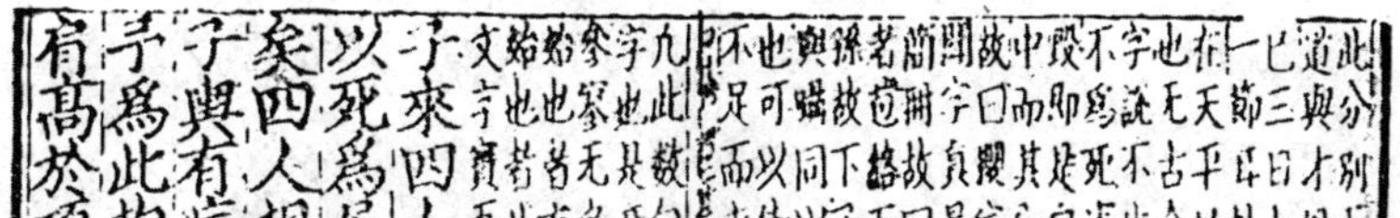
子祀子輿子犁
子來四人相與語曰孰能以無為首以生為脊
以死為尻孰知死生存亡之一體者吾與之友
矣四人相視而笑莫逆於心遂相與為友俄而
子輿有病子祀往問之曰偉哉夫造物者將以
予為此拘拘也曲僂發背上有五管頤隱於齊
有高於頂句贅指天陰陽之氣有沴其心閒而

图五

① 指1944年5月上海中华日报社初版。

书　谈

一、钞本·《愧郯录》等

藏书家于宋椠，元刊，及明清佳刻外，尤注重钞本。然钞本不皆可贵，可贵者在其非常见之品，且特异于寻常之本耳。昔年有人搜罗古籍，每遇旧钞本，其值常较刻本为高。于是雇用写手，取近代各家所刻丛书中之卷帙较少者，依样誊录，储诸架中，以为后人得此，必售善价，既而此人之书尽行散出，而其自制之钞本，售价反不及当日所付工料之半，因此种钞本，既未校勘，又多刻本，殊不足取也。此可见钞本之可贵，不在其为钞本，而在其不同于常本耳。大率钞本之可贵者，必具有下列诸要素之一：

甲、名家手钞，为一般人所认定者。

乙、有名人手跋，或收藏印记者。

丙、经名手校正，其校正之字，又较刻本为胜者。

丁、字句与刻本不同，其不同处，较刻本为佳者。

戊、行格与通行本不同，但与宋元本或明刻本吻合，可决其为影钞者。

已、通行本之字句，有为钞本所缺者，而所缺之字句，反足以证明刻本中文字，有非撰著人原文之处者。

庚、刊本久佚，存者仅此钞本，则此钞本之价值，实与孤本或稿本无异。

辛、虽无收藏图记，或名人手跋，而纸色古雅，书法精工，与凡品不同者。

十余年来，余每于购读西书之暇，喜收读我国古书。然古书之搜求，实为至艰至苦之事。非常常跑书铺，谒冷摊，欲得精本难矣。

余求书已晚，经济与经验既不如人，欲求精品，已不易言，遑论孤本。十余年来，辛苦购求，仅得一千余种。内有明清精刻数百种，而宋元刊则仅数种而已。钞本之可贵者，约有三十种，其中《愧郯录》一书，实为各本之冠，本篇言钞本，即先述明钞本《愧郯录》。

《愧郯录》十五卷，宋岳珂撰 ，记宋代之制度，多为史志所未备者。“其曰愧郯者，取《左传》郯子来朝，仲尼问之官事，言通知掌故，有愧古人也”（《四库全书总目提要》）。吴县黄荛圃氏，常熟瞿氏铁琴铜剑楼，吴兴陆氏皕宋楼，皆藏有宋本。黄氏之书，早已散去。陆氏之书，大半售与日本静嘉堂文库。瞿氏之书，尚为其后人所守。查荛圃《藏书题识》卷五，《铁琴铜剑楼藏书目录》卷十六，《仪顾堂集》卷十二，知三氏之书，行格相同（半叶九行，每行十七字），而缺叶之数（共计十叶），亦复相合，是三书同出一源也。

宋以后重雕之《愧郯录》，有明岳氏校刻本，《学海类编》本，鲍氏《知不足斋丛书》本三种，余均庋有之。鲍氏之书，行格一遵宋刊，校订精详，实为各书之冠，惟其缺叶与宋明清各本均同，岂世间竟无完本耶！

去年春间，余在上海某书店购得明钞本《愧郯录》首七卷，半叶十二字，每行二十四字，卷首护叶有明万历戊子澹翁手跋，并有“秀水朱氏潜采堂图书”“静妙山房”“秀水朱彝尊锡鬯氏”三图记。序首叶有“均伯过眼”“钱均伯珍藏秘书记”“虞山汲古阁字子晋图书”“季振宜字诜兮号沧苇”四图记。目录首叶除毛季二氏印记外，尚有“竹泉珍秘图籍”“谀闻斋”二图记。卷一首叶，只有毛氏图记，卷七末叶有“毛扆之印”“斧季”两图记。

余得此书后，细加点阅，见宋元明清各本之缺叶，此本均有之，不禁狂喜。适商务印书馆古书部有影印宋本《愧郯录》之举，遂以此本送去，后得张菊先生复信，谓欲借钞以补宋本之不足，余允之。深冀商务印书馆早日影印，使此向传残缺之十叶文字，可得重见天日也。

附录澹翁手跋一则，如下：

士大夫学问，以国朝制度典章为第一，近世宋文宪之外，郑端简，雷司空皆其人也。后生学文，徒猎古人唾余以相责饰，而实用微矣。岳亦斋所著述，余及见其三，《程史》《金陀粹编》《愧郯录》是也。《愧郯录》于国之典制，名数，盖三致意焉。《书》曰，学古入官，议事以制，学者得此意，考古通今，不至虚用其力，其可免于面墙也夫。

万历戊申四月澹翁命侍史录成，手校一过，因记。

此明钞本《愧郯录》，有名人手跋手校，又有收藏印记，且可补足他本之缺文，实合前述钞本可贵之要素乙丙庚三项，故余颇珍之。

除《愧郯录》外，尚有明清钞本多种，兹择其较佳者，依笔画之多寡，列举于后：

（一）《三余集》四卷　宋黄彦平撰

陆心源手钞本，半叶九行，每行二十一字。

（二）《山木居士集》不分卷　清鲁九皋撰

旧钞本，半叶十行，每行二十字。孔荭谷藏书，有“孔继涵印”“荭谷”两图记。

（三）《方蛟峰文集》七卷附《山房集》及《蛟峰集外编》　宋方逢辰撰

乌丝栏钞本，半叶九行，每行十八字，有朱笔校字，并“扫叶山房”“月汀过眼”“谦牧堂藏书记”“谦牧堂书画记”等图记。

（四）《水镜诗》一卷　元元淮撰

明钞本，半叶九行，每行二十一字，巴陵方氏碧琳琅馆，华阳高世异叠藏。

（五）《丙丁龟鉴》十卷　宋柴望撰

红丝栏明钞本，半叶九行，每行二十，二十一，二十二字不等，浙东沈氏抱经楼藏书，纸色古雅，疑是天一阁早年散出者。

（六）《名家诗文集》十三种　清王方岐、罗煜、姜生齐、张瑶房、徐去疾、吴寅、郭嗣龄、谢九成、谢旭、谢天霁十人撰

焦里堂手录本，半叶十一行，每行二十四字。

（七）《曲律》四卷　明王骥德撰

影明写本，半叶十行，每行二十字。内有缺文，亦有可补董氏新刻本之缺字。

（八）《春秋集传纂例》四十卷　唐陆淳撰

乌丝栏钞本，半叶十一行，每行二十字，版心下端有“藤梧馆”三字，孔继涵校字并跋。

（九）《明皇十七事》一卷　唐李德裕撰

青芝山房乌丝栏钞本，半叶十行，每行二十四字。孙氏小绿天藏书，有“谀闻斋”“竹泉珍秘图籍”“惕甫经眼”“王铁夫阅过”“惕甫借观”等图记，及王惕甫手跋，黄荛圃校字、并跋。

（十）《东游记》二十四卷　顾道民撰

钞本，半叶十行，每行二十二字，书中文字，多作古体或俗体者，甚不易读。缪艺风《云自在堪随笔》（稿本）曾言及此书云："客魏盅惑熹宗，撰进此书，名曰《东游记》（或作《征东记》），描写淫秽之事，过于伪撰《控鹤秘记》百倍。熹宗短折，此亦一端。曾见一册，为歙程春海侍郎所藏，钞写极精。侍郎年止四十，捐宾客之日，阮文达公哭之恸曰，其人其学，其年其位，均不料其止于此，命也，亦天下学人之不幸也。其亦误于是书欤。"

（十一）《奇门宝鉴臆解》不分卷　不著撰人

精写本，半叶十二行，每行十四字。

（十二）《所安集》一卷　元陈泰撰

影钞本，半叶十行。每行二十一字，有"归安陆心源字刚父印""光绪戊子湖州陆心源捐送国子监之书匮藏南学""国子监印"等图记，及陆子源校字并跋。

（十三）《林公辅文集》一卷　明林右撰

吴梅村手钞本，半叶十二行，每行二十字，有"吴印伟业""梅村""谦牧堂书画记""谦牧堂藏书记""某会里朱氏潜采堂藏书""朱彝尊锡鬯"等图记。

（十四）《金锁记》二卷　不著撰人

精写本，半叶十行，每行二十二字，有"王国维"印记。

（十五）《禹贡论》二卷　后论一卷　宋程大昌撰

红丝栏明钞本，半叶十二行，每行二十二字，浙东沈氏抱经楼藏书，纸色古雅，疑是天一阁早年散出者。

（十六）《南史》八十卷　唐李延寿撰

清《四库》钞本，半叶八行，每行二十一字，书面红色，每册首叶有“古稀天子之宝”，末叶有“乾隆御览之宝”二图记。

（十七）《庭闻州世说》七卷　《先进风格》一卷　清宫伟镠撰

焦里堂手钞本，半叶十一行，每行二十四字，有“里堂”“焦循手录”两图记。

（十八）《笠泽丛书》八卷　唐陆龟蒙撰

钞本，半叶九行，每行二十字，有“士礼居藏”“荛翁”“松山高子藏书”“顺卿”等图记，及黄荛圃、戈顺卿二氏校字并跋。

（十九）《敏求机要》十六卷　晋刘实撰

鲍氏知不足斋钞本，半叶十行，每行二十字，有朱笔校改，间有缺字。收藏印记有“孔继涵印”“荭谷”“素王子孙”“鉴湖珍藏”等。

（二十）《曹文贞公诗集》十集　元曹伯启撰

祁氏澹生堂蓝丝栏钞本，半叶十行，每行二十字，有“澹生堂经籍记”“旷翁手识”“子孙永珍”“山阴祁氏藏书之章”等图记。卷首护叶阴面有朱文篆书之藏书铭，其文曰：“澹生堂中储经籍，主人手校无朝夕，读之欣然忘饮食，典衣市书恒不给，后人但念阿翁癖，子孙益之守勿失。——旷翁铭”。

（二十一）《道德经取善集》十二卷　宋李霖撰

蓝丝栏明钞本，半叶十一行，每行二十二字，浙东沈氏抱经楼藏书，纸色古雅，疑是天一阁早年散出者。

（二十二）《道德经三解》四卷　元邓锜撰

红丝栏明钞本，半叶十一行，每行二十二字，浙东沈氏抱经楼藏书，纸色古雅，疑是天一阁早年散出者。

（二十三）《蜕庵诗集》五卷补遗一卷　元张翥撰

鲍以文手钞本，半叶十行，每行二十一字，有“昭灿”“星岩”“昭焯之印”“字曰俊三”“知不足斋鲍以文藏书”“鲍以文”“奚冈”等图记，及鲍以文题诗并跋。

（二十四）《杨仲弘集》八卷　元杨载撰

蓝丝栏明钞本，半叶九行，每行二十字，高世异藏书。

（二十五）《翡翠园》二卷　不著撰人

乌丝栏精写本，半叶九行，每行二十字，王国维藏书。

（二十六）《疑狱集》三卷　后周和凝及其子和㠓撰

兔床后人吴长元手钞本，半叶九行，每行十八字，有“吴”“太初”“延陵季子”等图记，及陆心源手跋。

（二十七）《辽史拾遗续》三卷　清杨列欧撰

汪曰桢手钞本，半叶十二行，每行二十四字，有汪氏手跋。

（二十八）《樵歌》二卷　宋朱敦儒撰

毛氏汲古阁乌丝栏钞本，半叶十行，每行十八字，版心下端有“汲古阁”三字。分卷与今铅印本不同。

（二十九）《阙史》二卷　参寥子撰

蓝丝栏明钞本，半叶十行，每行二十字，字句间有与知不足斋所刻之《唐阙史》不同，浙东沈氏抱经楼旧藏，纸色古雅，疑是天一阁早年散出者。

（三十）《藏一话腴》四卷　宋陈郁撰

白皮纸旧钞本，半叶十行，每行二十字，有“江标汪鸣琼夫妇同赏藏书记”“萧江书库”“明珠易得”“汪士锺藏”“秀水朱氏潜采堂图书”“槜李项药师藏”“汪标考藏”“灵鹣藏书”“萧江书库藏书”等印记，卷末附王振声校勘记。疑是刘氏嘉业堂新刻本之祖本。

（三十一）《宝峰集》二卷　宋赵偕撰

钞本，半叶九行，每行十八字，孔宪珪手校，有“知不足斋鲍以文藏书”九字图记。

原载一九三一年五月《小说月报》第二十二卷第五号

二、稿本·《螟巢日记》等

余之收集稿本也，今已一十八年矣。初意专在收集先人之遗著。民国三年，得先伯大父缦云公手录嘉兴钱警石原校本《史记》。（并有补校之处；为张文虎校刊《史记集解索隐正义》札记所取资。）逾年，家兄由廛，复得公所过录汪尧峰评校《前汉书》。（亦有补校之处。）嗣后与家兄各续有所得。虽片纸只字，凡为先人手泽，莫不世袭珍藏。惟先伯大父莲伯公所校《北堂书钞》，不知流落何所，抑是否在人间，为可惜耳。然使余起收集先人遗著之心者，乃为《螟巢日记》。

《螟巢日记》者，先本生大父岷帆公手写之日记也。先大父讳学源，清咸丰壬子进士，精于音韵之学。书法颜、柳，笔力雄健。工诗词。有《蚓窍集》。据家谱，谓已散亡。现存者只《古音》四卷，及此日记而已。日记中所载，皆在燕京时事。兹录二则于后：

二十六日晴，赴部投供。……出城……至水月庵。时松泉方放风筝。余为收而下，邻院忽飞起一筝，在旁飘瞥，意欲乘不备绞取之。余纵线稍缓，邻筝坠其上。因用连手曳至墙内。隔墙群儿大哗索筝。松泉解筝掷还，哗始息。十余年来，南北奔走，不作此戏。今一为之，犹是童时技俩也。……

十三日晴，风。耕香令坦入赘。……一切仪制，与南方同。而参拜时，以红毡幕户，不令人见，则北方风气矣。沈也鲁述某家入赘，新妇艳妆，端坐于庭，新郎入，向妇四拜。妇不动。出，然后行礼。余笑其妄。而也鲁以为目击其事，确凿可据也。……

先本大父日记，现只存清道光二十五年（乙巳）二十六年（丙午）两全年，及二十七（丁未）元月初一至三月二十一日止。此外流散于他处者，想尚不少。如有遇之者，伏祈不吝见告，俾余小子得汇而存之。他日财力有余，还当录付手民，公之于世。

民二之夏，余以暑假由皖回里，酷暑无事，取日记读之，如得先人耳提面命。于律身处世之道，得益不鲜。遂发访求先人遗著之愿。但十余年来，先人手泽，所得不多，而他家著述，则所得已不少。今略著于篇，以志景仰前贤之意。

稿本与钞本异。钞本者，其书世间已有流传，惟字句之殊异，次第之顺逆，篇段之增删，或与流传之本不同。颇可据以校订传本之误。故甚可贵也。稿本者，或为撰著者手写之原稿，或其编定后倩人缮正者，世间尚无刊行之本。即有之，亦不及原稿之正确。故藏书家每奉为至宝焉。李日华《味水轩日记》云："先贤手墨……士人视之，犹其祖先之物。即贫甚，当竭力购之。又如释子之遇佛菩萨遗迹，自当不惜髓脑，为之拥护。"至哉斯言。

稿本不皆可贵。有文字不雅驯者，亦者见识偏激庸陋者。

此类稿本，书肆中往往遇之。收藏未免无谓。若名家手稿，或因当时本人以为尚未完美，不愿刊行；或其子孙无力刊行，流落在外，或因藏书家视之太重，不肯轻以示人，至今始发现者。此种稿本，甚可宝贵，收藏者应时时注意及之。

稿本大概可分为二大类。

（甲）未刻稿本　有已誊真者，有未誊真者。未誊真者，虽书体不工，然笔法高雅，自为希世之宝，不可忽视。

（乙）已刻稿本　书已刊行，惟此确是刊行前之手稿。虽稿中添注涂改之处甚多，然借此可以知前人作文用字之苦心，尤为可贵。

兹将余历年所得稿本之一部分，略举于后。至对于书之内容，则余学识浅陋，不敢妄加评断也。

（一）《九疑仙馆诗钞》一卷　《词钞》一卷（附谈印莲女史《平洛遗草》一卷）　清谈印梅女史著

誊真未刻稿本。每半叶十二行，每行二十二字。卷首有钱明善题词。印梅字湘卿，印莲字步生，归安人。

（二）《小学盦遗稿》四卷　清钱馥著、邵书稼录

精写未刻稿本。每半叶十二行，每行二十四字，卷首有阮元序，卷末有邵书稼识语。目录叶有“权”，“顨二印记。卷一首叶有“以应大稷”朱文方印。全书劳权手校，用蓝朱两笔。馥字广伯，海宁布衣，精六书之学。自题其读书处曰小学盦。书稼，钱塘举人，馥之弟子也。

（三）《弓斋日记》（清光绪四年全年，五年正月初一日至四月十三日止，八年十一月二十三日至十二月三十日止。九年正月初一日至六月初二日止，十年全年，十三年全年，十五年正二两月，十六年四月十三日至十月朔日止） 清姚觐元撰

手写未刻稿本。行格逐年不同，丝栏亦不一色。觐元字彦侍，号弓斋，归安人。官至巡抚。精许氏之学，性耽古物，与吴平斋，陆存斋，钱念劬友善，刻有《咫进斋丛书》。光绪十五年正月初七日，有记录钞本《江月松风集》之黄荛圃题跋一则，似为各刊本所无。兹特转录于下：

钱思复《江月松风集》，余向未之见。今见诸玉峰考棚汗筠斋书籍铺，盖太仓金元功家物也。却为吾郡人手录本。翁名栻，字又张，号南陔，其景仰昔贤之意可见。住东洞庭山。则太湖具区两书中，当必有其人。惜案头无其书，不之详。然爱书如命，手泽犹新，其人固可想见。且为金侃，亦陶之高足。宜其流风余韵，洋溢于缥缃翰墨间也。余生平嗜书，并嗜藏书之人。书赖人以传，人亦赖书以传。安得离而二耶。此书罕有，固不待言。藏书之人，于此仅见，余故表而出之。为今撰修郡志者有考焉。

（四）《王际华日记》（乾隆三十七年全年）

手写未刻稿本，红丝栏。每半叶十行，每行字无定数。卷首护叶有“王际华”又“白斋际华”两方印。际华字秋瑞，（一作秋水），号白斋，钱塘人。乾隆乙丑进士。官至户部尚书。卒谥文庄。有《白斋诗存》。

（五）《元诗嗣音集》十六卷　清顾诒禄辑

誊真未刻稿本。每半叶十行，每行二十一字，小字双行，字数同。全书精写，作赵松雪体。目录及卷一、卷九第一叶，均有“顾广圻印批校藏书”“北平翁方纲藏书印”“查莹藏本”“赐砚堂书画记”“听雨楼查氏有圻珍赏图书”“文渊阁校理”“依竹主人”等印记。诒禄长洲人，字禄百，号花桥，又号瑗堂。贡生。以古文辞鸣于时。为沈德潜高弟。有《虎丘山志》《寒读偶编》《吹万阁集》《瑗堂文述》《瑗堂诗话》。

（六）《不废集》八卷　清许焞撰

写样未刻稿本。每半叶十行，每行二十字。焞字纯也，雍正进士，有《载道集》。

（七）《天上人间》第一卷　清胡公藩著

不全，未刻稿本。每半叶九行，每行二十五字。述赵世忠（妻钱氏，女月姑），虞士诚（妻华氏），袁子卿（妻杨氏）数家事。言情小说也。公藩原名绍昌，江苏华亭人。

（八）《古稀琐言》一卷　清郑序撰

手写未刻稿本。每半叶十二行，每行二十四，五，六，七字不等。卷首有康熙戊辰，康熙庚午，康熙丙子郑序自序三首。序字鹭墀，号鹿痴，济宁人，未冠入庠，博闻强记，历佐秦，晋燕，吴诸当道幕。以诸生终。年六十八时，在蔚州自记一生事实，曰《古稀琐言》。

（九）《有余地遗诗》六卷　清邱孙锦著

誊真未刻稿本，每半叶十二行，每行二十四字。孙锦字余甫，震泽人。

（十）《里堂道听录》首二卷　清焦循记

手写未刻稿本。每半叶十一行，每行二十四字，前有嘉庆甲戌自序云："余……每得一书，无论其著名与否，必详阅首尾，心有所契，则手录之。……历二三十年，盈二尺许矣。今岁所著《易学三书》，稿初就而阳气虚惫，不耐冥思。性又不乐闲旷，求为其易而不甚用思者。夏秋以来，乃取此而编次之，为四十卷。……"书中所纪，皆足以广见闻之事。惜只存首二卷，未获窥其全豹也。循字里堂，江苏甘泉人，乾隆举人。通经学，尤精天算，有《雕菰楼集》《周易补疏》《天元一释》等书。

（十一）《易经象类》一卷　清丁晏辑

手写稿本。红丝拦。每半叶九行，每行约二十字，版口下方题"颐志斋"三字。卷首有咸丰乙卯撰著人自序。正文第一叶"精思轩珍藏""颐志斋主人珍藏"及"山阳丁晏之章"三图记。卷末有田毓璠手跋。查近人南陵徐君乃昌编刊《鄦斋丛书》中，有丁晏辑《易经象类》一卷。想此手稿，即其祖本也。晏，江苏山阳人；字俭卿，一字柘堂，道光举人。精郑氏之学。手校书籍甚多，有《颐志斋丛书》。

（十二）《易在》不分卷　清谢济世撰

誊真稿本。每半叶十五行，每行三十字。卷首有雍正壬子自序。卷末有雍正乙卯门人伍世拔题识。济世字石霖，号梅庄，全州人。康熙进士。有《匧匩十经史评》《西北域记》《纂言内外篇》。

（十三）《易安斋集》八卷　清邱孙梧著

手写未刻稿本。每叶行数与每行字数均无定。孙梧字后同，震泽人。

（十四）《金刚凤传奇》二卷三十出　不著撰人

未刻稿本。每半叶九行，每行十字。卷首孙氏星衍图记。

（十五）《南阜山人诗集类稿》四十一卷　清高凤翰撰

乾隆甲子山人自编誊真稿本。蓝丝栏。每半叶八行，每行二十一字。全集分五类：（一）《击林集》四卷，（二）《湖海集》七卷，（三）《岫云集》一卷，（四）《鸿雪集》二十一卷，（五）《归云集》八卷。计诗二千三百余首。较近年铅字排印之宋弼选本，多诗一千八百余首。凤翰字西园，晚号南阜山人，胶州人。因患风痹，废右体不用。博学精艺术，尤豪于诗。山人所著文集十五卷，内分序，传，记，书，表状，志铭，题跋，书后，碣，文，说，议，日记，纪行，赋，尺牍，杂著等门，其原稿亦在余处。

（十六）《染学斋诗集》十卷　清余元遴撰

誊真稿本，蓝丝栏。每半叶十行，每行二十字。卷首护叶有道光丙申江慎修手跋。元遴字秀书，婺源人。少好学，家贫，兼行樵汲。补县学生。其所著《染学斋诗集》，有咸丰壬子露萧草堂刊本。惟第六，七，八，九四卷，于刻成后，剜去诗十五首。此稿中均有之。

（十七）《望楼壁书》五卷　清丁有曾著

手写未刻稿本。每半叶九行，每行二十一字。有曾一名先甲，字象辛，山阴人。此其教子之书也。

（十八）《笔峰吟草》不分卷　清邱冈撰

手写未刻稿本。每半叶七行，每行二十一字。涂改之处甚多。徐达元《吴江黎里志》云："邱冈字昆奇，附监生。性平易诚朴。多雅致。尝应京兆试。多游览之作。平居好方外交。读书寺院中，每经月不出。间画兰草，作隶书。晚更明于医。所著有《笔峰吟草》稿本。藏家未刻行世。"

（十九）《云自在堪随笔》一卷　清缪荃孙撰

未刻稿本。白口乌丝栏。每半叶七行，每行十二，三，四，五字不等。其间所纪，或名家题议，或书林佚事，皆有实用之文字也。荃孙字小珊，号艺风，江阴人。有《艺风堂文集》七卷，外篇一卷，《艺风文续集》八卷，《文外集》一卷，《艺风藏书记》八卷，续记八卷。

（二十）《碑版异文录》不分卷　清梁同书撰

手写未刻稿本。每半叶七行，每行字无定数。有翁同龢手跋。同书字元颖，尝得元人贯酸斋书山舟二字，因以颜其斋。世称山舟先生。乾隆举人。工书法，能诗；有《频罗庵遗集》。

（二十一）《梅影盦诗》六卷　清邱孙锦著

此即《有余地遗诗》之手写原稿也。每半叶十二行，每行二十四字。

（二十二）《业海扁舟》六出　莲池居士填词

全书用红，黄，蓝，墨四色誊写，每半叶八行，每行十八字。未有出有缺文。莲池居士，姓氏里居未详。其作此曲之主旨在使青年子弟，不习优伶贱业。盖“以毒攻毒，以火灭火”之意也。

（二十三）董氏手稿三种

《阴符经》一卷　清董士锡解

《烟波钓叟歌》一卷　清董士锡章句

《三决赋》一卷　清董士锡注

手写未刻稿本。每半叶八行，每行二十三字。涂改之处，有用朱笔者，亦有用墨笔者。卷首护叶有“嘉庆戊辰四月江都焦循借录一通”十四字，并“焦循手录”印记一方。士锡字晋卿，一字损甫，武进人，嘉庆副贡，精虞氏易，兼通壬遁之学。著有《遁甲因是录》。

（二十四）《尔雅一切注音》十卷　清严万里纂辑

手书稿本，乌丝栏。黑口，每半叶十二行，每行二十四字。卷一首叶有“严可均印”“铁桥”二图记。万里一名可均，字景文，号铁桥，归安人（一称乌程人）。精于许氏之学。有《说文声类》《铁桥漫稿》等书。

（二十五）《沤波舫近稿》不分卷　清王芑孙撰

手书稿本。绿丝栏，每半叶十行，每行二十一字。共九十一叶。有已刻全集中所未见之文。芑孙字念古，号惕甫，一号铁夫，又号楞伽山人。乾隆举人，精书法。有《渊雅堂诗文集》。

（二十六）《樊榭诗注》不分卷　不著撰人

未刻稿本。每叶行数与每行字数均无定。卷首有樊榭先生墓图，及丁丙不全手札一件。

（二十七）《德芬堂集》不分卷　清邱冈撰

此即《笔峰吟稿》之编定誊真本也。每半叶十行，每行二十三字。

（二十八）《餐花室诗稿》不分卷　清严鉷撰

改定稿本。每半叶九行，每行二十四字。鉷字伯牙。桐乡人。

（二十九）严氏手稿十二种　清严万里辑

《蒋子万机论》一卷

《典论》一卷

《杜氏体论》二卷

《仲长子昌言》二卷

《杜氏笃论》一卷

《桓氏世要论》一卷

《刘氏正论》一卷

《典语》一卷

《袁子正书》一卷

《袁子》一卷

《袁子正论》一卷

《杂录》二十二则

手写稿本。乌丝栏。黑口。每半叶十二行，每行二十四字。全书劳格手校。

原载一九三一年六月《小说月报》第二十二卷第六号

三、套印书

套印书，亦称套版书，始于明末万历间。首创之者，为浙江吴兴凌、闵二氏。吴兴刻书绝早，刻工亦佳。宋代已有大字本《通鉴纪事本末》之刻行。款式精雅，为世所重。明清二代，佳本尤多，不能殚述。此篇所载，专记凌、闵二家之套印书。

明末套印书，有用朱墨二色者，有用蓝朱墨三色者，甚至有用朱墨蓝黄四色者。创之者智力之巧，财力之足，概可想见。清代广东亦有彩色套印之书，但精本甚少。不及凌、闵二家刻本之多，而且精远甚。

一般售书人，见明代套印书，统以闵刻称之。其实与闵氏同时同地者，又有一凌氏，亦刊印彩色套版书，而其成绩，并不在闵氏下。意者两家当日，席丰履厚，其贤者伏居乡里，不问世事；诵诗读书之余，专以刻书相竞。斯亦足见当日民风之淳矣。闵氏之刻书者，有齐伋、昭明、元衢、绳初、无颇、振业、振声、暎壁诸人。凌氏则有稚隆、濛初、瀛初、澄初、弘宪、启康、杜若、毓枬诸人。其最著者，为齐伋、昭明、稚隆、濛初。《湖州府志》《乌程县志》均有传。兹不赘录。

刻书之用彩色套印也，其主旨在于眉上加评语，于行间加圈点。评点之人不一，则所用之颜色亦不一。例如凌刻《世说新语》八卷，除正文墨印外，评点之为蓝色者，刘辰翁笔也，朱色者，王世贞笔也，黄色者，刘应登笔也。明代用五色套印之书，余未见过。有无不可知。

凌、闵二氏所刻之书，大半皆用上等白皮纸印成。间有用竹纸者，其质地亦坚韧耐久。言言斋中藏有《列子冲虚真经》一卷，即竹纸印成者也。尝见市上有一种竹纸非套印之本，书贾每索以与皮纸套印本相同之价。细审版式字形，墨色书品，确有凌、闵二家刻书神气，而卷末又有刻书人识语，似非后人覆雕之本。余以不知其书是否绝无套印本，且疑其非真品，故不敢多收。斋中仅有《公羊传》十二卷，《穀梁传》十二卷，属于此格。凌、闵二氏刻书，本以套印著名。无彩色者，既不美观，又失其刻书之原旨，不知何以有此本。遍考志乘，不得其故。或者后之得其版片者，因套印费时，且工价加倍，乃改而为此乎？

昔年藏书家，鲜有注意凌、闵二氏之套印书者，盖视为普通读物故也。犹忆民国八九年间，银币一枚，至少可购套印书之原钉者一册。今则不然。搜罗二氏所刻之书者，日见其多，书价亦因此抬高。四色套印之书，如《世说新语》者，每部售价总在三十元左右，而附有图像之曲本，如《西厢记》《琵琶记》《绣襦记》等，若确系初印而风伤蛀蚀不至过甚者，每种非百元不可。可谓贵之至矣。

收藏凌、闵二氏套印书者，有二事极应注意。（一）必纸张洁白者，（二）必为彩色套印者。二氏所印之书，天地头阔大者绝少。想当地无阔大皮纸之故。然遇原钉者，其封面之绢签，每每存在，雅致可爱。得之者当保存之。

余已得之套印书，共计五十八种。兹将其名，依笔画之多寡，排列于后。闵刻者书名上以□为记。凌刻者以△为记。有不能确定为闵刻或凌刻者，则以○为记。

（一）□《文心雕龙》四卷附音注二卷　刘勰撰　杨慎批评 曹学佺参评　梅庆生音注

蓝黄朱墨四色套印。每半叶九行，行十九字，音注小字双行，字数同。前有万历壬子曹学佺序，刘舍人本传，闵绳初引，凡例，校雠姓氏，及杨升庵与张禺山书。

（二）□《文致》不分卷　刘士鏻原选　闵无颇、闵昭明集评　沈圣歧、闵元衢正定

朱墨套印。每半叶八行，行十八字。前有沈圣歧序，闵元衢序，及刘士鏻《文致》原序。

（三）○《文选尤》十四卷　萧统撰　邹思明评阅　邹德延校

朱墨套印。每半叶八行，行十八字。前有明万历二年邹思明序，韩敬序，凡例，及梁昭明《文选》序。

（四）△《王摩诘诗集》七卷　王维撰　刘辰翁评（附顾璘评）

朱墨套印。每半叶八行，行十九字。前有王缙表，刘昫《旧唐书·文苑传》，宋祁《新唐书·文艺传》，及凌濛初跋。

（五）□《史记钞》九十一卷　茅坤评选

朱墨套印。每半叶九行，行十九字。前有陈继儒序，茅坤引，闵正业引，凡例，续凡例，《读史记法》，诸家总评，及《史记钞》批评姓氏。

（六）△《史记纂》二十四卷　凌稚隆评纂

朱墨套印。每半叶九行，行十九字。前有明万历已卯王世贞序，及凌稚隆序。

（七）△《世说新语》八卷　刘应登、刘辰翁、王世贞评点

黄蓝朱墨四色套印。每半叶八行，行十八字。前有王世懋序，刘应登旧序，明嘉靖乙未袁褧序，明万历辛巳乔懋敬序，无姓氏旧题，宋绍兴八年董弅旧跋，宋淳熙戊申陆游旧跋，凌瀛初识语，及《世说》名字异称。

（八）□《考工记》二卷　郭正域评点

朱墨套印，每半叶八行，行十八字。前有郭正域序。

（九）□《老子》一卷　闵齐伋校

朱墨套印。有圈点，无批评。每半叶九行，行十九字。前有葛玄序，后有闵齐伋识语。末卷附音义。

（十）□《列子冲虚真经》一卷附音义　闵齐伋评校

朱墨套印。竹纸。每半叶九行，行十九字。前有汉永始三年刘向序，后有闵齐伋识语。

（十一）△《西厢记》五本附元人增《对弈》及《会真记》　王实甫填词

朱墨套印。每半叶八行，行十八字。前有即空观主人（即凌濛初）凡例十则，《西厢记》旧目，及精图二十面。每卷末附解证。

（十二）△《吕览》（即《吕氏春秋》）二十六卷　陆游评　凌稚隆批

朱墨套印。每半叶九行，行十八字。前有明万历己丑凌

稚隆序，王世贞序，方孝孺序，高诱序，后有凌稚隆跋。

（十三）△《李诗选》五卷《杜诗选》六卷　杨慎考订　刘辰翁批点　凌濛初案评

朱墨套印。每半叶八行，行十八字。前有杨慎序，及凌濛初凡例

（十四）△《李长吉歌诗》四卷附外集　李贺撰　刘辰翁评

朱墨套印。每半叶八行，行十九字。前有杜牧序，李商隐《李长吉小传》，宋祁《李长吉本传》，及凌濛初跋。

（十五）□《杜子美七言律》一卷　郭正域评点附刘辰翁评

蓝朱墨三色套印。每半叶八行，行十八字，前有郭正域序，后有闵齐伋识语。

（十六）△《周礼》二十卷　吴兴潜斋先生训笺

朱墨套印，每半叶八行，行十八字，前有凌杜若序。

（十七）□《武经七书》七卷　王守仁批评

朱墨套印，每半叶八行，行十七字。前有明天启元年徐光启序，同年孙元化序，明嘉靖二十二年胡宗宪序，及茅震东小引。

（十八）□《孟子》二卷　苏洵批点

蓝朱墨三色套印。每半叶八行，行十八字。前有明嘉靖元年朱得之序。后有闵齐伋跋。

（十九）△《孟浩然诗集》二卷　孟浩然撰　刘辰翁评　李梦阳参阅

朱墨套印。每半叶八行，行十九字。前有王士源序，又有刘辰翁，李梦阳，李克嗣识语，及凌濛初跋。

（二十）△《孟东野诗集》　国材评附刘辰翁评

朱墨套印。每半叶九行，行十九字。前有宋景定壬戌国材序，同年舒岳祥《和韩昌黎赠诗》，宋敏求序，韩愈《贞曜先生墓志铭》，及凌濛初识语。

（二十一）△《东坡书传》二十卷　凌濛初集评

朱墨套印。每半叶九行，行十九字，前有凌濛初序。

（二十二）□《东坡文选》十卷　钟惺评选　徐亮、闵振业、振声参阅

朱墨套印。每半叶九行，行二十字。前有明万历庚申钟惺序。

（二十三）△《东坡禅喜集》十四卷　冯梦祯批点　凌濛初辑增

朱墨套印。每半叶八行，行十八字。前有陆树声序，陈继儒序，天启辛酉凌濛初跋，冯梦祯跋，及凌濛初识语，后有唐文献跋。

（二十四）□《空同诗选》一卷　冒宗起选

朱墨套印。每半叶九行，行十九字。前有杨慎题词，后有闵齐伋跋。

（二十五）□《花间集》四卷　赵崇祚集　汤显祖评

朱墨套印。每半叶八行，行十八字。前有唐广政三年欧阳炯序，明万历乙卯汤显祖序，后有明万历庚申无瑕道人跋。每卷末附音释。

（二十六）○《约述》三十卷　陈有元辑

朱蓝套印，每半叶九行，行二十字，前有黄立极序。

（二十七）□《春秋左传》十五卷　孙鑛批点

朱墨套印。每半叶九行，行十九字。前有明万历丙辰韩敬序，及闵齐伋《家刻分次春秋左传凡例》

（二十八）□《春秋公羊传》十二卷　闵齐伋裁注

竹纸墨印。每半叶九行，行十九字，小字双行，字数同。前有齐伋《公羊传考》，及汉何休序。

（二十九）□《春秋穀梁传》十二卷　闵齐伋裁注

竹纸墨印。每半叶九行，行十九字，小字双行，字数同。前有齐伋《穀梁传考》，及晋范宁序。

（三十）○《南华经》十六卷　王世贞评点附陈明卿批注

朱紫蓝墨四色套印。每半叶八行，行十八字。前有明万历乙巳冯梦祯序，徐常吉序，沈汝绅序，郭象旧序，司马长卿《庄子列传》。

（三十一）○《韦苏州集》十卷附拾遗

朱墨套印。每半叶八行，行十八字。前有宋嘉祐元年王钦臣序，及《古赋》一首，后有总论。

（三十二）□《柳文》七卷　茅坤评选

朱墨套印。每半叶八行，行十八字，前有茅坤序。

（三十三）△《晏子春秋》六卷　凌稚隆批评

朱墨套印。每半叶八行，行十八字。前有刘向旧序，总评，凡例，《晏子列传》，后有凌澄初跋。

（三十四）□《秦汉文钞》五卷　杨融博批点

朱墨套印。每半叶九行，行十九字。前有万历上章涒滩之岁臧懋循序。

（三十五）○《悦容编》一卷　长水天放生辑　东明屠赤水评

朱墨套印。每半叶七行，行十七字。前有梁溪一书生序，长水天放生引，及无姓氏跋。

（三十六）□《草堂诗余》五卷　杨慎批点　闵暎璧校订

朱墨套印。每半叶八行，行十八字，前有杨慎序。

（三十七）○《唐骆先生集》八卷又补遗　王衡批释

朱墨套印。每半叶八行，行十八字。前有明万历辛卯汪道昆序，后有《骆集论》、《骆传》，王衡跋，汤宾尹序。

（三十八）□《庄子南华经》四卷　闵齐伋评校

朱墨套印。每半叶九行，行十九字。前有郭象旧序，后有闵齐伋识语。每卷末附音义。

（三十九）△《淮南鸿烈解》二十卷　茅坤集评

朱墨套印。每半叶九行，行二十字。前有王宗沐序。

（四十）△《琵琶记》四卷四十四折又附录　高东嘉填词

朱墨套印。每半叶八行，行十八字，小字双行，字数同。前有即空观主人（即凌濛初）凡例十则，西湖三珠生跋，及精图二十面。后有明弘治戊午白云散仙序。

（四十一）○《圆觉经》二卷

朱墨套印。每半叶八行，行十八字。

（四十二）○《解庄》十二卷　郭正域评　陶望龄解

朱墨套印。每半叶九行，行十九字。前有焦竑序，韩敬序，郭象序，司马迁《列传》，阮籍《庄论》，苏轼《祠堂记》，林希逸《庄子口义》发题，后有茅兆河引。每卷末附音释。

（四十三）△《楞严经》十卷　杨起元评释

朱墨套印。每半叶八行，行十八字，前有钱穀绘像，苏轼《释迦文佛颂》，及凌毓枬跋。每卷末附音义。

（四十四）□《楚辞》二卷　闵齐伋集评并校

蓝朱墨三色套印。每半叶九行，行十五字。卷末有闵齐伋识语。

（四十五）△《会稽三赋》三卷　王十朋撰　南逢吉注　尹坛补注　陶望龄评

朱墨套印。每半叶八行，行十八字。前有凌弘宪序，陶望龄序；订阅姓氏，《王十朋传略》及图说。

（四十六）□《战国策》十二卷　闵齐伋裁注

蓝朱墨三色套印。每半叶九行，行十九字，小字双行，字数同。前有刘向旧序，及闵齐伋识语。

（四十七）△《选诗》七卷　萧统选　郭正域批点　凌濛初辑评

朱墨套印。每半叶八行，行十八字。前有凌濛初序，凡例，批评名公姓氏，诗人世次爵里，每卷末附订注。

（四十八）○《选赋》六卷

朱墨套印。每半叶八行，行八字。前有《梁昭明传》，梁昭明序，唐李学士《行略》，李善《上注表》，后有选赋名人世次爵里。

（四十九）□《檀弓》一卷　闵齐伋集评

朱墨套印。每半叶八行，行十八字。前有闵齐伋序。后有齐伋识语。

（五十）△《韩子》二十卷　门无子评

朱墨套印。每半叶九行，行十字。前有明万历六年陈深序，后有门无子序。门无子，俞姓，吴郡人。

（五十一）□《韩文》一卷　郭正域评选

朱墨套印。每半叶八行，行十八字。前有郭正域序，后有闵齐伋识语。

（五十二）○《韩文公文钞》十六卷　茅坤评选

朱墨套印。每半叶九行，行二十字。前有茅坤引，及《昌黎集说》。

（五十三）○《绣襦记》四卷四十一出　不著撰人

朱墨套印。每半叶八行，行十八字，前有《汧国夫人传》，并精图十六面。

（五十四）○《癖颠小史》一卷　闻道人撰　袁宏道评

朱墨套印。每半叶七行，行十七字。前有石公袁宏道题辞，及睡庵汤宾尹小引。后有闻修居士华淑跋。

（五十五）□《苏文》六卷　钱丰寰、茅坤评点

朱墨蓝三色套印。每半叶九行，行十九字。前有沈闇章序，及凡例。

（五十六）△《苏长公小品》四卷　王圣俞评选

朱墨套印。每半叶八行，行十九字。前有施扆序，凌启康序，王纳谏序，章万椿题辞，黄庭坚像赞，及旦庵主人凡例，后有附评名家。

（五十七）△《苏长公合作》八卷补二卷　高启、李贽批点　郑之惠评选

朱墨蓝三色套印。每半叶八行，行十九字。前有明万历庚申钱一清序，同年凌启康小引，郑孔肩引，及苕水跂晟阁凡例。后有附录五种。

（五十八）△《苏长公表》三卷启二卷　钱槱评选

朱墨套印。每半叶八行，行十八字。前有钱槱序，及凌濛初序。

除上列五十八种外，凌、闵二氏所刻之书，尚有《管子》

《墨子》《兵垣四编》《艳异编》（有图），《拍案惊奇》初刻，二刻（有图），《陶靖节诗集》《王右丞诗集》《李文饶集》《岨崃集》《古诗归》《唐诗归》等。然此皆据他人之言，余未收得，且未得见。故未列入上目。收藏家之藏有二氏之书者，除上目之外，如有所得，幸以书名及其行格开示，俾他日成一较完美之书目。以供后之好事者参考焉。

原载一九三一年七月《小说月报》第二十二卷第七号

关于《皇明诸司廉明奇判公案》

全书四卷，余象斗集，明万历戊戌（二十六年，即西历一五九八年）刊本；大黑口，单鱼尾，上图下文，每半叶十行，每行十七字。查孙子书兄所著的《日本东京所见中国小说书目提要》明清部四（二五三至二五五页），见类似之书两种：（一）藏帝国图书馆，题名《皇明诸司公案传》（六卷），（二）藏内阁文库，题名《皇明诸司廉明奇判公案传》（上下两卷）。帝国（一）本上图下文，每半叶十行每行，十七字，与吾家藏本相合，惟分类不同，只有人命，奸情，盗贼，诈伪，争占，雪冤六门。吾家藏本，分人命，奸情，盗贼，争占，骗害，威逼，拐带，执照，旌表十六门。内库（二）本的分类，与吾家藏本全合，亦为十六门，惟行格不同——每半叶十二行，每行二十二字。

帝馆内库两本，与吾家藏本，尚有不同之点，如下：

帝馆本题“山人仰止余象斗编述，书林文台余氏梓行”。内库本题“建邑书林郑氏萃英堂刊”（孙氏注称“郑”字用墨笔补写）。吾家藏本题“三台山人仰止余象斗集，建邑书林余氏建泉堂刊”（第三卷改用“双峰堂”三字）。帝馆内库两本，均无序文；吾家藏本有余象斗序。帝馆本系万历原刊，内库本翻版不精。

此书在中国极少见，在日本有两种；可见小说之传于国外者，反较国内为多。《廉明公案》，吾家既藏全部，总算没有失传。且著者原序，日本已失，吾国尚存，大有流传的必要。让我把它照录出来罢，如下：

汉宣有言，庶民之安其田里而无愁叹之声者，以政平讼理也。夫自忘言之风远，靡争之化遐，欲民之无讼，即圣世犹难。故孔子叙书而取详刑，岂不慕虞芮之让，刑措之和哉？亦不得中行而与之，故思狂狷之意也。晚近世则巧深文，拙勤恤，右断讞，左保婴，烹鲜束，湿以操切。屠伯乳虎以恣睢，使鹰隼扬威，箝纲流酷，民之血渭纳瓮者，荼毒何诉哉？唯我昭代圣天子，沛好生之德，泣禹囚而解汤纲，群有司奉执法之公，劳抚字而坚保障。民饮黄虞之醇，吏茹冰孽之苦。盖庭中称平，而民自以不冤矣。然世变江河，奸伪阴滋，饮羊阱石者时有，强凌众暴者比肩。加以讼师舞雌黄之笔，胥吏伺旁缘之机，变迁黑白，以簧鼓司刑。是以俭壬以机智漏网，孱弱以补讷株连，刑之不平，职此故也。况乎听断者利以昏智，瞽以冥行，若之乎其平之？夫惟廉则守白，守白则钱神不窥其室，财虏畏蹑其庭，而金矢情见。惟明则照远，照远则聪儿难鼓其健，祖公莫售其诈，而魑魅怪消，天下焉有冤民也者。不佞景行廉明之风，而思维世道于万一也，乃取近代名公之文卷，先叙事情之由，次及讦告之词，末述判断之公，汇辑成帙，分类编次。大都研穷物情，辨雪冤滞，察人之所不能察者，非如包公案之捕鬼锁神，幻妄不经之说也。其在良善者，虽一时染逮而终必释，在恶逆者，虽百计巧避而竟伏辜；使善有所劝而民复淳朴，恶有所惩而俗戒浇漓。且执法者，鉴往辙之成败，而因此以识彼，察细民之情伪，而推类以尽余，则东海无久旱之冤，燕狱无飞霜之号，其以明允佐圣治，宁有量哉？然皆诸公之廉明故不冤。继张于平恕，追李杜默养国家长久之福者，终必赖之也。异日信史所载，称循良吏盛，而政平民安者，宁让汉宣时哉？不佞于是上嘉而乐道之。万历戊戌季仲夏月之吉，建邑书林三台山人余象斗言。

上引序文，约六百字。其中主要之语，为“其在良善者，虽一时染逮而终必释，在恶逆者，虽百计巧避而竟伏辜；使善有所劝而民复淳朴，恶有所惩而俗戒浇漓”。象斗的编辑方法是这样的：（一）先叙事情之由，次及讦告之词，末述判断之公。卷二奸情类中有极趣的“故事”，惜太长，未便抄录于此。兹录卷三骗害类中《汪侯判经记》一全则，以见本书每篇的结构，如下：

> 丰城县耿文，状告为虎牙吞骗事：揭本买糖往苏贸易，棍牙朱秀，口称高价，拦河饵接，嘱稍湾船，满载货物，尽行抬至伊家，私自发卖，鬼名出数，三日一空。议案十日毕账，延今半载无收。孤客牢笼，恐作江湖怨鬼，号天迫究，望光上告。朱秀诉曰：状诉为黑冤诬陷事，身充牙行，刁客耿文，将糖投卖，现价交易，并无赊账。因取牙用饭钱八两，枭图白骗，黑心反诬。乞准查明；若系吞骗，罪该斧劈；上诉。
>
> 汪侯审云：朱秀以喇虎市棍，私充牙行，拦耿文糖货，尽行吞骗。此以唇吻为剑锋，门户为坑阱，厘称为戈矛，而劫杀客商者也。夫糖曰五十桶，亦已多矣，价曰六十两，不为少矣。岂恶令无耻棍恶，一概鲸吞，而俾异乡孤客累累然如丧家狗耶？理合追还，疏通客路。

一九四五年五月在上海

原载一九四五年七月一日《文帖》（七月号）第一卷第四期

《白雪遗音》

这是清嘉庆道光间的一部白话情歌汇刊；编撰者姓华，名广生，号春田。让我先来引一首《凄凉两字》歌，以见本书的文字：

凄凉两个字儿实难受。（何日方休？）恩爱两个字儿，常挂在心头。（谁肯轻丢？）好歹两个字儿，难舍难丢。（常在心头。）佳期两个字，不知成就不成就。（前世无修。）团圆两个字，问你：能够不能够？（莫要瞎胡调。）（附注：引文中括弧内之辞句，原书用小一号字）。

上面的歌，太悲观了，太伤心了。请看下面的《灯下笑解》歌——完全欢乐：

灯下笑解香罗带，遮遮掩掩换上睡鞋。羞答答——二人同把红绫盖。喜只喜——说不尽的恩和爱。樱桃口咬杏花腮——可人心！月光正瞧纱窗外，好良缘莫负美景风流卖。

已经引的两歌，都用女子口吻。书中也有用男人口吻的；例如：

（变一面）变一面青铜镜，常对姐儿照。变一条汗巾儿，常系姐儿腰。变一个竹夫人，常被姐儿抱。变一根紫竹箫，常对姐樱桃。到晚来，品一曲，才把相思了——才把相思了。

但原书所载，不皆风流歌曲——也有写风景的与言史事的。今举例如下：

夏　景

夏来避暑凉亭下。（景致洒洒。）斑竹扇儿，手中轻拿。（摇凉实可夸。）好炎天，有如烈火难招架。（汗透罗纱。）路行人，个个奔进柳荫下。（薰风郓斜。）高树鸣蝉，深林栖鸦。（热落石榴花。）忒团圆——一轮红日正中挂。（炎威更加！）望青山，白雪出洞空中架。（爽气来天涯。）

三国志

三国出了些英雄将。（盖世无双！）桃园结义，刘备关张。（志气刚强！）他三人，同请军令师诸葛亮。（来访卧龙岗。）赵子龙，独挡曹兵千员将。（全仗手中枪。）火烧战舡，炮打襄阳。（一片火光。）好一个周公瑾，活活气死在船头上。（至死不肯降。）恨老天！既生瑜儿何生亮？（孔明比我强。）

全书四卷，所含歌曲，几乎一千。常南楼在他的序中说道："……是岁闰月望后，与平陵华春田（即编撰者）二兄，会于平昌官舍，见几头曲词两帙，乃春田夙昔搜选辑录也。……"又高景斋在他的序中说道："……询之吾友（指华春田）；曰——初意手录数曲，亦自作永日消遣之法。迨后各同人皆问新觅奇，筒封幽处，大有集腋成裘之举。日暮握管，凡一年有余，始成大略。……"可知那位华春田，非独勤于搜集，并且亲自誊写——倒是个编辑家。无怪书中所载，字字动人，曲曲风雅！陈小楼在序中赞道："……春田真智者也！正如李清照词云——也莫向竹边辜负月，也莫向梅边辜负雪！公之同好，未必不拍案惊奇。……"

书中所载，以《马头调》为最多。马头调的工尺（乐）

甚是悦耳。我抄录二十余字于下，以为例。能琴能笛的读者们，不妨一试。

例子：

——黄（尺尺上上）昏（上尺六工六尺）卸（五六凡）得（工工工尺工六）残（上上上尺工工工工尺上四合上）。——（过板）工六工尺上四上——妆（工尺上上上尺工工尺工六乙）罢（上尺尺工工六工尺上尺四上）。窈（尺尺）窕（上）可（四合）夸（乙四合）。——（过板）五五六工六合六——窗（工工工尺）外（乙四合合四上）西（尺尺上上）风（尺上合四）。冷（工工工尺）透（上）碧（上尺工工工尺上上尺工六六五五六工六尺）纱（上上尺尺六六五六六尺尺尺尺乙四合四）。凄（上）凉（尺六工）更（六工工六）加（工尺上）。——（过板）上六工尺上四上。……

（附注：全曲的工尺太长，不便尽录。）

卷四末一曲，几乎成一书。它占卷四的大部分——自二十五叶起，至九十九叶止（共计七十五叶）。它就是《玉蜻蜓》，演申贵生的事，演他“盗尼”而伤身的事。这故事的纲要如下：

贵生，名连，苏州人，幼孤，赖义仆王定抚养成人。聘张吏部千金为室，因星家言行娶不利，入赘了张府。张小姐，名雅云，丰姿艳丽，惟性端严而淡于情。贵生怨其过于“避嫌”，虽不公然反目，但暗暗不乐。

贵生因雅云淡于夫妻之情，意欲美婢芳兰为妾。一日，芳来外园采花，为生所遇，即牵她入室。正在好事将成之际，为茶僮文旦冲破。

次日，贵生游山塘法华寺，遇见艳尼志贞。因与挚友沈君同往，未便久留，遂与志贞约定第二日（三月初六）一人重去。

贵生留于庵中约三月有余，染病而亡。雅云因夜间得一怪梦，求铁嘴先生吴松年卜贵生之生死存亡。松年道：“我想个人，到子六月二十八日，要到来个地方去哉介没那呢？”（苏州土白，作“死”解）。求卜之日，是七月初一。

十七年后，徐元宰（即申贵生在尼庵中与志贞所生之子，徐知府购去作螟蛉者）中解之后，梦见亲父，因悟自己为申姓之骨肉，而非徐氏之子孙。次日，是在乳母房发见玉蜻蜓，遂立志访求生身父母，后来屡谒尼庵，得贵生遗像，而又得生母志贞。

这个故事，盛行于苏杭申江；男女说书“先生”靠它吃饭，已经多年了。在《白雪遗音》中，《玉蜻蜓》分为（一）戏芳，（二）游庵，（三）显魂，（四）问卜，（五）追诉，

（六）访庵，（七）露像，（八）诘贞，（九）认母九段。

《玉蜻蜓》系道光八年(西历一八二八年)玉庆堂写刊本，大型，白口，单鱼尾，四周单栏，每半叶十行，每行二十字。卷首有高景斋序，常南楼序，陈小楼序，及华春田自序。各卷之首，有详细目录。

此书最不易得；各收藏家及嗜歌曲者，总以未见为憾。但是我的运气真好！我同时购获两部，一白纸，一黄纸。前者自己留用，后者让与郑君（振铎）。

原载一九四五年八月一日《文帖》（八月号）第一卷第五期

辛亥文献

一、引　言

余家所保存之古物中，有鄂省革命军告示及其他要件。兹誊录于此，故以《辛亥文献》为题。惟辛亥秋之突然革命，突然成功，其经过已为今日二十岁左右之青年所不能明；非约略说明，不足以见本篇所录各件之意义。因此，先讲故事：

辛亥年（公历一九一一年）八月，武昌之成功，有谓“出乎意外”者，实则由于预备也。先此，清政不纲，民心离怨，国父孙中山先生之从事革命，即以“澄清天下”为目的。其乙未（一八九五年）广州之役，庚子（一九〇〇年）惠州之役，丁未（一九〇七年）潮惠钦廉之役，镇南河口之役，及丙午（一九〇六年）安庆徐锡麟之刺恩铭，辛亥三月黄花岗之七十二烈士，皆为武昌成功之基础。并且革命党同时有三合会，哥老会，同盟会等等组织，莫不以“反清复明”为宗旨。是故武昌之成功，虽似偶然，实有布置，虽是天意，实为人力。

武昌成功之突然，另有一因，即清廷之严防，搜捕，杀戮，与穷治也。此四者为之不得法，故自短其生命。八月十七、十八两日，鄂督瑞澂，于全城搜捕党人之时，发现印成之告示（其文字见本篇后幅），即将彭楚藩，刘汝夔，杨宏胜等正法。又于督署内查见炸药一箱，教练队军士两名，视为形迹可疑，即在署前处死。党人见机关已破，同志被捕，又因党册搜去，恐按册穷治，为救死计，遂有八月十九日之事。工程营首先发动，以“同心协力”为暗号，掣下肩章，手缠白布，号称民军。推吴兆麟为总指挥，攻楚望台，旗兵被杀者数十人。遂趋火药局劫取子弹，运至蛇山。其时十五协兵士，已齐集大操场，与工程兵合，即大呼“攻督署”。瑞澂，张彪遁去。民军拥黎元洪为都督，汤化龙为民政长，宣布独立。除北方之直隶，河南，与南方之张勋困守南京外，其他各省均立时响应民军。

故事已毕，兹先引民军起义前，瑞澂所搜得之告示全文。

二、民军告示

下录民军告示之原本，不用年月，请注意之：

盖闻归仁就义，千古有必顺之人心；返本归原，百年无不回之国运。自昔周不幸，胡虏分张——一见迫于玁狁，再见辱于匈奴。秦汉而还，四夷凶悍。以秦皇之雄鸷，仅拒于长城之外；以汉高之豪武，卒围于白登之间。虽汉武雄才大略，匈奴之患稍平，终不能犁庭而扫穴。晋魏以来，五胡迭兴递盛，横攘于河北者二百余年。李唐平之，亦不能斩根而刈蔓。降及宋世，为患尤酷；辽攘于前，金扰于后。及蒙古继起，竟屋宋社而墟之。我汉族頫首受轭于游牧威权下者，又垂及百年。自明兴而势始弱矣。崇祯时李闯致乱，三桂作奸。借寇以御敌，迎□以为君，俾彼夜郎自大之心，得以东方入寇，夺我天子乃文之号，俨然南面称尊。而乃蛮夷大长，既窃帝号以自娱，种族相抗，复杀生民以示武。扬州十日，飞毒雨而漫天；嘉定三屠，匝猩风于遍地。六七族之士民遭殃，数千年之由河变制。编发似尾，同人近于牛马；剃头如瓜，变华夏为蛮夷——辱我　黄帝轩辕之苗裔，污我尧舜汤武之规模。且也旗员众多，大权执之掌握，重加诛戮而不恤；汉官寥落，偶尔得参国政，大逞压制以为快。汉族视若犬马，□人保如珍珠。罹于万劫，又经二百余年。呜呼，泱泱神州，攘攘贵族，顾乃践蹴于铁骑之下，岂无仰首伸眉以与之抗者！今我同胞坐于涂炭，彼异族愈加苛刻。为拯甚矣！尚忍言哉？是以大举义师，除灭奸（？）贼——悯我汉族于水火，解我汉族于倒悬；令上国衣冠勿沦夷狄，逐异地犬狼，还我河山。凡我汉族，各事如常。从者奋然而来，居者安然自处。毋庸侵扰，各使闻知！

三、军　令

上录告示后，有军令七条如下：

革命军令

一、私逃者斩。

一、奸淫良民妇女者斩。

一、掳掠民间财资者斩。

一、蛊惑军心者暂。

一、泄漏军机者斩。

一、擅离职守者斩。

一、不听调遣者斩。

上录之军令，不用引号，请阅众注意之。

四、六言告示

黎元洪为都督后，即出六言告示。其时不用“民国某年”，而用“黄帝纪元某年某月某日”也。请阅六言告示（不用引号）：

中国军政府大都督黎

今奉军政府命，告我国民知之：
凡我义军到处，尔等毋庸猜疑。
我为救民而起，并非贪功自私。
拔尔等于水火，补尔等之疮痍。
尔等前次受辱，甚于苦海沉迷。
只因异族专制，故此弃尔如遗。
须告今日□奴，并非我汉家儿。
纵有冲天义愤，报复竟无所施。
我今为此不忍，赫然首举义旗。
第一为民除害，与众戮力驱驰。
所有汉奸民贼，不许残息久支。
贼昔食我之肉，我今寝贼之皮。
有人急于大义，宜速执鞭来归。
共图光复事业，汉家中兴立期。
建立中华民国，同胞无所差池。
士农工商尔众，必定同逐蛮夷。
军行素有纪律，一体相待不欺。
愿我亲爱同胞，人人敬听我词。

黄帝纪元四千六百零九年八月廿八日立。

五、宜昌告示

下面所录（亦不用引号）者，民军未至宜昌时，先在城中所贴之告示也：

大清政府恶劣，同胞共见共闻。
处处与民争利，还说宽仁厚泽。
苛税杂捐日增，用途何人晓得。
违背先朝谕旨，假意国有政策。
本军顺天应民，已从川楚施设。
克日大军到宜，同胞莫切惊骇。
决不扰害商民，其各自安生业。
汉官倒戈来降，一体务其本业。

六、传　单

当时民军凡到一地，除告示外，必发传单，所以安民也。兹录全文如下：

为传知事：照得本军政府奉命天讨，原为兴汉灭□起见。盖国以民为本，民以君为戴。本军政府以安民为本，决不诛降戮服，以致扰害良民。凡尔等人民，务须各守尔职，各安尔业；士不退学，农不变耕，工不改作，商不变其贸易。凡尔人民，一体知悉。须至传单者！

传单上各钤“大汉国民军司令处关防印”十一字。黎元洪之六言告示（见前）则钤“中华民国军政府鄂省都督印”十二字篆文方印。

七、旗 式

民军所用之旗，大概为长方形，其文字如下：

革命军复汉排□，保教安民。

当辛亥七、八月间，四川成都有乩笔云，“勤吹笙，懒务花，打开烟明自汉家。君不久扬鞭走马，廷不久鼓角交加。且看麦子一场花，若问太平日，东边一团瓜。”说者谓此指民军之旗也，含“民国军”及“汉”四字。乩笔与文献无关，姑录之以见当时人之迷信。

八、附 录

下面影印者，同盟会及国民党之收据也，皆壬子年（公历一九一二年）事，故入附录。

（甲）同盟会据

收据上钤“中国同盟本部会计之印”十字朱文方印。其付款人姓氏，因非本人，故余特用墨钉以消除之。

（乙）国民党据

此据钤“理财科”圆印，又钤“国民公党本部”方印。当时之国民党，自称“国民公党”，吾人应注意之。付款人姓氏，亦用墨钉消除矣。

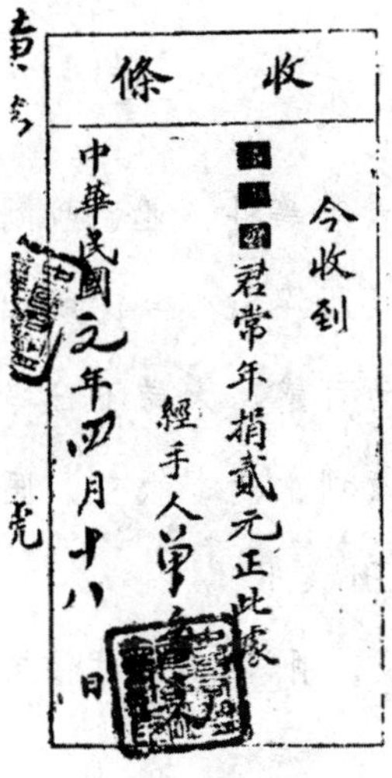

收條

今收到

[redacted]君常年捐貳元正此據

經手人

中華民國元年四月十八日

同盟会据

收據

今收到

[redacted]君秋季捐洋　元正特此為據

民國元年五月　日

國民公黨理財科

国民党据

原载一九四三年十月一日《中华月报》第六卷第四期

国父之函

前在亲戚家获见国父手札四件，至宝也。余蒙主人之允许，恭录副本如后：

一

××先生大鉴：手书并大著等件，业已收到。足下宏才伟抱，经济匡时，素所深佩。今读所拟，具见卓识，而眷注之怀，尤为可感。大局不日当可底定。从事建设，尚须一番策划。倘寄教言，匡予不逮，幸甚！此覆并请大安。孙文叩。

（此系元年二月六日所发，用总统府西式信封。）

二

××先生大鉴：××君带到拟办邮船节略，展阅之下，足征卓识，亦甚赞成。惟大局甫定，经济困难，招股一层，殊非易易。俟日闻解职来沪，晤商

辨法。如果有把握，届时再行酌夺可也。此覆并请

大安。孙文叩。

（此系元年三月二十八日所发。）

三

××先生大鉴：批办铁路，先须收回治外法权。卓见深远，自是不凡。惟所筑之路，均在内地承办，又属商家；保护路权，实操在我，不虞外人干涉也。至于调兵转饷，为国犓交通至要之端，于订约时必着重研究，确立规章；事既脱离国际交涉，承办人必易就我范围也。文肩斯重任，凡于批办各方面种种关系筹画咨询，胸有成竹，必不使国家陷于为难地步，开外人侵略之门。惟责重事繁，忽略粗疏，时或不免。先生老成练达，识解宏通，尚祈时赐教言，匡所不逮。祷切，祷切！朔风乍起，珍摄为宜。专此布覆，敬问　起居。孙文。

（此系元年十一月十二日所发。）

四

赐覆音请寄上海同孚路二十一号黄寓转交，临

覆不胜瞻依盼祷之至！诸位亮察，并候　台安不备。

孙文（七月十八日）

谨案：上面四札之上款，承主人之命，一概省去。标点系新加者。主人谓将来国家博物馆成立时，当将此四函送入。

周越然识（三十二年十二月八日）

原载一九四四年二月一日《一般》创刊号

《理想的婚姻》

这本册子——《理想的婚姻》（*Ideal Marriage*，意即“最圆满的婚姻”）——是每个青年（不论男女）应该阅读的性学书。世上的性学书，真是“车载斗量”；就是寒斋所收藏者，也不下一百五十余种。其中有简易易读者，也有艰难难懂者；有专家写作的，也有“素人”（日本名词，作非专家解）乱涂的；有科学专书，也有色欲奇谈。大多数总是不合“启蒙”之用，不宜“初学”之用。

阅众——阅者们——你们看到上文中“启蒙”“初学”四字，请不骂我，或者笑我。我知道你们都自以为是性学专家了。你们之中已经嫁娶生子者，自以为已经明白对性的一切。就是未曾嫁娶者，也听过朋友的教导，也看过色情的小说，“区区男女之事，何必像科学那样的去研究？女子既不必学养子而后嫁人；男人亦不必学养子而后娶妻？况且健全的男人，略有财产，何处何时不能娶妻？美丽的女子，虽无妆奁，何处何时不能嫁人？”——我似乎听见你们这样盘问我。你们的盘问，实在是你们的谬见的表露呀！

性学（sexology）是科学；科学是不可仔细研究的。黄包车夫也知道力学，不过他不研究力学。他上桥的时候，双臂用力向前拖；他下桥的时候，双臂用力向后挡。这不是应用力学么？然而因为他没有好好地攻究过力学的缘故，有时他跑不上桥，有时他冲下桥去。

婚姻颇似拉车。不明力学原理者，可以上桥下桥；不明性学原理者，可以嫁娶生子。……但是男女的事，总比拉车为要。男女的事（婚姻），有关本人，有关子孙，有关社会，有关国家。不圆满的婚姻，比覆车之害更大。所以，从前没有研究过性学的男男女女，不论已嫁未嫁，不论已娶未娶，理应赶快阅读我今天在此介绍的《理想的婚姻》。

《理想的婚姻》是一册启蒙性学书。类此者，并且我可介绍者，约有五六种。但此为最善；因它所讲的，全是科学，全是原理，但不抽象，亦不引诱。著者是医学家费鲁德（Velde），荷兰人，曾任哈兰（Haalem）城妇科医院院长多年。他虽然是个医师，但所用的字句，却像一个文人。在这本书中，他多方教导你；同时，他引起你攻究性学的兴趣。在这本书中，他用极浅近的文字，说明全世医师所发明的性知性识——性方式，性理论。

我所见的，是英语本，由伦敦汉满（Heinemann）公司出版。市上的"盗"印本，似乎甚好，惟彩图不良。

费氏的著作，计分四份，十七章（共三百二十一页，序文，绪言，及引得不计）。第一份三章，言实际的与理想的婚姻，普通生理，性事生理。第二份四章，言成年男女的性生理与性机构。第三份五章，言性交——艺术与方式。第四份五章，言婚后卫生；例如破膜，洗涤，频率等等。

这不过一个大纲；原书所言，上自脑神经，下至生殖器。无不博采诸家理论，无不全合科学。原书所言蝌蚪的尺度，天癸的长短，——皆有实证。总之，种种性的问题，如——事前如何预备？事后如何安慰？经期中及怀孕时可否行房？少年人与老年人的频率，应如何不同？——此种问题，皆有肯定的答复。其他如接吻的功用，体气的异同，毛发的浓淡，皮肤的黑白，无不一一说明。

说得最明白者，莫如第三份第十一章（二百十一页至二百四十三页）的性交方式。著者分（一）面对面者六式，（二）面对背者四式。前者包含（甲）普通姿势，（乙）伸展姿势，（丙）曲折姿势，（丁）骑跨姿势，（戊）平坐姿势，（己）并侧姿势。后者包含（庚）贴腹姿势，（辛）并侧姿势，（壬）曲侧姿势，（癸）平坐姿势。每种姿势，有何激刺，能否受孕，均有确切的指示。惜原文甚长，不便节译于此；阅者们非购读费氏的著作不可。

费氏的著作，有日本文本，印度文本，希腊文本，波兰文本，犹太文本，葡萄牙文及罗马尼亚文本。吾国尚无译本；将来纸张排工低落时，倒可一试。

原载一九四五年八月《风雨谈》第二十一期，原副标题为“一部启蒙的性医学佳作”

《英语歧字辨异》弁言

是书为英国葛兰伯原著，其钩稽字义，辨析微茫，名学家如耶方斯，修辞学家如蓝克护、喻茂逊、安斯本雪特基能等，均盛称之，谓为学者所不可不读。其为书也，取义似用殊之字，归类为一千八百二十六种，为字约六千，煌煌乎巨作也。方今英文为学校专科，承学之士，励志深造，首贵明其字义，然后肆力名著，庶几字顺文从，免于似是而非之病。原书征引繁博，不便初学，爰删译之，去繁就简，每字仅取义足。夫亦曰，取便吾国学者云尔。若夫欲识其详，则原书俱在，是册也，亦谓之赘疣焉可。

辛亥三月周越然识

原载上海商务印书馆一九一二年九月初版《英语歧字辨异》

《德国学校近世语教授法》译者自叙

我国各学校，自高等小学校而上，始有英文一科。教育部定章，高等小学教授英文，自第三学年始，每星期教授钟点三小时。今通商口岸无论矣，即在内地，而各高等小学校之教授英文，大率多自第一学年起。此三年间，学生造诣如何，往往在不可知之数。进而为中学校四年，毕业学生之不辨长短音者，尚比比也。此在内地则尤甚。夫德国人之教授外国文，大率在学童九岁至十一岁之际，正与我国高小学生年龄相若。而一彼一此，成效截然不同者，则又何也？岂吾人学语之能独不如德人乎？或者曰：东西文字不同，不若欧陆各国之相近，故彼易而我难。余曰：否。天下无不可学之人，即无不可学之事。德人即为最灵敏之舌人，苟不得其教授之法，亦岂能成功若今日？当一千八百八十年之前，未经大教育家费爱德氏等之提倡，德国学校中教授外国文字亦不过虚掷光阴，无实效之可言。自所谓新式教授法者通行而后，则成效卓著。即英法等国亦翕然仰慕，群取法焉。岂德国儿童昔愚而今智耶？则法之为功，可以见矣。白氏之书，于德之教法，言之綦详。书既出版，风行全欧。我国尚无译本，殊为缺憾。今不揣固陋，取而译之。自愧谫陋，于原书无所阐发。所冀邦人君子取而读之，知德人对于外国语言文字之教法，兢兢若是，则必幡然猛醒，思所以改良之者，将取彼之成法，施诸吾国学校，吾国学校后此外国文教授之进步，或以白氏之书为前导也。吾国之幸，亦吾译是书之所望也。

民国五年三月，吴兴周越然志于沪上寓庐

原载上海商务印书馆一九一六年九月初版《德国学校近世语教授法》

《古史钩奇录》序言

《古史钩奇录》者，霍氏生平得意之作也，全书之成，共历三十五日，每就一篇，即为其子女诵述之，故书方排印，而霍氏之子女，已能背述书中之故事，书中各篇之发凡。中有勃腊（Bright）其人者，乃霍觞[1]之自况，其问答之辞，皆当日父子嬉笑之真情。书中材料，皆取于古代神话，务使二千年前之古事，成为十九世纪以后之新谈。儿童读之，不觉兴味之横生。第四篇中，所以引入柏零格（Pringle）其人者，亦以见本书之为初学说法，非欲于大巫之前，强作解人也。霍氏有言曰，古代神话，皆由诗家砌纳而成，彼能以诗描摹之，余何以不能以散文复述之；推是理也，余之为书，虽与古人之说略有出入，亦何能为余罪。此可见是书撰著之宗旨矣。

民国二年　周越然识

原载上海商务印书馆一九一五年八月初版《足本〈古史钩奇录〉（附汉文释义）》

① 今通译霍桑，美国作家、小说家。

《天方夜谭》弁言

罗绮被身，熊蹯在口，吾人觉身口之适矣；倘一究其来源而知罗绮之何以成，熊蹯之何以得，于心不更安乎？读《天方夜谭》，亦犹是也；知其书之饶有兴趣，而不问其书之由来，岂足厌吾人之心乎？夫然则《天方夜谭》之由来，不可不一述之。

《夜谭》之入欧也，自西历一千七百零四年始。有法兰西人曰搿楞[①]（Antonine Galland）者，名士也，遍历亚西各国，访察风俗，译为是书，归饷国人。书中每篇首句云："姊乎，吾姊如未熟睡者，请为我述一有趣之故事，如吾姊所素知者。"书既出版，法人中几于人手一编；有童子数人，读是书后，心念念不能忘，曾于寒天暮夜，衣单布之衣，奔赴搿楞家，叩门呼曰："搿楞君，君如未熟睡者，请为吾辈述一奇妙之故事，如君所素知者。"即此一事，可以知书中之趣味矣。

自后各国传译，所至纸贵一时。而英文之有译本，则始于一千八百四十年，译者赉痕其姓，爱德华其名（Edward

① 今通译加朗，法国东方学家。

Laue），亦久居亚西各国者也。

《夜谭》之原文，为亚拉伯字之手抄本，名曰《一千零一夜》（*The Thousand and Nights*），然不如《夜谭》（*Arabian Nights' Entertainments* 简称 *Arabian Nights*）之名之普通也。论者谓原文虽为亚拉伯字，而构造之者，必非尽出于亚拉伯一国之人。德国译者，谓书中故事，系传自印度及波斯，而亚拉伯不过集其成而已；彼又参考亚西各国之典籍，而谓此种故事，十世纪时已通行于彼邦。法国译者反之，谓书中故事，必在十世纪后，自埃及传至亚拉伯者，以书中风俗人情，颇染回教习气；即使出自波斯，亦必中经后人之笔削矣。而英之赉痕，则折中于两说之间，谓德国译者，所谓传自波斯者，其说至确，惟十六世纪间，亚拉伯人则采取故老之流传，一一笔之于书，而又益以臆造数事，遂成今日之亚拉伯文原本。然赉痕之说，亦未足据为定论也。

今试考之，书中官尹之名称，宗教之典礼，皆非十三世纪以前之事。且桃之一果，见于亚拉伯市中者，实始于十三世纪中叶；炮之一字，见于东方各国之载籍中者，实始于十四世纪中叶；而《夜谭》中载有是果，并有是字，亦可以见原文之成，至早当在何时矣。亚西各国之知用咖啡为饮品也，已在十五世纪之终，而书中未有其字，可见原文之成，至晚当在何时矣。

善夫，美国某君之言曰："世界古国，故事之多，以印度为最。印度之故事，大半借驼象等物，隐寓训诫之旨，以为诱掖王子之用。”自与波斯交通，波斯人得之，参以本国之人情风俗，演成波文；而印度之事，遂一变而为波事矣；由波斯传至亚拉伯，亚拉伯人从而增饰之，遂由波事而再变为亚拉伯之事；且亚拉伯人，自沙漠之生活，进而为城市之生活，发明造作故事之才能，亦缘之而俱进，遂将己之所造作者，合以自波传来者，润色增益，裒集成书。《夜谭》之由来，如是而已。

呜呼，《夜谭》一书，自入欧洲后，欧人孜孜研究不遗余力，足以见其人之注意于他邦文物矣。近是书经奚君若译为华文，而吾人购阅其书，仅视为稗官小说，未尝一考其由来，一究其文物，岂吾人之智，不若欧人欤？毋亦东西民族性质之不同耶？波印皆与我同洲，乃其书不先传来东国，而独盛行于西方，遂增价值，书而有知，当亦深自庆幸矣。书中文字，浅明流利，欧美文家，均盛称之英文模范，是其一也。

民国三年三月　周越然识

原载上海商务印书馆一九一七年九月初版《原文〈天方夜谭〉（附汉文释义）》

《亭子间嫂嫂》序

宗弟天籁，作《亭子间嫂嫂》既成，欲余为之序。余曰：“此书无需有序，因吾国不论长幼，凡识文字而阅日报者，皆知是作之妙，心中早已各有其不成文之序矣。”天籁微笑而似不信，于是余提出一事，证余言之不谬。此事发生于一年以前，为任何作家所喜遇而不易得者，兹约略述之如下：

某晚，天籁及其友人同饭于南京路之著名西菜馆。坐定后闲谈之时，彼此以字相呼。此习俗也，本不足奇。不料侍者木立而凝视天籁，许久许久之后始鞠躬而问曰：“你就是周天籁先生么？我没有一天不看《亭子间嫂嫂》的。我佩服，我真佩服。我巴望你做得长些，不要马上就完。你真写得好，形容得妙。哪一件不是真的呀！”

如此一事，已足见天籁弟声誉之隆矣。纪实小说，本不易作。纪实小说如《亭子间嫂嫂》，专记私娼之生活，当其在分期刊行时，非独读者不生厌倦，且每晨无不索而阅之，其“魔力”之大，几与当年英国之狄更斯（生于一八一二年，卒于一八七〇年）相等矣。

西洋亦有描写娼妓之小说，《凯姐》（杜福著），《红□》

（裘陆赛龄著），及《求乞我耻之》（戈顺时著）三种是也，但此数书之文字虽美，而其忠实诚笃，远不及《亭子间嫂嫂》。

民国三十一年五月二十日　周越然序

《亭子间嫂嫂》原由上海友益书局一九四二年出版，周越然序文由陈思和先生抄录提供

罗思精[1]小传

罗思精（John　Ruskin），生于西历一千八百十九年，卒于一千九百年，英之伦敦人也。父为大酒商，家道素康，罗又夙慧，母教綦严，新旧二约，自幼即能默诵，不遗一字。初，父欲令之入学，则学年未届，乃延名师，课诸家中。当长夏天炎，学校放假，其父母往往挈赴欧洲大陆，或北至苏格兰，因得尽览其名山大川，遍历夫通都大邑。每逢山巅水涯，往往低回留之而不能去云。年四岁，画工为之绘像，像成补景，画工问以所好，则对曰：绿水青山。一千八百四十二年，毕业于牛津大学，年二十三耳。自后从师学绘，颇能不涉蹊径。然罗折节读书，不屑以文易艺，其所论著，往往长于写景，而鼓励艺术，厥功尤伟。论者以英伦艺术之精，推彼为前导，其有由矣。自《近世画工》（*Modern Painters*）一书出版，或有讥其文字太艰涩者，而罗则自曰："余之为是书也，自首至末，未尝有一字苟；而最要之指归，即以见天工之巧，与帝力之无所不至，因以显人为之不及。且余书之所以异于

① 今通译约翰·罗斯金，英国作家、批评家。

人，而似较胜于人者，则余书之作，不为名，不为利，不感情用事，一以见宇宙间之不可无是书而已。”呜呼，即此数言，罗之寄托，已可概见。故当其壮岁，文乖一代；虽颇蒙世俗之讥，而今之识者，莫不馨香崇拜，推为近世文豪。罗之晚年，潜心经济之学，唯文字艰深，读其书者，往往废书而叹，是亦文人之遗憾也欤。

《金河王》（*The King of The Golden River* 或 *The Black Brothers*）者，罗少时之作也。年二十二，有某女士者，佚者姓名，愿得罗文而读之，罗乃为成是书，意取娱友，非欲问世也。嗣后稿帙存于一友人处，友人力劝付梓，罗颔之，本书遂通行于世；然则世之得见是书，皆其友人保存怂恿之力也。

一九一三年　周越然识

原载上海商务印书馆一九一八年三月初版《足本〈金河王〉（附汉文释义）》

“给我力量……”

“给我力量，使我可以轻轻地荷负我的快乐和忧闷(Give me the strength lightly to bear my joys and sorrows) 。”太戈尔[①]的这一句话，何等意深而寓远呵！

太戈尔是诗人，哲学家，文学家，兼教育家。当七年前章太炎先生和我们发起亚洲古学会之先，我已经得知太戈尔煊赫的大名，并且也曾读过他著作中的好几本书了。不过对于他的行事，还没有十分明了，后来在那个会里遇见几个印度朋友，他们告诉我他的为人，因此而愈益增加我钦佩的信仰。

及读到 Roy 的《太戈尔及其诗》（R.Tagore，*The Man and His Poetry*）和太戈尔的《我的回忆》（*My Reminiscence*）我更加明白他的为人了。

现在我且把所知道的关于太戈尔的事，约略地写在下边：

太戈尔是一九一三年诺贝尔学奖金的得者，他的文章看起来很浅近，实在含意甚多，都有他的哲学思想包孕着。

在一千八百六十一年的五月六日，我们这位大诗人诞

① 今通译泰戈尔，印度诗人、文学家、哲学家、社会活动家。

生在印度的彭加尔。他的父亲是印度最大的“精神指导者”（Spiritual leader）中的一个，民众因为他努力于社会和宗教的改革，都呼他为“大圣人”。他的祖父是一个地主，地主协社（Landholders' Society）的创设者，慈善家，而且还是个社会改革家。他叔祖是一个政治的领袖和著作家。他其余的祖先，有绘画家，音乐家，法律和教育的著作家，以及许多别的有用而卓越的人材。总之太戈尔的家庭，是一个望族，对于印度的政治和工业的建设，艺术和音乐的恢复，社会和宗教的改革上，都有绝大的贡献。

太戈尔是他家里八个男孩、三个女儿里头的最幼的一个。他起始受教育的确实日期，不能查考。不过我们可以知道一定极早的；在六岁以前，已受一个家庭教师的管理。到六岁这一年，他看见他的哥哥和外甥，都入学校，他也要求同去，然而他们是拒绝而不应许。他立刻放声大哭，那家庭的教师，便发怒而掴他的颊，说道：“你现在哭着想进学校，将来更要哭着出来呢。”

这个预言现在实现了。到了可以入学的一年他立刻投入东方学院（Oriental Seminary）内，在那边他找不到趣味和愉快。于是他转学到师范学校去，或者该处更能适合于他。然而结果是失败。许多同学，都因举动和习惯的异趋，不悦于他；而他也嫌恶一个教师，那个教师，常惯用一种越乎礼节之外辱骂的语调；所以他坚决地静坐了一年，从来不答复他的问题。后来他的家人再转送他到彭加尔学校，而他的不愿意也仍旧。在他的《自传》内说：“小孩子在这里，都很会淘气，不过不致惹人厌恶罢了……”又说：“屋舍用墙壁来围护，好像巡警，残忍而幽惨。房间与其说是人类的居室，无宁说是鸽棚。没有装饰，没有图画，没有色彩的接触，更没有童心的引起。”

太戈尔天生来就是个大诗人。不过没有适当的地方和适当的人，施以适当的训练。他的父亲也觉到这一层，于是决心送他到自然的学校里去；问他愿畅游喜马拉雅山不要，太戈尔一听到这个消息，便欣然高声应了一声“是”。离弃他那监狱般的学校，趋向富有真美的高山。在这山上，他找得他所喜悦和愉快的。“层层的山坡……都被满开着花的美丽春色所点缀。”他遍山漫游，在岩石，树木，泉水，和广阔的天空里，都寻着许多伴侣。

次年，他十二岁了，又回到家里来。自从旅行以后，他对于学校生活，愈觉不能忍受，乃住在家里，从事艺术的修养。把彭加尔文的最重要的书籍统统都读完。在这年他开始出版他所做的诗集。然而那个家庭的教师，却极不满意太戈尔的努力于此，再送他到英国去学习律师。他住了一年，仍旧返他可爱的家乡来。

在英国，太戈尔做了一首诗，名《碎了的心》（*The Broken Heart*），得着许多的读者，而诗人自己也极喜欢它。

那时他正十八岁。从十五六岁到二十二三岁，他写了许多爱情的诗。他早年用一种新的风格，所做描写情欲的诗，当初颇受旧式学校的道德和新人物所攻击——其实他的思想里并没有什么不道德，他的表述里并没有什么鄙俚，不过道德家和新人物，不懂得这位能引进一种新式的诗新式的风格到世界的文坛上的将来的大诗人的初期作品罢了。

太戈尔的侄儿乾耶底（Jyoti）曾教导他诗学。有一天下午，当时他只有八岁，乾耶底叫他尝试做一首诗。他一试便成功了。

他的原著，凡是会讲彭加尔语的地方，没有不读的。翻译做英文和别国文的，读者更其多了。

他的重要的英译作品，诗集有：《吉檀迦利》（*Gitanjali*）《采思集》《新月集》《园丁集》《飞鸟集》等，戏曲有《齐德拉》《暗室之王》《邮局》《春之循环》和《牺牲》等；小说有《饿石》《姨母》《家庭与世界》等；此外更有《生之实现》《人格国家主义》等论文集；《我的回忆》是一部自传，描写他内心生活的唯一杰作。

太戈尔快要到中国来了，我有几个小小的意见，敬告我将来的欢迎者：

（一）他的著作，应细细地看，慢慢地读；别只看书上的字，当看字内所含的义。否则，万不能得着他的意思的。

（二）他的英语讲得很好，我们和他谈话，须十分小心，不可讲错了英语，使他觉得不快。上次他在日本的时候，他说他受了许多苦，因为日本人讲的英语，十分之九八不能了解。我们切莫再像日本人啊！

（三）印度人不喜我们称他们为 Indian，喜欢我们称他 Hindu，讲话时应留意。

原载一九二三年九月《小说月报》第十四卷第九号

作家不一定是天生的

文学界常常说道："作家是天生的，不是人工的。"这句话有例外——不可全信。爱尔兰作家莫鲁[①]（Moore，名卓治 George，生于公历一八五三年，卒于一九三三年）氏，所写的小说有极精者，并且爱读它们的人，世上也不少。但仔细研究他前前后后各种作品，我们知道他们所以成名的缘故，不是因为天才，完全由于人力。他幼时就喜好乱涂乱汰，然而涂汰并非作家造成的主要条件。莫鲁有志学人，善于模仿——这倒是他成功的原因。

他最初学做韵文，曾经印过两册诗集。一册叫作《激情之华》，另一册叫作《无宗教者之诗》。这两个书名，真是惊人！但他们的内容既极平常，而其文字亦不美雅。莫氏自以为他所写的诗全属施温朋（Swinburne）派——勇敢、胆大。然而施氏真诚，莫鲁虚伪；施氏合调，莫鲁不调。两氏的诗，无法比较，不可同日而语。

莫鲁是有余之家的子弟。他常常旅行，到名都，到大邑，

① 今通译乔治·莫尔，爱尔兰小说家、诗人、戏剧家、批评家。

到伦敦，到巴黎。当代的小说家，艺术家——法国的，俄国的，英国的——他认识者很多。他非独认识他们的面孔，还要研究他们的作品；非独研究他们的作品，还要他们的文章。他看见别人写了一本忏悔录，自己也就依样葫芦，也来一本忏悔录。他看见写实小说盛行于世，自己就马上动手写那种小说。

他于抛弃施温朋之后，最初效慕的作家，是法人宓瑟[①]（Alfred de Musset）（生于公历一八一〇年，卒于一八五九年），宓瑟氏是小说家兼戏剧家。他的《忏悔录》，真能感人！莫鲁看上了这本书，马上就写成他冷淡无情的《一青年之忏悔录》。现在这本书，西洋印刷家还年年重版，因为文学界还喜欢看它。为什么我们还喜欢看它呢？因为那个青年，不像一个人，活像一只驴。他的言语，他的行为，都不近情。我们喜欢看那个青年所闹的笑话，不是要看莫氏所做的文章。

后来法国的大作家左拉（Zola）（生于公历一八四〇年，卒于一九〇二年）氏的写实小说，风行全世。莫鲁立即仿效，写成十多册类似左氏的小说。崇拜莫氏者，以为那一本《麦葛傅雷哲传》（*Mike Fletcher*）是杰作，是真的写实——远胜左氏的作品。我虽没有细细的读过，但我知道它的内容。我觉得他的写实方法和材料，与别人的完全相同。他的写实功夫，并无胜人之处。这就是说：他的学徒的年限，还没有满。

他今天效慕，明天仿造——后来果然自创新法，自成一

① 今通译阿尔弗莱·德·缪塞，法国诗人、小说家、戏剧家。

派。在这个时期，他所写的小说，共有三种——统统完美，统统受人敬服。第一种叫作《迎与送》，第二种叫作《已过之年的记录》，第三种叫作《自状》。

先言第一种：《迎与送》（*Hail And Farewell*）的背景，是爱尔兰文学复兴。书中所述的人物及逸事，都与那个运动有关系的，并且都是莫尔的经验。在这书中，莫氏的文字甚为明晰；他的方法，也极自然。他采取直陈体（物语体），夹以会话。他所描写的人物个个是活的，件件是真的。并且书中饶于美句，饶于幽默；我们阅读这本书的时候，觉得“手不忍释”。

他用以写这本小说的方法，后来被爱尔兰文学复兴的领袖叶芝（Yeats）知道了。叶氏就采用那个方法，写自己的回忆录（名称《面巾之震抖》。你看莫氏荣耀么？《迎与送》真的是文学名著！

再言第二种：《已过之年的记录》（*Memoirs of My Dead Life*）是一本很愉快的小说——是一本自古以来没有写得这样巧妙的“淫”书。淫书大概不成文学，但是这本小说确为文学。这本小说的主旨不在导淫而在消遣。它不触犯人，也不教训人。没有毛病的人读了它，决不会出毛病，著者所取的材料，虽然多是“肉欲”的，但同时也是“慎重”的。像这种小说，我们中国没有。可惜我的本子已经遭劫了；否则我想把它翻译出来。

末言第三种：《自状》（*Avowals*）最初出版的时候，著者不愿意公然发售。他采用的预约法，并且本数有限。本数有限的预约法，是西洋书肆用以推销名著或淫书的。莫氏的新著，为什么要这样发行呢？当时大家以为《自状》继《已过之年的记录》之后，一定是一本“不上大雅之堂”的淫书。所以大家勇勇往往地去购预约券。等到书出版了，大家东翻西阅，找不到半句色情文字。许许多多失望的买客，将原书退还经售处，并且说道：“著者所讲的是文学，我们所要的是色情。普通小说，何必预约？我们不要这本书。我们退货；你还钱。”

其实这是一本英语中数一数二的书籍。著者与艾德门（Edmund）的会话——理想会话——所讲及的果然全是文学，但哪一句，哪一字不能使人发生兴味呢？英语中以会话为主体的小说有好多种，但哪一种及得它来呢？

莫鲁全无著作的天才，因为勤于效尤，善于模仿，竟成一位鼎鼎大名的小说家。可知我们“事在人为”的那一句古话，确实可靠，确实可信。目下我国在高中或大学的青年，大多数攻求科学，攻求工程……那是最好的事——与己与国都有直接关系。但是还有许多学生，依然崇拜文学，希望将来成为著作名家。这也很好，不过你们要自问有无天才。倘然有的，那末不久你们就可以写成长的剧本，长的小说，新式的或者旧式的韵文。倘然没有，那末你们非像莫尔氏那样地潜心学习，奋力效慕不可。

你们的效慕，可从翻译入手。你们找到了中意的剧本或者小说，可以把它们仔仔细细地化为汉文。化得满意，可以售稿；化得不好，作为练习。今天化，明天再化，今年化，明年再化——化了几年之后，你们当然知道剧本或者小说的结构和它们的做法了。然后采取某人或某书的“计划”（Plot）从事创作，一定不会白费工夫，多少总有些成功。西洋的韵文，也似乎可以化为白话。

最末，我当略述莫鲁氏的形象，以为结束：

莫氏身体不高，脸面蛋状，发硬而色黄，鼻大而孔粗，睛青而多光，唇突而且厚。肩耸而步履异常；大宅的客厅中类乎他的人很少。他在爱尔兰首都步行的时候，无不装腔作势，效学时髦；但是不赞成他的人，称他是“一个酒醉的大孩儿”。他一生的事迹——他没有事迹；他只知旅行，只知效慕。他连自己的生日，也不知道——他从来不以自己的生年生日，告知他人。

原载一九四四年十一月、一九四五年一月合刊《风雨谈》第十六期（小说狂大号）

帽不离头的文豪

不论炎夏或者严冬，不论白天或者夜间，不论家居或者旅行，他的头上总有一个帽子，不是呢制的睡帽（Nightcap），定是绒制的头巾（Skullcap）。他——他就是法国近代的大文豪法郎士[①]（Anatole France）——小说家、讽刺家兼评论家，生于公历一八四四年，卒于一九二四年。

他非独喜好戴帽，并且喜好躺卧。他的帽子，好歹颜色不同，形式新旧不一，据说有好几百顶，东丢西掼地都在卧室中。他的床铺，更加糟了。他的床上，除了枕垫被服之外，还有围巾，还有布头；大的小的，破的烂的，统统堆在那边。他这种好堆好掼，疏怠的“态度”，不是天性，而是习惯。他的父亲，是开设旧书铺的老板——家眷就在楼上。他幼时无人领带。常常独自一人跌跌倒倒地，颠颠仆仆地在铺中东奔西走。他所见到的，见惯的，无非乱堆之物，无非乱掼之物——刚巧收进来的，或者好久卖不出的旧书。他那个帽不离头的习惯，也是幼时得到的。来掏旧书的顾客，决不与老

① 今通译阿纳托尔·法朗士，法国作家、评论家、社会活动家。

板行脱帽礼；老板的小儿子更不必与顾客行脱帽礼。他从小戴惯了帽子，所以到老不能除去。

他的喜好躺卧，不是有病，不是身体不好。他自己极健，他最恨别人生病。一天，他的书记白乐生（Jean Jacques Brousson）忽然晕倒，病人尚未十分清醒的时候，他就说道："请你不再把这种晕厥的情形，发现在我的面前。我所以爱我的书记，因为他体健不病。倘然将来有相似之事发生，那末我对于他的感情，一定要减轻了——一定要冷淡了。"白氏插嘴问道："倘然我再发晕，你怎样办呢？"他全不迟疑的答道："我就不是你的雇主了——我只好请你不再到我这里来了。"

法郎士不问病，不吊丧。他说道："我不爱生病的人；他人苦恼，使我心痛。"他好女色，但是遇见了面如土色的妇人，不论他怎样美，他必然远避。

他的好色，并不高尚，并不上等。他喜欢"实事求是"，在街道上做买卖。他不玩"家"妓，而玩"街"妓——他五六十岁的时候，还要打野鸡。他常常被警察拿住；到了警署，他拿出名片来，他们一定放他回家。不过他们见他到署里来得太勤了，所以为他起了一个诨名，叫作"一种萨提儿"（Espece de Satyre）（即色鬼或色情狂者）。他对于女子的观念是这样的："不论哪一个年少的妇女，总是好的，美的；但是先要把她送入洗澡室，再要把她送至牙医处。"

他到了年老，灰色胡须一大把的时候，对白氏这样说道：“他们都赞美我的学问，但我除了恋爱之外，别的学问，我不再注意。人生是短的；读书过多，实不必要。我现在所要专心研究的是恋爱。可惜我不能将爱神所暗示的，用我的笔明明白白地写出来！悲哀的虚饰，满布于我国文学中——这种虚饰较中世纪拷问异教徒（Inquisition）的制度更加愚鲁，更加残苛，更加罪恶。”

据此可知他很有意写些色情文章，但是他没有写，他不敢写。他的著作，全是规规矩矩的。他的剧本，我没有读过；我只知道三种名称：（一）《高陵处（地名）的新娘》，（二）《娶哑妻者的喜剧》，（三）《人只能试》。他的演讲，集成一册，叫作《未明之晓》；我也没有读过。他的小说最多，英译本有二十三种。我对于法国文学，已经“抛弃”了好多年，现在不能把它们完全写出来，我只记忆下列各种：（一）《编织柳枝细工的妇人》［其中之贝齐赉（人名）性情骄慢而轻视博学的丈夫，即指法氏的发妻而言。旧时法人之妻，常以“乌龟”（Cuckold）骂他们的丈夫，但法氏在本书中并未提及此称］。（二）《友人的书》，（三）《细小的毕立（人名）》，（四）《生命之花》（这三册书，都是自述，说他幼时怎样瘦弱，怎样怕羞，怎样避生人而就书本）。（五）《班关岛》，（六）《贝道克（人名）皇后》，（七）《天使之叛》，（八）《神明之渴》（这四种是讥讽小说，暗骂大革命时的荒唐行为，加附一个主旨：正义之建立，决非残杀所能）。（九）《高拟亚（人名）之意见》（批评本国政治与政客）。（十）《葛兰克皮叶（人名）》（述穷人之各种痛苦，例如不能沿街求乞，不能明取暗偷，不能在桥下睡眠）。此外如《笪伊施》（言感化娼妓之难）与《鲍纳（人名）之罪恶》（言一好书成癖之老人），我国十余年前，颇多读者，不过，我至今没有把它们细细的研究——真荒唐呀！

法郎士所著的书，无不畅销。他所得的版税，真是不少。他自己建造的赛伊德别墅（Villa Suid）想系由版税而成。赛伊德别墅中有一间精美的浴室，他并不以为洗澡之用；他把它作为收纳本国人或外国人赠送到的书籍之用。他每日得到的赠书有好几十种，他不开封，也不翻阅，一概堆在浴室中。等到房间堆满了，他嘱咐售旧书者来清除；售旧书者每次付他五十佛郎（Franes）以为代价。这种清除，他称为洗澡。

法郎士的轶事，讲述者共有五人：（一）白乐生（即他的书记），（二）葛师鲁（Gsell），（三）赛谷（Segur），（四）高飞克（Goffic），（五）商革时（Shanks）。最后者——商革时——是美国大学教授，生平没有面过法氏，但是他的著作倒是顶好，顶完美。

但他们所讲述者，偏于法氏中年老年的事；少年的事，他们不知道，提得不多。他们五位中，没有一个知道他结婚的日期及发妻的姓名。他们知道法氏在婚姻中，曾经得到一个女孩子，名字叫作葛禄提鲁德（Clothilde），后嫁与西萨利（Psichari）为妻。西亡于第一次欧战中，葛亡于一九一九年。他们的儿子鲁香（Lucien），当法郎士弃世时（一九二四年，十月十二日），曾在床边送终。

据余所知：一八九一年法郎士与其发妻正式离婚。他在一八六四年（前后）结婚，同居已经二十七年了。但是真正的同居不过八载；其他时间中，不过名义而已。他于二十八岁以后，由友人赖梅德（Lemaitre）的介绍，认识一位有才的葛雅非（Caillavet）（姓）夫人。最初葛夫人见他寿头寿脑，很瞧不起他。法郎士与生人讲话，口吃而出言不爽；他又胆小畏羞；所以葛夫人待他全无礼貌。后来葛与他渐渐地亲热起来了——抛弃赖梅德而专重法郎士了。赖梅德是当时文学界之王（Lion，狮）。葛夫人决意另制一"王"，专为一己之用。她为法作种种介绍，帮他写无数杂文——果然把他在文学界的地位提得很高很高。法当然感激，葛亦甚为得意。两人——一个是有妇之夫，一个是有夫之妇——都有弃旧从新之心志。不过葛先生气量大，无论他们怎样"闹"，他假装不见，假装不知——他只顾买他的股票，做他的交易。法夫人到底是女人，气量不大。她一知道丈夫有外遇，愈加吹毛求疵，愈加严密"管束"。到了一八九一年离婚之前，法葛两人要作数分钟的谈话，非想尽方法，亦所不能。所以某日在大大口角之后，法郎士穿了睡衣，戴了睡帽，离开了家庭，离开了发妻，独自一人跑入旅馆；不久，即提出离婚的诉讼。

葛夫人的气量也不大，也极妒忌。法郎士见一个，爱一个。葛时时同他吵闹。后来愈闹愈凶，不得已遂互相分居。法于是时，因友人之招，到美洲去公开演讲。

在半途中，他遇见一个少年女优——其年岁却配他的孙女。他们两人一见如故，马上就爱上了。那个女优与法郎士同进同出，共食共眠，并且女优以法太太自居，而法见了朋友也称她为“内子”。他演讲的目的地，阿根廷（Argentine）共和国，很注重男女之私，不赞成“苟合”行为，所以全体妇女，为礼法所拘，不能来听讲，而男子之来听讲者为数亦属寥寥。此行法氏完全失败。他回到法国之后，葛夫人又与他大闹，大大的责问他，因为阿根廷报纸上曾经登载《法郎氏同法太太来游阿根廷》新闻的缘故。法和声软气地哀求道：“原谅，请恕我！这都是白乐生书记闹的鬼……”语犹未毕，葛法两人即出门乘汽车，作长距离的“兜风”去了。在那一次兜风的时候，我以为他一定不穿睡衣，但是他的睡帽无有不戴的，并且紧紧的戴。

原载一九四四年十一月一日《大众》十一月号

值得研究的老古董

我意中的“老古董”，指人而不指物。我意中所指的人，是庄逊[①]博士（Dr. Johnson）。

“庄逊”，亦作“约翰生”，我们在校时，已经略有所知。我们已经知道他的古怪脾气，知道他的古怪言语。那些智识，都得自麦皋来（Macaulay）的论文。当时我们以为这就是庄博士的行述。其实大误。麦氏的论文，是《庄逊博士行述》的批评（亦可称“书后”）。行述的作者，姓鲍士伟（Boswell）。麦氏评论，学校往往作为教本；鲍氏行述，我国几乎无人提及。麦鲍两氏的文章，均极美雅。但是我们倘然要真的知道庄逊的言行，我们不可不读鲍氏的著作。鲍氏书究竟怎样，让我慢慢再讲。现在我先述庄逊的事略。

庄逊，英国人，生于公历一七〇九年，卒于一七八四年。最初他在力支田（Lichfield）当教师，但常往伦敦售文。后来，交接日广，遂以伦敦为家。更后来，文学界及艺术界的人，不论男女长幼都佩服他，暗暗推他为领袖。对于文艺，他们

① 今通译塞缪尔·约翰生，英国作家、文学评论家、语言学家。

自己不敢发表意见，他的意见，就是他们的意见。他为文艺界的大王，约五十年，即十八世纪的下半。英国法国的文学史大家——至少五、六人——称此半个世纪为“庄逊时代”。从古至今，世界上得以自己之姓为一代之名称者，除了他，恐怕没有第二人吧。我们在过去，在现代，有这许许多多大文豪，大才子，然而我们文艺界没有“班马时代”或者“鲁迅时代”等名称。庄逊博士的得称为“庄逊时代”，可见他文才之高，势力之大——绝非偶然的事，侥幸的事。

庄逊满面疤斑，身体又这样粗苯！他的形相，可谓丑陋极了。他最喜谈天，然而往往出言不逊。在某某公展会中，某夫人看见一个裸体像，客客气气地对他说道，“博士，这个像岂不是太猥亵么？”他答道，“夫人，夫人，像不猥亵，倒是你的心呀！”

他这样没有礼貌，为什么当时的文人艺人，都钦佩他呢？因为他有一种天生的特性——能使人畏，又能使人敬。他出言虽直，然而全无恶意，并且富于常识。他所说者，字字真诚而不虚伪。他在贵人面前讲话的态度，与在平民面前讲话的态度，是一样的——一样的不肯让人，一样的“粗暴”不恭。

他出言果然粗暴，但是他存心甚为慈善。他深恐别人受苦，最愿帮助别人。其他一切不必提，我只讲他所蓄的猫。他所蓄者，并非佳种。然而他恐怕仆人作弊，每天自己亲去购办鱼类（猫食）。这岂非仁及禽兽么？大慈大悲么？

庄逊博士，非独言语不恭，并且行为亦不大雅。他是近视眼，看人看物都看不清楚，然而他常常拿了手杖乱舞乱击。再依照英人俗礼，喝汤食菜，用刀动叉，不宜发些些小声。但他每饭必作巨响，并且还要乱掉菜汤，乱吐骨头。某次，友人请他吃茶点。他共饮二十四大杯！他对于“夫人”（妻）的行为，不可批评。除了首夕之外，他的夫人日受优待，不哭不泣。首夕所以哭的缘故，因为他摆丑架子，表示丈夫有权。

上面所述，大概而已。欲知庄逊一生者，非读鲍氏[①]的巨著不可。

鲍氏生于公历一七四〇年，卒于一七九五年，苏格兰人。父有爵位，为法官，富而且贵，欲其子习律。但詹姆斯（子的名字）不遵父训，终日闲游，所往来者都是酒肉朋友，所亲近者都是路柳墙花。他大扮“阔少爷”，所以一生无不在负债中。

詹姆斯在二十岁时，即闻庄逊的大名，并且有意见他。过了三年，到了一七六三年五月十六日，始于无意中与庄逊相遇于戴姆斯（Davies）所设的书肆中。倘然没有那一次的会面，那末两人或者不再相遇，——那末世界上就会缺少这一部名著——最细到的传记《鲍士伟的庄逊博士行述》。

鲍士伟与庄逊博士相差的年岁是三十。所以两人初次相遇的时候，一个尚是小伙子，一个已成老头子了。那两个人，一老一少，非独年岁不同，并且性情亦不相似。鲍虚骄，庄

① 今通译詹姆斯·鲍斯威尔，苏格兰传记作家。

笃实。鲍好嫖赌，庄重道德。鲍黏附如藤，庄凶猛如虎。……但他们两人倒很合得来。鲍氏真的敬爱庄逊，庄逊也不轻视鲍氏。庄逊的一言一行，鲍氏无不详细记录。鲍氏在认识庄逊的第二年，就对他说道，“从今之后，我当尽心尽力，助君安乐。倘然君先弃世，我当写成一书，以为纪念。”鲍氏未曾失言，果然写成一部全世无匹的传记。

鲍氏自从一七六三年认识庄逊起，至一七八四年庄逊逝世止，——前后二十年——一遇机会，无不随侍庄逊，或同游，或共饭，或旁听，或自问。我们初阅行述时，见着许多详细的记录，以为在此二十年中，鲍庄一定天天会面。实则不然。鲍氏与庄逊做伴之日，仔细计算至多七百九十天——有时全年不见，有时偶尔通信。然而看了他的书，庄逊的一切——庄逊的性情，我们都知道了；庄逊的亲友，我们也认识了。这样的一部巨著，当然举世无匹，当然可以传之永久。

鲍氏的《庄逊博士行述》，余家藏者，计大版大字三厚册。万人丛书本，字小，分钉两册。其他不同之本尚多。异日有闲，我当写一篇专论鲍氏巨著的文字。现在我讲庄逊的巨著——《字典》。

庄逊的成名，十九在《字典》一书。除此之外，他还有别的著作，如：

（一）杂文。发表于《闲荡者》及《浪游者》两期刊中。有论政治者，亦有论文艺者，字句均古。当时学他的很多；

现在仍有人注意。

（二）《诗人小传》。长于句法，短于评论。

（三）《伊灵》。这是悲剧之名，似乎不能实演。

（四）《希望之虚妄》。这是长诗，内多劝戒语。

（五）《赖西拉斯》。这是一本小说，亦名《埃及太子传》；据云，庄逊成此书于两星期内；售稿所得，以为母亲丧葬之费。

（六）《字典》。这是他成名之书，最初分钉两巨册；详见下文。

庄逊以前，英国并非全无字典。公历一七二一年，有贝立（Bailey）者，曾印行字书，字数虽多而解说不多。庄逊力革此“弊”，以为有字无注，等于无书。于是他竭七年之力，编成一本惊动全国的大字典。

说他“编成”，实是不误。他不“编”而“写”。编字典，是抄袭别人的定义；写字典，是“制造”自己的定义。庄逊的定义，全是自己“杜撰”的；所以我们应该称他“写”字典。他的定义，有极滑稽者；兹引数例，如下：

（一）短论（essay）。庄逊自己常作短论；所以他开玩笑式地下一个定义道，“人心的突发；不规则，难消化的文字；非有规则，有秩序的文章。”

（二）国产税（excise）。他最恨赋税。他的国产税定义如下：“可恨的商品税，决定的人不是通常处理财产的法官，而是那些受雇的可怜虫，即收纳国产税者。”这个定义，未免过分；所以当时国产税局的职官，去请教司法总长，问他“这个定义是不是诽谤？倘然是的，政府应该提起公诉。”总长答道：“这是诽谤，不过我们给他一个机会；让他过一天自己在再版时改正吧。”据我所知，这个定义，庄逊到底没有改去。

（三）宠人（Favorite）。定义云，“卑鄙的可怜虫，专以媚人为职业者。”

（四）向风（windward）与背风（Leeward）。他弄不清楚这两个字；他统称“向风”。

（五）雀麦（Oats）。他的定义，真能使人发笑：“一种食料，在英格兰是给马吃的，在苏格兰是供人食的。”当时有爵爷伊立朋（Elibabnk）者对他说道，“请你将那些人同那些马，领给我看。”

（六）女诗人（Poetess）。他的定义为“雌诗人”。

（七）证券商（Stockjobber）。他的定义为“因买卖股票而得利的下流”。

像这样荒谬的定义，书中还不少；不过上面那几个是最“著名”的。凡研究庄逊者，莫不拿他们来当笑话讲。庄逊所以成名的缘故，并不因为这些定义。《字典》中不荒谬的定义，合实用的定义，到底比较荒谬的多呀！我今一个不引，因为好的定义是应该的。他自己对于字典的意见是这样的：

“劣的字典，总比没有字典好些。”

庄逊的大字典，后来固然享受大名。但在出版之日，报纸上只有小字告白约一方时云，“庄逊君之英语字典，两册，已于今日出版。每字必考源流，且加注解。书前有文字史及英文法。宓勒（Millar）氏发行。”——庄逊博士本人，对于告白，万分称许。在公历一七五九年之某期《闲荡者》中，他曾经说道，“此业（指广告业）几乎达到极端完美，无可改进了。”后来他看见当时英国报纸上新闻中间常常插附告白，他又说道，“那个人——他利用人皆好奇的心理，利用人人喜读战事新闻的心理，将他们引到商业新闻，卖香粉的新闻——那个初次发现这个方法的人，决定是个聪明人。”——我离题了。让我回归本题；不，不，本刊篇幅有限，让我马上结束罢。

总而言之，庄逊是一个才子，诗文并佳。不过他像我们的章太炎先生，不怕得罪人，常常喜欢骂人罢了。诗曰：

庄逊虽称老古董，
其才实在越常人。
字书已是当时宝，
杂论定成万世珍。

原载一九四四年九月一日《大众》九月号，原副标题为《庄逊博士及他的〈字典〉》

翁状元轶事

翁状元，即翁曾源，常熟人，清同治二年（公历一八六三年）癸亥钦定第一甲第一名（状元），咸封之曾孙，心存之孙，同书之子也。心存有子三人：长同书，次同爵，三同龢。翁氏一门，除咸封——因余手头无地方志——无可考查外，余皆高官厚爵者，而曾源之所遇尤异，惜多病短寿，默默无闻而终，不能以政绩或文学著称也。

曾源以监生而连赐举人，进士，受恩已重，而应廷试又为胪唱第一，科举时代之得意者，清代汉人恐无其匹矣。曾源于入翰林后，又遇更奇之事，余当述于篇末。兹先将其祖父（心存），父（同书）及叔父（同爵，同龢）之事略，言之如下，想亦考古者所欲闻也：

（一）翁心存，字二铭，号邃庵，道光进士，咸丰间官至体仁阁大学士。服官四十年，凡所规划，皆崇大体而不言利。卒谥文端。

（二）翁同书，心存长子，字祖庚，号药房，道光进士。咸丰间与洪杨军战于江北，复扬州，官至安徽巡抚。剿陕甘回，卒于军，谥文勤。同书孳孳学问，深通经学，有《厅轩杂记》。

当曾源应廷试为状元时，同书因剿寇失机，与江督何桂清（昆明人，字根云，咸丰进士）同论大辟，下刑部狱。都人清议，咸谓死不蔽辜。心存方再诏入阁，常以子罪不测，居辄戚戚。清廷沛恩，擢曾源以慰其心。《翁文恭（同龢）日记》云，“大人（即心存）奉懿旨在弘德殿授读。……三兄（即同书）为曾国藩所劾，有旨拿问。三兄谈笑自若，但言局外人不知其难耳。送入北监。”（同治元年二月二日）

未几，何桂清以失守苏常，擅杀索然无辜，伏法，而同书赦罪，后膺疆寄，恩宠不少替。

（三）翁同爵，心存次子，字玉甫，咸丰间由荫生官主事。同治间屡迁陕西布政使。击退甘肃回，官至湖北巡抚，光绪间兼署湖广总督，疏免湘鄂米厘，民甚德之。卒于官，有《皇朝兵制考》。

（四）翁同龢，心存三子，字叔平，晚号瓶庵居士，又号松禅。咸丰进士，穆宗，德宗两朝，皆值弘德殿（皇帝传膳办事处）为师傅，官至协办大学士，户部尚书，参机务。光绪戊戌，以赞助德宗变法罢职。宣统初复原官，卒于家，谥文恭。

同龢工书法，善绘事，诗文皆简重有度。其《翁文恭日记》为世所珍。

今继言曾源之轶事：

曾源体弱多病，二十余岁尚为“白衣人”而未考得秀才。

但于二、三年间，由捐监，钦赐举人，进士，一跃而为状元（二十七岁），其扬眉吐气，决在（弹词中主角）方卿之上。《翁文恭日记》中云：“源侄得一甲第一。源侄近年为病所困。深虑不能成名。今得此庶足答先人未竟之志，稍伸吾兄不白之冤乎？”（同治二年四月廿四日）

但何以曾源入翰林后即称病出都耶？岂其天性旷达，不屑屈节奔竞乎？野史中载其轶事一则，称曾源仪貌秀艳，入翰林有旨召见。入则后一人坐便殿，谢恩毕，跪案侧。温旨问学业及文端（心存）起居，忽曰：“义山诗有‘身无彩凤双飞翼，心有灵犀一点通’句，余嫌其未惬。如改为‘灵犀一点有心通’，则上句苦难妥洽，汝为余改之。”曾源胆怯，战栗不知对。后大笑，令内监引之出。曾源惧，佯狂出都，托心疾终。——此荒唐之谈也，余不之信。

曾源之殿试策，余家有之。民国二十六年（一九三七年）之春，余曾送入苏州文献展览会公开陈列，兹再影印半叶，以略见其真。

原载一九四二年十二月十日《杂志》第十卷第三期

马眉叔的才学及其被骂

马眉叔（建忠），可以算得清末一个有才有学的人了。但是他命运不佳，虽然做得小官（候补道），却遭受大骂。骂得他最猛烈的是李慈铭，在其《越缦堂日记》中云：

> 吴淞招商局之鬻于米夷也，合肥误信匪人马建忠之言，私取米夷银五十六万。建忠素事英夷领事威妥马为父，与李凤苞、唐廷枢等，皆世所谓汉奸也。（见光绪十年八月初八日）

上文中“米夷”指美国人，“英夷”指英国人，皆轻视语。“威妥马”[①]，即 Thomas Wade，由翻译员渐渐升级为公使，亦十九世纪的一位奇人，著有西人用之汉英字汇。合肥，即李鸿章。当中法战争将要爆发的时候，马眉叔适任招商局总办，恐怕开战后，法人把招商局船捕去做战利品，所以采用假抵押法子，挂美国国旗，不是真正卖给他们（详见马相伯口述的《一日一谈》第十九节），李慈铭倒是错怪了他。不

① 今通译托马斯·威妥玛，英国外交家、汉学家。

过李氏对于眉叔，总无好感，其在日记的另一页上云：

马建忠者，市井无赖，与夷厮交结，张树声等皆倚任之。前年朝鲜之役，树声听建忠言，执大院君，于是朝鲜遂为互市通商之国。中外和约皆与中国并列，时崇绮为盛京将军，疏争之。黄侍郎体芳屡疏请诛。今朝事愈亟，合肥疏谓东事非建忠不能办，而米国公使亦言招商局售卖事须建忠还，盖皆恐朝廷治建忠罪也。祭酒盛昱请革职羁管，学士延茂请立正典刑，皆不报，而街市传言将杀马建忠，菜市口之佣贩皆收摊以待行刑，——此直道之在人心者也。（见光绪十年十月二十六日）

当时一般北京人都恨他，都要他死，倒是一片爱国的热心。不过执大院君一事，绝非他的主张，或者是他传达消息罢了。后来王闿运在《湘绮楼日记》中，及翁同龢在《翁文恭日记》中，也提及马眉叔，但皆称他有才。兹引两记中所言者如下：

（一）《湘绮楼日记》光绪十五年二月二十五日。——“马建忠，黄通政所谓汉奸者，曾为郭曾随员，美秀而文，自言奔走之材，未见凶恶。”

（二）《翁文恭日记》光绪二十三年六月二日。——“候补道马建忠，号眉叔，来见。前十年人争欲杀，要是俊才，所举严复等皆通西法者。”

翁记称他“俊才”，称他能“保举……通西法者”——当是公正话。王记称他“美秀而文”，我很相信，因为我虽然没有见过眉叔先生，却见过他的哥哥相伯先生（即百岁老人）。亲兄弟总归相像的呀！

相伯眉叔两先生的面貌，想必相像，但是他们的文字则不相似。相伯先生在《一日一谈》（三十八）云：“眉叔的文重气势，尚声调。我则反之，专以意义经纬。君看我的致知浅说序，可不是吗？”但我以为眉叔先生的文章，非独容易读，并且容易懂，兹随便举一百数十字以为例子：

> ……既应政治试毕，然后应文词科。六月底试第一场，期二日。第一日以拉丁文拟古罗马皇贺大将提督征服犹太诏，又以法文译埃及希腊水战腊丁歌章。次日，考问舆图及希腊、腊丁与法国著名诗文，兼问各国史学。复得宗师优奖，谓愿法人之与考者，如忠斯可矣。一时在堂听者，不下数百人，咸鼓掌称善，而巴黎新闻纸传扬殆遍，谓日本、波斯、土尔基人负笈巴黎者，固有考取格致秀才及律例举人，而东土之人，独未有考取文词秀才者，有之则自忠始也。……

上引者，见《记言》卷二《上李伯相言出洋工课书》。

眉叔先生著作不多，除《记言》四卷，《记行》六卷外，尚有《马氏文通》十卷。

《马氏文通》中间略有误处——此为创作所不能免。民国二十一年杨树达君作刊误十卷(由商务出版),好极,好极!不过卷一第八页有一个例子，就是 The standed man，太差了，将来再版时，不可不改。

眉叔先生精于行书。余曾得其致招商局总办郑陶斋一函，兹将原函影印在本刊发表，并录其文字如后：

陶斋先生大人阁下：别后久稽鱼雁，入春敬想 起居万福为念。招商局得有老成如 公者，必能整顿，亦宫保（越案：宫保即盛宣怀）念旧之盛意也。粤路覆呈（已闻刊报），想已寓目。此中情形，公素持正，当能见谅耳，不尽。此请 台安！弟建忠顿首（十九）

又及：晤同乡诸公及谭干兄各位，乞详陈一切。

眉叔先生，丹徒(南徐)人，生于道光二十四年(一八四四年)，卒于光绪二十六年（一九〇〇年），梁启超在《适可斋记言记行》序文中，极赞其才，谓：“使向者而用其言，宁有今日？使今日而用其言，宁有将来？”

原载一九四二年十一月一日《古今》第十期

追忆先师严几道

在他以前，制造局已经翻译了许许多多西洋书；在他之后，各书肆也曾翻译过许许多多西洋书。但是他的译著，读起来好像是创作，总觉得容易懂些。他的文字，并不浅显——他不写白话。他好用古典，又喜制造新名；例如，“拓都”（total），“么匿”（unit）等（现已收入《辞源》）。关于翻译西书，他虽然不一定能够“绝后”，但他实已做到“空前”。他的译著所以这样盛行，所以取得当时读者无限的钦佩，都因为他实行“信，达，雅”主义的缘故。

上文所指的他，就是严几道先生，福建侯官人。先生讳复，字幼陵，晚号几道，早岁留学英伦，习海军，归国后，与吴汝伦为友，研求经史，嗜古文辞。书法半真半草，宛然“争坐位”（颜体）。他的译著，甚称于世者，有《天演论》《原富》《群学肄言》《穆勒名学》《群己权界论》《社会通诠》，……我想我不先讲他的书，我先讲他与我的关系。

他与我的关系——师生的关系——开始于清光绪三十三年（公历一九〇七年）。先此我已经读过他的书，不过没有见过他的面。那一年，他是吴淞复旦公学的校长，我是吴淞复旦公学的学生。校长与学生讲话，无非训词。学生与校长讲话，应用呈文。校长与学生，绝无接触的机会。不过我们——先师与我两人——有过这种机会。那年春夏之交，我们湖州城内，发生一件闹学罢课大案。我是教师，不过我是主动者之一。倘然下学期我还想在本城任事，那末我一定得不到好面子，一定站不住，一定站不稳。所以，我决定在暑假中到上海来投考学校，以求取较高之知识。我先拟投考南洋公学，后来拿简章一看，知道我的数学不及格，就此作罢。

我改“考”复旦，居然以第一名入选。我是秀才，国文作文不成问题。我的英语作文，也不成问题，因为我已经受过“来路货”金元国人严格的训练。普通理化，普通代数，尚能敷衍。最成问题的，是生理学。主试者，张汝楫医师，一口好英国话。他的题目并不难——都是“试将什么，什么作一定义”。但在我真难，真正困难！叫我怎能下定义？我没有读过生理学！好在我手头有本高林氏字典。我暗暗打开来一查，自撰几个定义。卷子交上去的时候，张医师马上打开来看，即对我说道：“好，好。”据说，我的考入复旦，不是因为生理学，也不是因为国文算学。我的考入复旦，实在是因为我的翻译。那天的翻译题目，是校长亲自出的。其中有“嫠妇”之名，除我之外，大皆都不知道是什么意思，所以有不完卷者，有交白卷者。校长阅卷时，只见我一本完全卷子。他在卷面写了“翻译妥当，英文极佳”八个大字。

这是后来学长兄章凤阶告诉我的话。

我的翻译，校长亲自批阅——当然算得接触，不过是背面的，非当面的。

当面的接触，我们也有。开学约一星期之后，我们看见一个通告云，“明日下午一时，校长莅临致训，届时全体学生应在大厅静候”（原文已忘，此是大意）。

我吃过午餐之后，不敢乱跑，不敢回房，就静静的在厅上坐候。一点左右，警笛（火车）大鸣，三分钟后，庶务员某姓满头大汗，狂奔而入，说道：“到了，来了，校长来了。进厅时，请大家起立，临走时，也请起立。”

我们坐在凳上，回顾头去远远地望。不久，他（校长）果然走进大门来了。他有小须，他持手杖。他快步而入，后面跟了好几个人——有的是职员，有的是仆从。他走进大厅的时候，我们赶快站立。他很客气，伸出了并且放平了左手，向地上按而又按——就是叫我们坐下的意思。他自己及其他的人，全不停留，他们向前进，进，进——到后面的“客室”中去。

我们或坐或立，或默谈，或张望，等了好久好久之后，经过相当时间之后，庶务员又来报告道：“校长今天不讲话，就要走了。”

一瞬眼间，他出来了——依旧携手杖，依旧有人跟，依旧用手向地上按而又按。我们当然起立欢送。

在那一日间——不，在那一日的一百分钟左右——我们师生两人，岂不是有两次的接触，两次的见面么？后来——约民国四、五年（？）间，我和先师还有接触，我曾经到他家里去求过他的亲笔信。他的住处，似乎很近北火车站，详细的路名里名——荒唐得很——我已经忘了。我求他写信，为的是什么，我也记不起来——更荒唐了！不久，他即北上，我们因之全无接触。

民国四、五年后，我与先师的当面接触，虽然完全无有，但是背面的接触，至今不绝。我性喜读他的著作，常常拿他的译文与原本对照。——到了现在，还是如此。“他的译著，甚称于世者，有（一）《天演论》，（二）《原富》，（三）《群学肄言》，（四）《穆勒名学》，（五）《群己权界论》，（六）《社会通诠》……”等等，我在上文已经提过了。这些书，除了《穆勒名学》之外，我都读过。这些书的优劣，我不敢谈。我是学生，他是先生。学生批评先生，等于学生攻击先生，岂不卑鄙么？但是我想我可以说些故事，讲它们出版时受全体学术界钦佩的故事。

不，不，我在讲故事之前，还要简述一件实事。我要描写他的手杖。

手杖之色不一，有黑的，有黄的；先师的手杖是黄的。手杖之质亦不一，有藤的，有木的，先师的手杖是木的。手杖又有弯柄的与不弯柄的，先师的手杖是不弯柄的。普通手杖，不镶金银，先师的手杖是镶金的，并且附以宝石的。我在他家中，用手偷偷提了两提——轻而坚，不知是何木料，何处出产。他出门时提了那根手杖，真是“神气”，他圆圆的脸，微微的须，缎袍缎褂，瓜帽便鞋，加以随从者数人——虽然是个候补道台，但比实缺更加大方。

手杖讲毕，继言译著：

《天演论》是他的处女作。最初出版者，是大型本，由吴芝瑛（女士）手书上石。那时正是清末新学将兴，知识饥荒之际。此书一出，最顽固的蒙师，也谈起“弱肉强食”来了，也讲起“适者生存”来了。我有个同乡，出入无不以此书自随。他亲口对我说道：“我已经念过五十余遍。我能背诵全书，一字不漏。”我没有试验他，不过阅众可以明白当时此书的流行力，及文化界的诚意钦佩。

《原富》的分量，比较《天演论》大得多，但是它的文字，比较容易些。吾国素贫，且无工业，——清末尤甚。所以当时试官出的策题，不外理财、工业两门。先师的书，适应其时。靠它取得功名的人，指不胜屈。某科某省解元，一字不改地抄袭了一二千字。浙江某科举人，也有类似的行为。我们不能怪试官无目力，我们只能称严氏文章好。

《群学肄言》通论一般科学，比较难懂。因此，它的读者没有前两种那样多。同时，进学堂者进学堂，想革命者去革命——人总要求饭吃，谋职业，科举已废，何必在家里潜心研究“文章”呢？

《穆勒名学》，我没有仔细对过，先师似乎未曾全译。这本书所得的读者，恐怕最少罢。

《群己权界论》的读者也不多，但是它的功劳真不小。当时许多人，以为自由是无限制的。他们常常说：“这是我的自由（例如道旁便溺）。你哪里可以干涉我？”其实，你有自由，我也有自由，你我的自由，是相互牵制的。这一类人的误会，《群己权界论》打破了不少。

《社会通诠》那本小册子，复旦曾经做过教科书。原著的文字，哪里及得到译本的文字来？我们对于原作，越读越多恶感，我们对于译本，越读越多好感。我们逐字逐句地比较，觉得严氏实在是一位翻译高手。但是我们在课堂中故意地瞎话道：“他（指校长）收了我们的学费，还要译出书来骗我们的钱。可恶啊，可恶！”

上面六种，不是先师的全体名著。他还有哩，不过因为本刊篇幅有限，我不讲了。我将讲他一种不出名的，传世极稀的译本，以为结束。

诸位，你们曾经看见过或者听见过《支那教案论》么？先师也有译本。原著者英人宓克，出版者南洋公学译书院，原书成于清光绪十八年（公历一八九二年）。“时长江教案蜂起，作者盖深忧夫民教不和，终必延祸两国，而又悯西人之来华传教者，胶执成见，罕知变通，徒是己而非人，绝不为解嫌释怨之计，故作是书以讽之。书凡四篇：首发端，次政治，次教事，终调辑。”大旨谓教案之起，皆因教士之处置失当，至于助以兵力，坚以盟约，尤足动吾人仇耻之念。著者之言，真能洞见症结！现在英美教士绝迹中华，条约全体取消，我们已经忘记从前的困苦了。这本书倒是一种记录，将来复印严先生全集的出版家，似乎可以收入，改题《严译名著十种》。

先师严先生一生中，曾经两次受冤枉。第一次是在拳乱之时。从前北方人称他“汉奸”。他们以为联军之所以先能够攻入天津，因为他受了五十万元的贿赂，发令开城投降的。是否确实，全无证据。不过我以为此事是不可能的。乱世重武，一个文弱书生，哪里敢独吞五十万元？哪里会有人听他发的令？

第二次是在洪宪时代。大家知道他是“六君子”之一。所谓“六君子”者，就是杨度，刘师培，孙毓筠，严复，李燮和，胡瑛等人。《中国近百年史》中有这样一段记载：

> （民国）四年八月，公府顾问美人古德诺，有一“共和不适于中国”之论，遂为一般野心家所借口，杨度，刘师培有《君宪救国论》《君宪论》之撰著，与孙毓筠，严复，李燮和，胡瑛等，发起筹会，时称为筹安六君子，通电各省，请派遣代表，来京参加讨论。……

据此，先师一定是个“君子”。但他是受愚的。我家有本小册子，详述洪宪的情形，“君子”的被迫。可惜那书不在手头，否则倒可引用几节在此，以明真相。据我所知，先师不是诚意的“六君子”，他是多年的“瘾君子”。他喜吸鸦片，并且烟瘾不小。

原载一九四五年八月十日《杂志》第十五卷第五期

苏曼殊与我

在未曾亲见苏曼殊以前，我已经听得他的大名了，并且知道他是个诗僧（能做诗的和尚）。他所做的诗，虽然不多，但皆美雅。下面一首——《花朝》——已足以见他的诗才：

江头青放柳千条，
知有东风送画桡。
但喜二分春色到，
百花生日是今朝。

他的散文，也极老到。下面引的，是他一九一二年的《华洋义赈会观》：

昨日午后三时，张园开华洋义赈会。衲往参观，红男绿女，极形踊跃。足征中外众善之慈祥，衲当为苍生重复顶礼，以谢善男善女之隆情盛意也。惟有一事，所见吾女国民，多有奇特装束，殊自得意，以为如此则文明矣。衲敬语诸女同胞，此后勿徒效高乳细腰之俗，当以“静女嫁德不嫁容”

之语为镜台格言则可耳。

他确然是一个僧人，确然做过和尚。柳亚子在《曼殊新传》中说道：“年十二，遂为沙门。始从慧龙寺主持赞初大师披鬀（普替，俗作剃）于广州长寿寺，法名博经，号曰曼殊。旋入博罗，坐关三月。诣雷峰海云寺，具足三坛大戒。嗣受曹洞衣钵，任知藏于南楼古刹。”

我开始认识他的时候，他不服僧服，他穿西装；完完全全是个留学生。我没有看见过他作诗，也没有听见过他念佛。我认识他的那一年，他三十岁（民国二年，即公历一九一三年），早已习过美术，攻过政治，学过陆军，做过教师，写过文章，当过主笔……他非独精于汉文，他的西文也很好——能写，能译。他从九岁起就学习欧洲文字。他的《潮音自序》，全用英文，甚为“出色”。他的译诗，有巴伦[①]（Byron）的，有戈德[②]（Goethe）的，有薛立[③]（Shelley）的，均属上等文字，尤其是巴伦的《哀希腊篇》。我开始认识他的时候，他已经成名了——上面的那许多工作，他已经做过了。

我开始认识他的情形是这样的：

---

① 今通译乔治·戈登·拜伦，英国诗人。

② 今通译约翰·沃尔夫冈·冯·歌德，德国思想家、诗人、作家、科学家。

③ 今通译珀西·比希·雪莱，英国诗人、小说家、哲学家。

那是民国二年（公历一九一三年）阴历正月，地点是安徽省城安庆。我因为受了高等学校之聘，正月初七日即由吴兴（湖州）动身到上海，再由上海搭轮赴安庆。我去得太早，高校尚未开学，所以先在应溥泉兄家中小住几天。我搬进高校的第二天，教务主任郑君来了，与郑君同船来的，有化学教员沈君及苏曼殊和尚。郑君是我老同学的弟弟。他早岁赴美游学，虽然没有和我见过，但一经应君介绍，立成“至交”。沈君是我二十四、五岁常常见面的朋友，无须他人介绍。“和尚”我全不认识。沈君和我见面后，即告我道：“周先生，与我们同来的，有一个和尚。你知道么？”我答道：“我知道的，溥泉太太已经对我讲过了。他在哪里？我们去拜望他，好不好？”沈君道：“你不必去。让我喊他出来。”他马上提高声音，大喊“和尚，和尚，到此地来！”

我听见右边一室中有人答应道：“来了，我来了。”遂即走出一位西装少年。他的面目有点像广东人，也有点像日本人——他不像和尚。沈君对我道：“他就是和尚，曼殊大师。”他又招呼曼殊道：“这里有位周君。你来，你来，来见见面。让我来做介绍。”

我们握手，我们各道姓名。曼殊的声音颇沉重。他讲官话，略带些广调。我们五个人——郑君，应君，苏君，沈君及我——谈谈笑笑，坐坐立立，不知不觉地已经过了两三个钟点，天将夜了。沈君忽然发起吃馆子，并且主张“荷兰待”（Dutch treat）（荷兰待是聚餐，派公分，自吃自，各人平均分派的意思）。当然大家都赞成。我记得我那晚尽醉而归，所付的费不过银元一枚。

在半途中——没有到酒馆以前——我暗暗问沈君道：“我们去吃馆子，和尚怎样？要不要另备素菜？”他道：“你不要管。等一等自会知道。”到了馆子之后，我们点的都是荤菜，和尚一声不响。郑君又要了一个甜菜，说：“这是专为和尚的。”后来菜来了，非鱼即肉，还有虾绒海参。我们动筷，和尚也动筷，我们用匙，和尚也用匙——我们吃的，他都不忌。不过他不喜饮酒，并且他的食量不大。餐毕归来的时候，沈君顺便买了一包蜜枣。我问他道：“吃得这样饱，你还怕夜间腹饥么？”他道：“不是的，我夜间哪里会饥？这包蜜枣是买去送给和尚吃的。他最喜吃的，非酒非菜，而是蜜枣。有一次，他穷极了，腰无半文，他无法可想，只得把金牙齿拔下来，抵押了钱，买蜜枣吃。不要笑，不要笑！这是事实，我不说谎。”

自从那晚聚餐之后，我们几几乎每晚聚餐。单独请客的时候也有，然而不多。某晚回校的时候，我也顺便买了一包大蜜枣送给和尚。他喜极了，说道：“周君，你要我绘画，我真的不行。不过无论如何，这几天我总要试一试。”我想他一定没有试，因为他没有送画给我。他的画清秀万分，但传世极稀。他的书法，亦极工整，与已故报人戈公振的相差不远。

我们夜间宴饮，日间教授——玩耍的时候玩耍，正经的时候正经，深受学生的欢迎，外界的称扬。我们以“名士”自居，别人也以此相待。不过我们中的和尚，未免太懒，太不肯用力。第一，教务主任派功课的时候，他再三声明他的西文不良，不能担任高级。高等学校没有低级西文班。三年二年的学生，他不愿教，连一年的新生也不愿教。文学修辞，他不愿教，连简易作文也不愿教。教务主任大笑而问道：“和尚，那末你愿意教补习班么？他们没有读过西文。今年开始学习字母，每日一小时。你愿意教么？大材小用么？”他道：“我很愿意，最好也没有了，我喜欢教爱皮细（字母）。”

第二，开课的那一天，茶役引领他到课室中去——我亲眼见他拿了书本“慢吞慢吐”地下楼。不久——约半小时后——他又垂头丧气地回上楼来。我问道：“和尚，钟还没有打，为什么就回来了？”他道：“我已经教过他们五六遍——这二十六个字母。他们还记不清楚。我一个人念来念去就是这几个字母，真难为情，只好回来。”

次日苏曼殊教授（和尚）因病请假。第三第四天，又因病请假。到了第五天，他不请假。茶役打过铃后，见他不到，特地跑到房间里去请他，大喊“苏先生，钟点到了，请去上课。”他盖了被，睡在床上，一声不响。茶役见他真的病了，赶快奔到楼下去报告。那时我没有功课，在楼下走廊中闲荡，听到这个消息，马上赶上楼来看他。我推进门去，他的头刚巧从被中伸出来。我问道：“和尚，怎样又病了？昨晚，今晨都是好好的。”他举起手来摇了几摇，轻轻问我道：“茶房——茶房去了没有？”我答道：“去了，早已去了。”他道：“好，好，我起来了。”

他爬起身来，整整衣服——他睡下去的时候连皮鞋都没有脱去——然后对我说道：“我不生病，我依旧好好的。今晚我们依旧可以聚餐。我怕去上课。已经请过三天假了，再去请假，岂不难以为情？周君，明天摇铃的时候，我仍旧要这样的。倘然茶房碰见你，叫他不要到房间里来。拜托，拜托！”

据此，足见曼殊脾气的特异，但他生平尚有更古怪之事，简述如下：

他寄居在南京路第一行台（旅馆名）的时候，每晚必叫堂差（招妓），且不止一人。他所叫的，都是长三（书寓）——她们的名字，我忘记了。堂差到了之后，他喊菜喊酒，请她们吃。他自己因为有胃病，不陪她们。等到她们吃完之时，他已经上床了。倘然他还没有睡着，她们非静坐恭陪不可，见他入睡，她们可以立时离去。和尚的堂差，多数是苏籍，并且美貌，但他对于她们，无不恭恭敬敬——从不动手动脚，从不碰她们半根毫毛。据我所知，曼殊没有破过色戒。

他与我在安庆共事，恐怕不过一个月罢。他离开安庆，即至盛泽，又赴苏州，与郑沈两君合编《汉英辞典》。是年冬往日本。

三十一、二两岁，他在日本。三十三岁（民国五年，即公历一九一六年），他又来中国。三十五岁阳历五月二日，卒于广慈医院。曼殊生于民国纪元前二十八年（即公历一八八四年），始名宗之助，后改玄瑛，字子谷，小字三郎。他的“祖先”是日本人，祖父忠郎，父宗郎，母河合氏。他的《文学因缘》是译本，我在未认识他以前，已经读过。他的《梵文典》我没有见过。他的《断鸿零雁记》是我所最喜读的书——这是一本含自述性的小说。

曼殊的友人，都是名士闻人。让我来略举几位：章太炎，陈去病，柳亚子，杨性恂，包天笑，汤国顿，陈仲甫（独秀），居觉生，章行严，赵伯先，刘季平，刘申叔，蒋介石，陈英士，陈果夫，沈燕谋，朱少屏，高天梅，张溥泉，叶楚伧，郑桐荪，程演生，邵元冲，刘半农……。讲曼殊逸事的书，有陈果夫的《曼殊大师轶事》，陆灵素的《曼殊上人轶事》，张卓身的《曼殊上人轶事》，程演生《曼殊轶事》。

最末，我有过一件对不起曼殊的事情，至今万分抱歉。他在逝世的前半年，交给我手稿本两厚册，叫我为他印行或者售稿。我翻阅好多天，见里面都是译文，并且与《文学因缘》大半雷同。我无力代印，我不敢兜售。所以我趁便交还给他。我不知道他半年后就要死的。这两本亲笔写成的诗稿，何等宝贵！我不该马上交还，我理应迟迟送去。我应该为他保存。这两册稿本不知哪里去了？想已散失了！

原载一九四五年三月十日《杂志》第十四卷第六期

从林庚白想到南社

不久之前，大儿祉民在朋友家中发现林庚白的著作——诗集一册及日记数册——都是未刻手稿。他借来给我看。我粗粗翻阅，见诗有极雅者，记有极奇者；本拟抄录数十行于此，以表现他的文字，后想那两种稿本，都是他人的“财产”，未得允许，不敢冒昧。庚白的诗，从前常在各杂志中发表，本刊阅众，想已见过。他的日记，虽然没有刊行，然所记的无非会朋友，吃馆子，拟电报，写情书种种“鬼混”而已（“鬼混”二字是庚白自己的用语）。但几几乎每日总有一句妙语，就是“夜梦璧”三字。璧是女性，不知何姓，也不知哪一位女士的闺名。……我渴意要晓得庚白一生的事迹，但真是难找。《中国人名字典》专收死人（古人），当然没有庚白之名，就是《中国新文学大系》的《史料索引》，也没有的姓氏。后来想到柳亚子的《南社纪略》，果然在二百三十三页有“林学衡，字浚南，号愚公，别号庚白，福建闽侯人　二一九”一条，又在九十四页有“林庚白，原名学衡，字浚南，一字众难，别号愚公，今以庚白行，福建闽侯人，中国同盟会会员，现任立法院立法委员”一条。我甚为得意……

写至此，适舍亲希平兄来访。我问他：“你知道林庚白一生的事迹么？”他立刻答道：“林庚白，名学衡，字众难，福建省闽侯县人，一八九六年生。北京大学卒业，中国大学露文学专修馆教授，历在众议院秘书长。国学造诣极深，后转向左翼。所著有《庚白诗存》《走哪一条路》《赤裸裸的我》《王女士》《人鉴》等书。一九四一年底死于香港。”

关于庚白的事迹，恐怕这是最完备的“报道”了。希平兄知识既富，记性又强，真是国内的学问家呀！

希平兄走后，我又翻阅《南社纪略》，见二百三十二页有“周越然，原名之彦，字越然，浙江吴兴人　四四八”一条，知道我自己也曾做过南社社员。当时南社“……以研究文学，提倡气节为宗旨”，文学气节……我真惭愧！

南社成立于清宣统元年（公历一九〇九年），第一次雅集到者十七人，其中有同盟会会员十四人，可见革命空气的浓厚。南社的“魂灵”是东南大诗人、大文豪柳亚子。亚子先生近来不作韵文，不作文言，改写白话。他在《纪略》一百二十三页上说道：

> 新文化运动发现之初，文言和白话的争论，盛极一时。我最初抱着中国文学界传统的观念，对于白话文，也热烈的反对过；中间抱持放任主义，想置之不论不议之列。最后觉得做白话文的人，所怀

> 抱的主张，都和我相合，而做文言文去攻击白话文的，却和我主张太远了。于是我就渐渐地倾向到白话文一方面来。同时我觉得用文言文发表新思想，很感困难；恍然于新工具的必要，我便完全加入新文化运动。

这是亚子先生改写白话文的原因，也就是他革命的精神。但他终究是文言专家。我在购得的《南社记略》中间，发现夹藏着亚子先生遗下的手稿两纸，都用的文言。

这不是文言么？亚子先生虽不因书法著名，但他的笔法很好。

我把他的原稿影印数行出来罢：

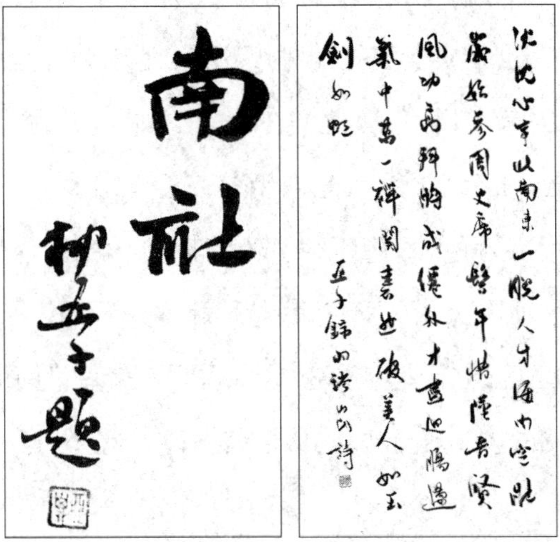

柳亚子手稿

上稿大概写于他离开上海之前。亚子先生的神经衰弱，从民十六年就开始了。他自己说："……在短时期中间，神经兴奋，像火一般的狂热，什么事情都高兴做，并且一天能写几千言的白话文和几十首旧体诗。而在长时期中间却神经麻木，像冰一般的奇冷，甚么事情都不高兴做，并且不论诗和文章一个字都写不出来。"（见《南社纪略》一八〇页）

我谈南社，竟把林庚白丢了。然而不丢也不可；除了柳亚子的《南社纪略》和钱希平的《自由报道》外，我全然找不到材料。不过关于庚白的死亡，沪上有一种传说。让我把它写出来：

庚白精于命理。他推算自己的八字，知道在民国三十年必遭兵灾。他又推算他夫人的八字，知道绝无危险。他们当时在重庆，常有被炸之虞。他怕死，所以千方百计地跑到香港。等到十二月八日发生战争，他自知必死。然而事实恰恰相反；他与他的夫人，居然安安稳稳地度过了。他以为那是夫人命好；他靠夫人的福，所以不死。他们在战争中，同坐并行，形影不离。

战争告一终结之后，他们俩常在近处散步。一日傍晚，夫妇俩人行至街角时，忽听得"托买来"的猛声。这是停止令。他们不懂；他的夫人先奔了。士兵疑她为奸细，开了一枪，臂部略伤。庚白自己也奔了。士兵又开一枪；他中枪而死。

上面的故事，出于沪上某名公之口，想必可靠。

原载一九四三年六月《风雨谈》第三期（夏季特大号）

岷帆公遗墨与事略

一、引　言

《螟巢日记》，先本生祖岷帆公之遗墨也。除日记外，先祖尚有《蚓窍吟集》，因红羊之劫而失传矣。本篇所节录者，清嘉庆廿五年、廿六年、廿七年之日记二十余则而已，全稿当在他日影印之。先祖事略，见本篇后幅。民国三十四年一月越识。

二、日记节录

嘉庆二十五年乙巳，即公历一八四五年

正月元旦晴，贺节。钦天监奏风从巽地起，主人寿年丰。

初三日晴，未刻偕同人逛琉璃厂。厂以火神庙为最盛，书画骨董，实充牣焉。初三日设市至十六日止，仅半月期。城中豪贵，岁一尝鉴，车马填庙门。是日新设市，未畅所观。申刻回。

初六日晴风，为沈晓屏书直幅两张。

初十日晴，写试卷半页。钮香林同年来，钮秬村来，胡薇史同年招饮。未刻至恒远店姚一山处谈，即赴薇史席，同座者高逸帆、马金门、薛次轩，酒肴甚佳。戌刻散。

十三日晴，钮松泉、羹梅来，邀同庞楚渔、邵价人、朱少眉、沈响泉暨余，至广和居饮。诸君酒户俱宽，自巳刻至申刻始散。戌刻朱安生来。

十九日微雪，写试卷一页两行，戌刻读文二十遍。

廿六日晴，赴部投供回，至姚一山处吃面。偕沈响泉至笔管胡同定小寓，言明房租京钱十六千文，当付定钱二千。主人富姓，即去年旧地也。出城拜余文竹，吕梅村，程英伯，徐郇雨，沈亦园，蒋梧门，又至水月庵谈。时松泉方放风筝，余为收而下。邻院忽飞起一筝，在旁飘瞥，意欲乘不备绞取之。余纵线稍缓，邻筝掷堕其上，因用连手，曳至墙内。隔墙群儿大哗索筝，松泉解筝掷还，哗始息。十余年来，南北奔走，不作此戏。今一为之，犹是童时伎俩也。吃夜饭回。

* * * * *

二月朔，赴部投供。王腰轩教习期满引见，以知县用，因往贺喜。又拜徐式庭，徐孟卿，少峰，孙梧江，宋雪帆。回写试卷三页半。钮羹梅来。戌刻理文卅遍。

初三日晴，作“康诰曰如保赤子”二句题文。沈菁士，何五琴，莲士叔来。酉刻沈可斋招饮，偕沈响泉杨敏斋同往。戌刻回。文未就。

十四日晴，录昨文，书旭斋纨扇一角。钮羹梅，佘文竹来。翰林院送到缦云俸银四十四两。戌刻读文卅遍。

* * * * *

三月初八日晴，进闱。以下七日，以闱事不书。

* * * * *

四月初二日晴，巳刻至福兴居早饭。偕徐蓉塘，莲士叔，童薇，砚孙，严留生同至天宁寺。寺去彰仪门二百步许，野田古木，景状清绝。车行迤逦，从侧门入。庭院口若，微有绿阴。寺僧邀延就座。茗罢，导至后园。牡丹数丛，英英相杂。同人捷足者，俱登坡陀月台上，余亦摄衣从之。台虽不高，可纵远月，平芜无限，远接山黛。寺僧曰：“此台非止看月佳，雪余雨后，乃更佳耳。”流览半晌。由香积厨折入一殿。殿前有浮屠极高峻，无梯级不可登。又前行至一殿，塑铜释迦，一手托钵，一手下垂过膝，伸五指若求布施状。游寺中者，率以钱掷钵中。钵去地三丈许，铿然一中，以为大佛欢喜。时留生携聘卿、韵珊同游，索青鈇一千竞赌，掷中者寥寥。余钱乱落地下，香工拾而去。询诸香工，盖仗佛力为沽酒资也，一笑而散。至客堂吃点心，茗话良久。夕阳西匿，膏车进城。至如松馆饭，有仪仙兰舫。

* * * * *

五月初七日晴，午刻钮溥泉来，为书集锦一角，又为蔡愚亭书纨扇一角，与价人手谈。未刻吴平斋来。平斋名云，太湖乔溇人，善诗画，时报捐通判，赴部验看，余向者但耳其名，未曾识面也。钱箍仙来京，交到宋蓬洲信一件。申刻王小沂来。戌刻作唁张半帆丁艰信，并奠信，托田吉生同年寄南。

廿五日晴，巳刻缦云南旋。莲史邀观剧。未刻偕沈响泉、邵价人至广德楼。晚至福兴居饭，有枝仙、聘卿、蜨仙、仪仙、芝香，夜雨。

* * * * *

七月初五日晴，冯小亭来。徐蓉塘、慎芙卿，莲士暨余，公请陈墨樵昆季。时墨樵新升河南睢州知州，赴部引见，席设汇元堂。巳刻至贾家□□送张蓉江行，即赴汇元堂席。有伶名小玉，演卖艺一出，舞枪弄棍，变化如意，真宜僚累丸之技，冠绝一时矣。……沈响泉来。菁士购虾蟹，余沽酒佐之，课毕后，饮于□□，为射覆之戏，颇有佳者。清谈娓娓，直至四鼓，响泉止宿。

* * * * *

十一月初八日晴风，为张助卿书横幅、直幅各一纸。戌刻作家信，并薇庄外舅、凌一帆舅岳、宋蓬州各一信。沽烧酒四斤，以瓶贮之，加绿豆冰糖，盖为夜坐御寒之计也。

* * * * *

十二月十三日晴，仆人连升死，年二十余，患伤寒症。时医多投凉透之剂，汗出不止，遂至于殆。昔人言：“不服药为中医”，真笃论也。

* * * * *

嘉庆二十六年丙午正月

初四日晴。徐蓉塘来，嫚云来。未刻院中顽杂耍，累丸弄棍，皆常技也。继用方桌横立，以颅承其一角，桌约数十斤，徐行而桌不堕，亦极粗极笨中之翻新出奇者矣。同人掷状元筹。

十九日晴。菁士因昨晚揭去灯谜甚多，殚一日之力成二十余枚，余亦成十余枚。巳刻响泉去。

未刻复偕莲士来，即去。陆海生来，面有忧色，询之，盖太夫人患病，南信命之回也。菁士与余俱劝其南归。书襄哉合锦一角。戌刻挂灯，揭去三十余条，亥刻收灯。

* * * * *

四月十三日晴风。耕香令坦入赘。午刻押轿至章宅。新郎登轿后，偕汪鹤先生行，未刻轿至，陈仪庭郑树斋二君口礼。一切仪制，与南方同，而参拜时以红毡幂户，不令人见。此则北方风气矣。沈也鲁述某家入赘，新妇靓妆端坐于庭。新郎入向妇四拜，妇不动，出然后行礼。余笑其妄，而鲁以为目击其事，确凿可据也。三鼓客散。

* * * * *

五月二十日晴。巳刻至兴隆街贺陈豹叔生男喜，即回。临多宝塔一张。未刻何小慈有字来，云“有要事相商”，因买车往。比至，则莲士叔，沈响泉方在座，知为征逐起见也。大阵雨。申刻，朱春园邀至福兴居小饮，同坐者何小慈、徐蓉塘、莲士叔、响泉六人。饮毕，小慈又邀至福盛饮。余以书斋扃门早，固辞。同人怒不许。有仪仙，聘卿、月香、兰舫，金迷纸醉，几忘归。月东升，促之再三，始罢席。而莲士叔悻悻之色，见于眉宇，似以余为不能尽欢竭忠也。菊部班头，司空见惯，今春以后，狂兴顿消，非特囊无余钱，且狂饮厌厌，精神亦恐消耗。懞乎蔗乎？愿与局中人细细参之！

* * * * *

六月初十日晴，余文竹来，谈次，甚怨缦云不为渠推荐笔墨。文竹自去秋以后，惑于三庆部歌郎小玉。橐中所有，耗去靡遗。不得已从朋友乞贷，才入手即作缠头费。朋友稍稍厌之，不复应矣。而又各处谋写禀帖，竭数日之力得数两之金，酒地花天，辄复作老斗。缦云北上时，曾过其家。子出见，衣服甚褴褛。述及家境窘乏，都中绝无接济。嘱为转达文竹。缦云抵都，屡欲陈述，而文竹方津小玉，无可进一言。呜乎！亲莫亲于妻子，而饥寒可置之不顾，此岂人之情也哉？己则不情，而责朋友以赒恤之情，而一快其偎香倚玉之情。非颠倒如文竹者，亦孰信之而孰应之耶？年逾五十，年已高矣。玩弄于污□孺子之手，而冥不一悟，可悲也已！借京帙五缗，余以为数甚微，赠之去。临多宝塔百廿八字。杨蕉雨来。戌刻至菁士处谈。

* * * * *

八月初六日，卯刻雷雨。宣旨进帘。巳刻至沈菁士处吃馄饨。慎芙卿有字来催，即偕菁士往，至则已行矣。因径至举厂外龙门，泥泞车多，颇形拥挤。诣至公堂坐候监临提调。派入弥封所共四人：一内阁中书唐伯华（恩寿），一刑部主事曾晓沧（兆鳌），芙卿暨余也。余内外收掌受卷各所俱掣签。菁士掣受卷所，甚乐，心之所欲手适得之也。申刻提调送菜四簋，点心二盘。又供给所下马饭一桌，粗恶不堪下箸。酉刻又雨，阶前水溢。

中秋节晴。受卷所移来墨卷四百五十本，午刻移付又四百五十八本，酉刻移付又三百六十九本，未移付二场卷红号已用毕。与芙卿闲步庭心，天无片云，月华皎甚。闻近号有拇战，度曲声。至三鼓始寐。

* * * * *

九月廿二日晴。余初度，恐仆从纷扰，晨起即至恒远店谈。饭后何小慈邀听嵩祝部。是日轴子演落马湖，系施公捕盗公案，技艺便捷，三庆诸部不能及也。申刻回寓，陈仪庭、小岩、尔嘉、柳西圃俱来祝寿。余于是晚偕钮松泉、章芷梁、罗煦庭、张小峰、王紫卿、田吉生，公饯张吟舫，即至钮宅赴席，亥刻回。

* * * * *

十二月二十日晴风。作复缦云信第六号（内汪莼卿、冯小亭、徐蓉塘各一信，菊坡家信），即交龙翰臣附寄。徐世兄又邀观剧，在广德楼；申刻往听探母一出，大胜昨日，盖四喜素以此出擅长也。晚仍至悦来饮，无尉青而增一魏君，有蕊韵兰。戌刻仍趁芷梁车回。莲士叔迁至本宅住。

* * * * *

嘉庆二十七年丁未正月

元旦晴，风从乾地起。衣冠南向叩头。出门拜年，申刻回。

* * * * *

二月初七日晴风。寅刻行礼，余在孟子位前司帛。卯刻礼毕，至南学稍坐。黎明出城，回看冯柳塘、汪介眉。申刻沈紫卿、陆小舫来。作家信第十二号（内有莲伯信，缦云广西信，咏花卷子），次日托朱春园附寄。戌刻为许云生师书册页。

三、事　略

先祖之事略如下：

先祖讳学源，字星海，号岷帆，生于嘉庆十九年，卒于咸丰十一年。怀抱时喜闻读书声，入塾后即终日读，功倍他人。年十九入邑庠。道光甲午科举人。戊戌考取觉罗学汉教习第三名，甲辰考取国子监学正学录第三名，丙午充顺天乡试弥封官，辛亥充顺天乡试受卷官，升博士。咸丰壬子恩科贡士，殿试二甲第八名，赐进士出身，授翰林院庶吉士，遂乞假回里，以违亲久，不欲遽出仕。丙辰先曾祖促进京，散馆改授编修，充国史馆协修纂修，已未充教习庶吉士，恩科顺天乡试钦命同考官。是年大考，文宗亲拔置一等第二名，命以侍讲学士升用，召见一次。旋以先曾祖捐馆舍，丁忧回籍。早岁先祖左股上生赘疣一，公车留京时，医家某以药除之。唯存一管，虽于起居无碍，而每逢夏令，时流脓水，颇觉不便。庚申冬遇乡医褚姓者，以药线贯管中，又封以药。未几管枯，而药毒作于他处，生一疽，溃后流血，至辛酉春而增剧矣。彼时先祖避难菱湖镇，进城就医，内处兼治，迄未见效，遂日夜诵佛经不辍。至六月二十七日，命人左右扶之起，趺坐宣佛号而逝。先祖接人以和，遇是非则力争不苟；人有急难，必多方拯助之。书宗颜柳，有求书者必次第以应。诗宗老杜，著有《蚓窍吟集》。今已失传。著作之存在者，只此《螟巢日记》之手稿本也。

原载一九四五年二月十日《杂志》第十四卷第五期，原题为“《螟巢日记》”

大伯父家训

引　言

先大伯父，讳兆祎，字费伯，号小帆，生于清道光二十二年（壬寅），卒于民国十三年（甲子）。幼时身弱，十四五岁即患肺病；后来得享高寿（八十三岁），想是自知保养之故。

大伯父于十七岁出考，府试取前十名，院试取进佾生。十八岁由监生遵筹包饷例报捐主事。自二十九岁起至四十一岁止，除在部中“当差”外，曾五次应顺天乡试，每次荐卷，惜不得售。大伯父书法赵体，文多古风，读之令后辈生敬。其生平事迹，因本刊篇幅有限，不能尽述。兹选择家训中有关国家，家庭，及本人之至要者，分（甲）掌故，（乙）训语，（丙）自述三份，节录于此[①]。将来纸价稍退，当再刊印全文。

大伯父致余兄弟之家训，起自戊子变政，终于逝世之年——总数约三百封，短者数千字，长者万余字。现存者不过百封，因余等东搬西迁，继以闸北之变，丧失大半，甚可惜也。

---

① 编按：“自述”部分，后因故未能刊出

掌故

（一）……四月廿八日，皇上召见康有为后，言听计从，力主变法；而康有为系粤东人，不过一工部主事，性本狂妄，功名心又热，结党数十人，以讲学为名，梁启超其大弟子也。在上海立保国会，被诱入会者，已有数百人。来京后，交结言官，干谒当轴，皆其同乡张荫桓（户部侍郎）为之引荐。今春会试，于公车云集之时，其初开堂讲学，即在南海会馆，计听讲者有三百数十人。许应骙（广东人，礼部尚书 ）恐其闹事，当即驱逐。二次开讲，移在嵩云草堂，听讲之人，尚二百有余，又被潘庆澜（监察御史）劾逐。讵意康有为正各处辞行之时，而徐致靖（翰林院侍读学士）已荐章早上矣。召对之下，竟敢蛊惑君心，由是私进内廷，汲引同党，诡计百出，逆谋渐成。所最可恨者，兵围颐和园，劫制皇太后，与改国号，易夷服，于八月初八日与十三日次第举行，已有定议矣。若非事机暗泄，皇太后回銮亲政，则此日之京城，其被祸之酷，可不言而喻。现除正法者六人，发新疆者二人，永远监禁者一人，内监刑毙者四人外，而首逆康有为，从逆梁启超，俱尚在逃，潜匿外洋；虽庇匪有人，勾捕不易，而一身作孽，株累多人，想天网必不令终漏也。前此裁衙门，裁官缺，以及废八股，设立大小学堂，皆非朝廷本意。今诸事复旧，考试仍用四书文，均已明奉谕旨。从此当各理旧业，以图进取。……

（越案：此信记戊戌变法，可谓简而赅矣。当时人人骂康梁，大伯父所言，尚算不得过分。）

（二）……皇上患病已久，渐成弱症，且虚不受补，用药甚难。究其得病之由，康逆（名有为，广东人）实为祸首。然康逆之获罪于朝廷，尤有甚焉者；现虽身处香港，逍遥事外，恐处决之六人，死而有知，亦必有索命之一日也。皇太后亲政后，事事悉遵祖制，不重西学。京师之大学堂，因房舍未齐，尚无开设的信。至外省之中小学堂，现人心已涣，已皆视为不急之务。……

（越案：此暗言光绪之被禁受苦也。）

（三）……五月十五拳匪在永定门外同甘军擒杀日本书记生，人心惊惶。十九烧顺治门内老天主堂，与各处教堂；又烧老德记药房，遂延烧观音寺街，煤市街，珠宝街，杨梅竹斜街，西河沿……由前门西桥头至西荷包巷，上及前门城楼，穿城烧太升桥饭馆。城内精华之所，尽付灰烬。有识者携眷回籍，连日不断。余为朱古薇力劝，于二十二日送眷至顺义县属之羊房村，投奔康儿乳母家暂住，计离城六十余里。廿五日兵勇与拳匪攻打东江米巷与西什库。拳匪于城之内外，搜杀教民。

拳匪头扎布巾，身扎布肚兜，腿缠宽布带，计分红黄黑三色。黄为乾，红为坎，茹素；黑为老团，养济颠师；饮酒食肉。此黑团人不多，城中亦不多见。该匪游行市街，一手或执刀，或执枪，一手伸五指空举，见人作和尚问讯状。又有红灯照，系十余岁闺女，手中不持兵器，持扇子一把。余并未亲见。自廿五以后，兵连祸结，遂成不可收拾之局。

六月间各衙门办事人少，奉旨清查。余于十六日回京，枪炮之声，日夜不绝。寓中亦飞落枪子，幸未伤人。

七月十三李鉴帅出京后，信息日坏。十七日内城不启。城东居民，纷纷西来，争出西便门，兵勇进家，强拿车马。十九日回兵至前门大街，人人以为救兵至京。当夜城内火光已起，枪炮之声，较往日尤甚。二十，二十一，居民逃者，日夜不断。余启后园小窗，见城上旌旗虚插，已无守兵；城北火烟甚大。明知大事不好，于廿三清早，携内表弟叔姪与两家人，空手亦出西便门。沿城至德胜门，至小关，已遇洋兵；至黄寺，又遇洋兵；将身边搜检一过，并不伤人。回望安定门以西 ，在后门一带，火烟数处。难民慌不择路，不知凡几；乱兵土匪，随处皆有。余冒险而进，于日落时至羊房村。上赖祖宗福荫，竟无意外之虞；何幸如之！丽儿于五月底回家。其妻与女，于六月下浣回家。至七月廿二，丽儿自愿看家，不肯同行。廿三日美国兵进家，尚不翻动箱笼。厥后换德国驻扎；每次进门，内处细查，无物不动。因无金银钟表，及珍贵之物，以枪对丽儿胸前，令其交出，而丽儿推说是看房人，实不知情。计前后共进十七次；除木器外，凡稍值钱之物，大半为随来之人窃去；虽非一空如洗，然亦相去不远。末一次洋人进家，承其美意，令丽儿制旗一面，由洋人亲书洋字一行，钉挂大门以外。从此洋人过门，亦不进来。此又蒙祖宗默佑之力也。

九月廿八余与内表弟回京。进门之后 ，所见所闻，无不伤心。幸而人口保全，实属万幸。皇太后皇上，已西幸长安。各国和议，毫无消息。顺治门外，北自城根起，至菜市口北，西自西便门起，至海岱门西，皆属德国地面。居民上街，常被拿去，令做苦活。街上情形，甚为萧索。寓之东西街邻，有搬而未回者，有又搬往别国地界者。夜间虽无小贼，然地甚荒门凉，有草木皆兵之苦。

（越案：“东江米巷”，想即后来之“东交民巷”。“丽儿”系大伯父之长子，名寿耆。）

（四）……京城联兵，已陆续撤退，中华已接手办事。迩来距城三四十里，土匪蜂起。调到之山东营勇，为数无多，不敷防剿。……两宫回銮，已展期八月廿四。但愿届期启行，早日到京，庶几人心可以大定，诸事亦有归宿。……

（越案：大兵之后，必有土匪——此定理也。）

（五）……都门近状，自两宫回銮后，一切渐复旧观。新正前半月，若琉璃厂甸，若白云观，车马喧闹，游人如蚁，较昔年尤甚。今日者民国肇造，五旗共和——汴梁袁公入任大总统，改正朔，剪发辫，易服色，命令已公布矣。而民智未开，沿用旧习，不独直隶一省为然也。至经济困难，较前清尤甚。大借款久未议决，库房如说，而言利之子，注意国民债、印花税，盐□加价；甚则欲调查房地契据，弃旧易新，分等收税。若果次第施行，则民间之担负愈重。况生齿益繁，孰无家室之累？对兹苛政，恐有铤而走险之一日，尚何望秩序之安宁，幸福之同享耶？……

（越案：观此信，知大伯颇不赞成当时之民国。但彼所说，何尝不确？）

训 语

（一）……吾侄兄弟，今岁在何处附学。前禀文理虽欠明顺，且有白字，而字体端整，余心甚喜。日后可常作信寄京。好在家信不拘文理，只要说得明白。无论家事与城中近事，俱可写入信中，以作面谈。……

（越案：此信及下面七信，皆在戊戌以前。"兄弟"指家兄与越而言。）

（二）……来禀白字虽多，而所说事情，尚属明白，亦为可造之才。兹将原禀略行批示，收阅可也。读书人要求文理通顺，四书中小注，即是文章，熟读深悉，日久自能领会。如讲写信，则于尺牍中，挑一部浅近易晓者，细看细思。若四六句之尺牍，其中典故甚多，且不必买看。今年业师既已从定，可于工课完时，请其将读过之书，每日细讲一章或两章，先难后易。果然日日如是，则数月之后必另有一番进境也。……

（越案：要“文理通顺”，非“熟读深思”不可。大伯父确明教导后辈之道。）

（三）……作文与写信，名虽异而实同。汝由读书不多，读书时亦不肯用心，故一经动笔，即有格格不妥之病。为今之计，须择浅而易晓之书，随时翻看，即闲书中如《三国演义》《水浒》《荡寇志》《聊斋》，皆能开人心思，教人用笔。此等况味，有不能言传之苦。至于算学书，门径极多，且有藉人指示这处，非投师不可；即英法两国之语言文字，亦当今急务，有志者宜兼习也。……

（越案：此信开家兄习算学之门，开越习英语之门。同时家兄与越——尤其是越——大看小说。）

（四）……彦侄改习英文，正应为之事。余询之他人，与考之书籍，凡习英文者，先贵辨音，次学拼法。好在有字即有音，有音即成语言。各国同此字母，熟习之即可类推。所难者，动物，植物，及一切物件之名目，种类繁多，名称不一，必须逐一记明。至于文理，并不深奥，实易解悟，不如华文之难。……

（越案：余于习英语之时，并不全抛国文，“兼”习而非“改”习也。音、字、名三层，今日视之，似为浅显，但在当日，则为奇论。“彦”即越，越谱名“之彦”。）

（五）……彦侄既改习英文，断不可偏重语言一边。然识字与拼字法，实为读洋文要诀，缘西国字母本于罗马，西人口音各国虽有不同，而字母则止有此数。若学者得其门径，止要将字母之本音辨正，则拼法已定，而各国之语言文字不难全行通晓矣。……

（越案：此亦当时之奇论。）

（六）……院考约在何时？读书人以读书为主；功名之得失，不必问也。彦侄寄来之信，文理已通；从此用功，亦必有成。弟从兄读，不特执经问难，两人各有进益；而一室言笑，手足之情，愈见亲密。聪侄既看注疏，即不可间断。然读时文之外，须带读古文，盖以时文中好句调，皆从古文□□出来也。……彦侄写字，不甚得法，现在已临欧否？欧帖赵帖，俱易摹仿，且可救彦之弊。写字不能悬腕，终不能作大字。执笔止用三指，要空要活动，笔尖落纸，要直要庄，不宜平软。作字八法，不可不讲究也。

（越案：“聪”系家兄之乳名。家兄谱名“之栋”，字“由廑”。余从小不知习字，所以至今书法恶劣，到处吃亏。）

（七）……阅《申报》知文宗按临湖郡。吾侄院试正忙，余远处都门，日盼喜信。昨日接来禀，得悉侄已蒙文宗取中，以三十名入泮，欣喜之至！此次场作，却无大疵，胜于县府试文多矣。……以余兄弟辈论，雅材、静斋、小云皆由佾生而取进。余于戊午已得佾生，因次岁即分部供职，故不得身列胶庠。迄今思之，觉得吃亏颇不小也！……

（越案：此贺家兄入泮之信也，雅材、静斋、小云系老房与老二房三位伯父之字也。）

（八）……侄此次场作，文笔条畅，学业大有进步，可喜之至！至补禀一节，余意似当赶办，不可失此机会。此次需费稍多，力有不济，则余以骨肉至亲，无袖手之理；届时应接济若干，自必极力玉成也。但愿侄于课徒之暇，多读书，多阅报章，多拟闱题，随文期自课。倘邀祖宗默佑，一战成功，则区区一廪生，不补亦不足惜。至于应读之新书，实属太多。目下上海各局所印售者，报纸上俱有之。如亲友中有购得者，可于借阅时，将紧要事实，分类手录一册，以备检查（此系极便易之事），否则选其极新者购置数部。凡政治、法律、外交与工农商业制造，天算舆地，声光化电，及练兵警备等西法，皆当逐要录存。内惟声光化电，试官亦未尝考究，故试题每不及此，尚可置为缓图。中学之讲史事者，汉唐与元各朝，本朝则东北一带题目最多。经学则周官、礼记、尚书、左传，列子则管墨等书。若荀子、若吕氏春秋、若孙子，亦皆试官所重视之书。故目下考试，实非易事；而去岁一科，其唾手而得者，又不知凡几。此又视各人之命运如何也。科目一途，他日必废，且为期亦不甚远；有心人当及早着鞭也。……

（越案：此家兄于入泮之次年，过岁考后所得者也。信中所开各科书目，皆为乡场——考举人——之用。）

原载一九四四年十一月十六日、一九四五年六月二十日《文史》第一期、第二期

小考在清末

小考在光绪二十年甲午（公历一八九四年）以后，已经遭受轻视了，因为上上下下都知道国力日弱，欲整顿内治，欲避免外患，决非学问浅薄的、不知时务的、连“豆腐都换不到”吃的秀才所能为力。所以当时有提倡兴办学校者，有提倡出洋留学者，有提倡改试策论者，亦有提倡废除科举者。这许多事，后来虽然经过戊戌年的一度改而不改，变而不变，后来虽然经过不少波折——这许多事，后来无不逐渐一一举行。但到了今天，国家依旧不强，外患依旧未除，做过旧八股的人，又做起新八股来了。

做过旧八股的人，又做新八股——我倒是一个实例。我于二十岁(光绪三十年甲辰,公历一九〇四年)入泮(进秀才)。那年科举虽尚未废，然已改试经义策论。不过我十四五岁时已有人教我读“时文”（八股）、做“时文”，我的秀才不由八股换来；但我深知它的作法，到此刻六十岁，我仍能明白全篇的结构：破题，承题，起讲，起股，中股，后股等等，所以我敢称自己为“做过旧八股的人”。但是为什么我是个“做新八股”的人呢？八股在今日——不，八股在清末——

已视为无用之物，无益于国，无益于身的文字。现在我常常在刊物上所发表的议论与感想，有几个人要看？能够有益于国家么？可以有益于身心么？我的文字既不合科学原理又绝无美术趣味，岂不是等于废话，等于八股么？

本篇言清末的小考，我离题了。让我“言归正传”罢：

小考就是考秀才。但考举人，考进士，不称大考；考举人叫作乡试，考进士叫作会试。我没有赴过乡试，没有中过举人，当然不能会试，当然不能中进士、点状元。乡试会试的情形，我一点都不知道。我所知道的，只有小考并且是清末光绪二十年以后湖州府属的小考。

小考分三试：（一）县试，（二）府试，（三）院试。县试在各县举行，府试院试则在府城举行。院试，亦称道考。

我们湖（州）府，共有七县：乌程，归安，长兴，德清，安吉，孝丰，武康。我家世居城内，居于首县乌程。程安两县名额不多，而“士子”（文童）较多，不易获取。外县“士子”不多而名额较多，容易获取。但当时定例：属于甲县者，不得投考乙县，否则犯“冒”考之罪。所以当小考盛行之时，往往发生一件极不公平之事：首县之失败者，反较外县之成功者为佳，其差别决在师生（老师与学生）之上。某学台莅某府（不是湖州府）的时候，看到三个士子的三本卷子，一本都不通，一本都没有完篇，他自忖道，“那一县的文化太差了。然而朝廷的定额是十六人，现在只有三人来考，非全取不可。这三本卷子，一本都不通，一本都不完篇。……好，好，把他们都取了罢！让我来批。”

他在最好的一本上，批了“放狗屁”三字；在其中的一本上，批了“狗放屁”三字；在最劣的一本上，批了“放屁狗”三字。

他的“幕宾”在旁微笑而问道，“请教这三个批语有何不同？”

学台答道，“不同，不同，很不同。放狗屁者，尚有人性，他偶然放一狗屁；狗放屁者，固然是狗，但他不以放屁为主要之事；放屁狗最劣，他非独是狗，并且以放屁为正业。”

闲话少说，续谈小考——县试、府试、院试：

（一）县试。——县试亦称县考，分三场：头场，复试，终复，地点大概总在县署内。县试的考官，是知县（县长）。唱名，封门，……等等仪式，无不一一举行，但士子在归号后，无人查察，无人监视，任你翻书，任你枪替，全不遭受干涉。其原因是，县考无非形式，被黜者，仍得过府考。

（二）府试。——府试亦称府考，亦分三场。考官是知府。地点在我们湖州，因为府署太小，借用右文馆。右文馆（俗名“红门馆”）是专为学台而设的正式试场。

府试亦不严格——可以带书，可以枪替。府试被黜者，亦得过院试。但是县考府考在前十名者，学台无不录取，一则因为这十个人的程度总比较好些，二则因为府县官的面子，也不得不完。我在二十岁第二次出考那一年，府县考都在三名前；第一次出考（十七岁春），名次也不低，在前五十名的所谓“头图”内。但是因为提复（解见后）时，误解了题目“孟献子（即仲孙蔑，鲁大夫）请城虎牢以副郑”，未曾获取。

（三）院试。——院亦称道考，分正场、提复、终复三场。正场甚严，要收检，受监视——不准夹带，不准枪替（此二字作“捉刀”解）。头场被黜者，全无秀才的希望，只剩文童的空名。

提复更严。场中人数既少，监视之力愈增。非独不准夹带，不能翻书，并且按时按刻要完篇（三百字以上），要交卷。不完篇者不取，迟交卷者夺去。我们考在十名前的，更加苦闷。我们“吊”在大堂上，时时刻刻受道差的怒视，并且学台自己也坐在堂上，东看西看地查察我们，有时他还要跑到我们桌子边来看我们起稿，看我们誊清。

我复试的题目是“有心哉击磬乎”。那一年的“大宗师”（学台）姓陈名兆棻，性情似乎比较前科张亨嘉和平些；监视的道差，也没有像张氏那样多。我的远戚，因为年轻，被“吊”为幼童，也在大堂，坐在我前一排，他趁监视者远离之际。轻轻道，“月哥（我在二十岁前，以‘月船’为字，‘越然’是后来改的。我的考名是‘之彦’两字。）救救命！题目解说不出。救救命！写一、二十个字给我。”

他一而再，再而三的哀求，我听得心乱了，写了五六十个字，揉做一团，置于桌边，轻轻道：“写好了，在桌边。小纸团，自己拿。当心，当心——要当心道差。”他快得很，一举手纸团失踪。那年他果然入泮，不过他穿“红靴子”（末一名）。

或者问道，“然则在那种谨严的监视情形之下，枪替亦非绝对不能？”

是呀，是呀！就是在我入泮那一年的正场中，也发生一件破纪录的枪替事件。据说有一位姓沈者，年已三旬，屡试不售，那一年的题目（正场）“是或一道也”，他又不知出典，无法动手，旁座刚巧有个健于文者，并且是姓沈的“熟人”。沈对他说道：“你替我做一篇，可不可以？替我做一篇，随你什么条款（条件）”。那人道：“可以，可以，每字一元（一个银元）。”沈道“算数（决定），算数。不进（入泮）怎样？不进半数，好么？”那人道，“算数。”

后来发榜，沈姓被黜。沈付半数，那人不受，说道，“我的文章，不会不进学的。我恐怕你误誊了，写了白（别）字了。待学台去后，原卷拿出来看，再定夺罢。”

卷子拿出来的时候，果然发现许许多多别字。那人因为每字一元的关系，多添“之”字（总写得半真半草）。沈姓性急慌忙，误视了，以为都是“三”字，都误写了。沈姓未曾入泮，请人评理，又评不过。只得忍气吞声地依照每字一元的“润”格，白费三百二十余元。

插入的故事，未免太长，我当立时停止，继言院试的最末一场——终复。

终复也有叫作大复试者。那一场完完全全是形式，学台固然也要点名，也要封门，也要出题，但不收检，并且你所做的文章（包括八股、经义、策论、五言诗）不论怎样不通，你不会被黜的；就是你抄篇刻文，也不妨大事，你总是一个秀才。我是个胆小人，在大复试时当然不敢抄刻文。我静坐默思，对于题目看了又看，看了又看，一句话都没有，一个字都写不下去。我已经是秀才了，我乐极了——全身发抖。后来我不知道自己写些什么，怎样完卷。但是我们同乡中也有胆大的人，就是后来大革命家沈虬斋（事实见拙著《六十回忆》中的《辛亥革命》篇）。他在终复场中不做文章，誊录全部《三字经》！他被罚——三次停科：不准乡试。

最末，我还有几句话：

取得秀才之后，倘然没有经过“岁考”，不能进乡场、考举人。这种新秀才，倘然要进乡场，应当先考“遗才”。岁考是下一年或者下一科，与考秀才同时举行的。遗才当年可考，实在是乡场的预试；不亲去者，可托门斗（教官的司事，教官亦称学老师）请人代替。

岁试分别一、二、三、四等。一等前几名或可补廪。列入四等者，不准乡试，但可考遗才。我考进岁试，真的列入四等。我所以列入四等的缘故，因为我有两件错误：（一）我好好的做成一篇理则论，开首四句，每句四字——自以为老到得很！我自言自语道，“这几句话，不像我做的——太好，太妙。此刻新学已经盛行，让我在它们上面加几个字罢，加——斯密亚丹曰——五个字罢。”不料后来将落卷取出来的时候，看见阅卷者（想非学台本人）在五字之旁打了一个大墨棍！后面的文章，恐怕他一句也不看。（二）我做英文翻译时，不用“子曰”（The Master said），而用“孔子曰”（Confucius said）。不知哪一位阅卷“大臣”以为错了，以为不合《华英四书》的语调，也在“孔子曰”之下，用朱笔画一粗划。同时，我代我的谱兄全录《华英四书》，完成一本翻译卷，倒考取一等五名。这位阅卷者，岂不是拿了《华英四书》硬对的么？

我没有考过遗才，我无志“上进”，没有取得举人的志愿。我当时最大的志愿是想学西文，想做个科学家，或者外交家。

确然，确然，上面的“最末”有三四百字，太长了，不像“最末”。让我换一个形式相像的“最末”罢：

最末，科举为国家旧时求取人才唯一之途。我在上面所讲，并非科举或者小考的全体，我讲我所知道的、亲历的。欲研究科举制度的全体者，可阅《学政全书》。

原载一九四五年五月《风雨谈》第十八期

湖城英语教师之先锋

湖州人在本城开始学习英语，大概在三十九年以前，即戊戌变政之际也。戊戌变政，在光绪二十四年，即西历一八九八年。是时余年十四，已读毕四书及《毛诗》《左传》，已能自阅《东周列国》《三国演义》等书，此皆家母教导之结果也。家兄由廑，长我三岁，在外从师，归来时亦常以熟习而心得者授我。但余生性倔强，视其年岁与我相若，自身又是学生，不肯听话。余至今浅陋，非无因也。——上述数语，颇似自传，但本篇言湖州外国语先锋教师，杂以余之琐事，犯出题之病，乞阅者谅之，余当“言归正传”也。

一、朱、金两姓

我湖英语教师之最早者，有二人也，一在南街时务馆设馆，姓朱，名不详，苏州人；一在西门钮宅授徒，姓金，本地人，其名已忘。在南街习英语者十余人，内兄汪益群君，友人范霞轩君，皆朱之学生也。朱姓所用之教本，似为《国民读本》（*National Readers*），美国人所编。当时范君课毕常来余家。余听彼反复背诵“欢多育寡”（Where do you go？）等语（欢多育寡，译言“你往哪里去？”），真是悦耳。范君声音，响亮尖脆，又善做手势，尤像外国人讲话。余羡慕之至，亦有加入之意。但一再请求家母，而终不允许，谓吾家素走正途，不习异术，读书人总以进秀才，中举人，取得功名为要务。余无法，只得暗讥母亲不知天下大势，而同时又深恐自己落伍而已；后来余果入泮，且名次极高，然至今不通，秀才真“换不到豆腐吃也”。

在西门读英文者，亦不过十余人，课本似是《英语启蒙》（*English Primer*），舍亲张继昌君在其内。某日之晨，余奉母命往堂子湾收房租，顺便潜入钮宅，窃听金先生教书。余站在蓝布帐外，窥见金君坐上首主席，两旁全是学生，或默读，或朗诵，或习字，或发问，无不专心用力，内一人请金君将“各得骂人”（Good morning）之西文，写于小册子上。金君允可，并再三说明此语之用法。谓“只可用于早晨见面之时，下午断然不可用，晚上亦不可用。早晨遇见外国人，彼如此说，我亦如此说，彼此请安，互相祝福，……”当时余极疑惑，西礼既然要“互相祝福”，何故又“各得骂人”耶。余混合中西语文，幼时愚笨，可以想见矣。后来攻读比较言语学，获得中西音似意反之字极多，例如汉文之“头”与英语之 toe（足趾），其颠倒矛盾，实不亚于此也。

余自从学得南街之“欢多欲寡”及西门之“各得骂人”后，欲习英语之志愿愈坚，而吾母终不准余入任何英校。是年之秋，余于无意中，在彩凤坊小书摊上，购得石印小字本《英字入门》一册，著者上海人曹姓，余即从卷首拼字起，早夕自习，不上一年，已将全书熟记。单字短句，无不一一明白。读音全依申江口气。草书字体，亦能仿摹，惟不敢以所知者告人，因自己不信任自己也。一日三成族叔来吾家，闻余在小室中作迷迷（me，我也）呼猫声，又见余在纸上大写蟹行之字，谓吾母曰，“老二的西文，倒有点像样了，我见他写字，又听他念书，似乎还不差。何不让他出去从师呢？”此语之功甚大，吾母意动，竟令我入城隍庙学习英文。讲英语先锋，又涉及自己，再请阅本篇者原谅。

二、吴作舟

在乌程城隍庙内设馆教学英语者，姓吴，名济航，号作舟，四川人。吴先生精于国文，曾在上海广方言馆肄业，盖“半途出家”也。彼所授我者，大体为丁家文之《英文法程初集》（*C.D.Tenny's English Lessons*）。丁氏之书，每课首生字，次句语，末翻译。全书共一百课。余依照读四书五经之方法，攻究西语，随习随温，故无字不知，无句不懂。同学皆以好学生目我，而吴师亦称美不绝。当时同窗，（实在是同庙），有姻长汤济沧先生，开课不久即去，因上海某校（疑是务本女学）聘彼任国文教师之故。又有凌姓小团，其名已忘 ，聪明活泼，已读《文法入门》（*Grammatical Primer*）半本，已能操西语与吴师谈话。年岁身裁均较余为小，所以余望之生畏生敬，非独不敢欺彼，竟不敢“友”彼。闻此君后来不□，大大湖城，竟无居所。可知资质过人而不习上者，必无成就也。其余各同学，约二十人，后来有业摄影师者，亦有做三只手者，大概无好结果，与余亦完全不相往来。

吴作舟先生，道德高尚，性情谦和，惟口音不大像西人，例如念英语第十四字母（n）为“恩屋”，似不及曹氏（《英语入门》）“爱痕”之佳，不易学，亦不宜学也。至其考课，则全无差误，后来吴师待余友爱之至，即不付学费，亦得于便时提出问题，请求解答也。

三、周砚农

是时湖城又有周砚农者，住寿仙桥西堍，父名小亭，兄名梦胥，大事招帖，开门授徒，因请教者少，不久即止。周君身体矮小，余曾与之遇见多次，曾请其为我拼写姓名，似是 Chow Yee Zan 三字。同时东门有西人于有朋者，为我作 Tseu Yih Zan 三字。余年幼无知，以为来路货必较杜做[①]货为佳，故采用后者，即于有朋者。余后来编著西文书籍之姓氏，即是此君所拼。闻周君现在申江，多年不见，想必康健。

① “杜做”为吴语，即“自产”之意

四、冯季常

后来沈谱立办志正学堂（似在浔溪公学之前），英语专任教师，冯季常先生也。季常后改称骥才，历任盐务要职。多才学，善文字，当时已然，今日尤甚。冯君在湖教授时，头戴金边眼镜，脚穿发音皮鞋，在街中行走如飞。余有时见之而心慕之，以为冯君者，真新派之代表，西学之活例也。为人若此，可以足矣。不知冯君不自以为足，不久即去日本留学，以求深造。归国后，即任要职，今日阅历愈多，才学愈富，诚吾国数一数二之财政家，可知人无止境。安居乡里，足于一时之高位，或崇拜一时之红人者，决然不能上进。冯君现年五十有奇，魁伟壮健，发略带金黄色，远望之，好像一个英国绅士。

五、孙叔谋

继吴冯等而来湖教授英语者，有孙叔谋先生。孙先生双目不明，其授课也，先由助手非正式将文字读出，然后由彼正式朗诵，从长讲解。当时最著之助手，有钮恒之戴辅堂二人。钮君曾在苏州博习书院肄业，除做助手外，亦独立教授，戴君完全是本地货，未闻其自由设馆也。钮有二子，均在申江。长名荷生（和声），职书记官，次名植滋，自设绸庄。孙先生有小姐在商务印书馆厂中工作。戴君子女，余全不知。孙先生出身，余亦不知。不过余尚知当时湖人，无不信任孙先生者，众皆以为孙先生即英语之代表，欲学英语，非面从孙先生不可。余亦其徒也。

余之从孙先生，已在府中时代，不是正式生，而是复读生，期间不过半年。与余同资格者，有一史君，即史捕厅之子。学期考试，余得第一，史君次之。史君处处比我长，今居我下，史君似乎不悦，余亦自觉惭愧不安。

孙师，菱湖人，在湖除任府中，英算，吴兴等校教师外，又曾在小西街章谷老家，平安巷田老板家，口授英文。孙师又有一绝技，即与明眼人作雀战赌输赢，而不常负是也。

六、雷姑娘

在湖城教英文之历史最久者，美国人雷姑娘（Miss Lochie Rankin）也。余曾入其所办英华学堂（Memphis Beademy）。该校由南监理会出资，故学费极廉。雷师到湖后，最初设校于马军巷，后迁至白头街，三元洞府等处。直至梅岛东吴三中成立，始告老返国。当时与余同在雷师处肄业者，有韦作民，陆伯觞等君。现韦在京担任要职，陆在城“作育英才”。其他如朱某，恽某，何某等等，皆非本城人也。本年六月由盛谷人，凌锡耀，王治心三人发起，在八仙桥青年会举行湖州海岛旅沪同学会，包括英华，中西，海岛，东吴等校。到会者除发起人外，有陆家汶，陆家洪，马文龙，金仰韵，童承鸿，王乃文，樊仰山，王宗荣，柳子言，余天韵，余天培，章鼎峙，徐则达，沈耀洲，潘善余，盛稚梅，吴文惠，周宗型，章事三，韦倬，慎焕琳，邱祖训，刘以模，张星海，王佐才，程芹香，姚克思，郑继翰等君。各人职业不同，有宗教家，有工程师，有制瓦者，有造琴者，有药剂师，有银行家，有茶业商，有保险员，并有业航运者及售影片者。雷师之“高足”，可谓行行精通矣。

雷师有一特点，即不轻视中国人是也。某日，余作文误拼一字，彼指而告我曰，“此字字书上没有的，不信可一查”。余答曰，“有的，有的，我已查过了”。彼又曰“此决非英文，你查的字典，怕恐是日本人编印的，他们的拼法，很靠不住”。余妄言欺人，于此可见。后来自己教人，不肯受生徒些微欺骗，只知自己吹牛，不准别人说谎，态度甚为强硬，故苏人有以“老虎”称我者。四十岁后，余性情大变，不作谎言，不发脾气，岂阅世较深乎，盖年长退步耳。

雷师尚有一事可记，即彼喜以书借人是也。余之《英语歧字辨异》（*Crabb's English Synomyms*）（商务印书馆出版），其原本似彼处借来，而永不归还者。余于课外借得其书，并由其面授者，尚有《爱立司爱乡纪游》（*Alice in Wonderland*），《莎氏乐府本事》（*Lamb' s Tales from Shakespeare*）等等。雷师已逝世，今无法偿还矣。当马军巷英华学堂时代，余不出学费而得常常请教者，尚有韩明德夫人（Mrs. Hearn）及毕立文夫人（Mrs. Pilley）。前者余从之读莎氏剧本，后者余从之学风琴钢琴。在东门传教或行医之于有朋，赖得茂等西人，余友而非余师也。赖君曾介绍余往沈谱老家教授其最长之子女五人。

湖城英语名教师，尚有叶树樑君，徐孟荄君。叶君宁波人，圣约翰出身，与本城英语家丁莲伯为前后同学。叶君余全不认识，似未见过。徐君南洋出身，即现任外交部常次之胞兄，与余常常会面。在一个时期中，余等甚为亲近。叶徐二君，到湖虽迟，然其教授，均著成绩也。

原载一九三七年六月《新湖州》第一卷第二期

回忆上海租界

倘然从前上海的租界，确实是租界，确实是付税而居且有一定范围的区域，那末西洋人应该为住户，中国人应该为地主；西洋人不应该这样没有礼貌，中国人不应该这样没有权力。但是在过去时，租界上的洋人，事事反客为主，时时使华人失礼面。那种事实甚多；我今先述两件琐碎者如下：

（甲）外白渡桥之公园及静安寺路之跑马厅，门口都有“狗与华人不准入内”的木牌。公园禁止华人，于理不通；所以他们在苏州河旁另辟公园，以为华人游息之地。但一切建筑，远不及西人公园之佳。跑马厅在最初设立时，即用营业公司的名义，故名正言顺地禁止华人涉足。我自己没有见过那种木牌。听说在我没有到上海来居住之前，已经有人力争——似乎是颜惠庆博士——因此取消了。

另有一事，较上述者更加可笑了：

（乙）清朝末年，有一位姓唐的江苏学政到上海来视察学校。他在北站下车后，假道租界入城。租界向章：凡中国官员经行租界，除上海县知县系亲民之官，随时得用仪仗，无须知照捕房外，其他不论何官，必须事前向捕房请领照会，然后准其通过仪仗。如护从持有枪械，尤应先得捕房之同意。唐学政不知此种工部局私造的法律，以为钦命大员，假道租界，此区区仪式问题，决不为外人所注意。不料前队甫达河南路桥，而头锣两具已为印捕夺去。道县闻报，一方面用公文正式交涉，另一方面浼私人向工部局开说，次日得领团照会云："据工部局报称，谓此系界内向章，未便故违。董事等于私交虽无任抱歉，然碍于公议，实属爱莫能助……"此案不了而了；捕房不解廨请究，还是大幸呀！

或者问，"西洋人对于中国大员，对于中国人民，如此的轻视，究竟有什么根据呢？"我们不得不答道，"这是条约，就是不平等条约。"但细阅条约的原文，清政府并没有送与他们这许多"权力"。我今把各条约检出来，并且抄录最重要之款项给大众看：

（一）此后除两国旱路，于从前所定边疆通商外，今议准由海路之上海，宁波，福州府，厦门，广州府，台湾，琼州府等七处海口通商。若别国再有在沿海增添口岸，准俄国一律照办。

（按：此一八五八年与俄罗斯所订，名为《天津条约》。上录者系第三款，准俄罗斯人到上海来通商。）

（二）一、自今以后大皇帝恩准大英国人民带同所属家眷，寄居大清沿海之广州，福州，厦门，宁波，上海等五处港口贸易通商无碍，且大英君主派设领事管事等官，住该五处城邑，专理商贾事宜，与各该地方官公文往来，令英人按照下条开叙之例，清楚交纳货税钞饷等费。

（按：此一八四二年与英国所订，名为《南京条约》。除通商外，英人又得旅居及设领事官。上录者系第二款。）

（三）大合众国人民，嗣后均准携眷赴广东之广州，潮州，福建之厦门，福州，台湾，浙江之宁波，江苏之上海，并嗣后与大合众国或他国定立条约，准开各港口市镇在彼居住贸易，任其船只装载货物，于以上所列各港，互相往来。……

（按：此亦名为《天津条约》，于一八五八年与美国所订。上录者系第十四款之前半。）

（四）自今以后，凡佛兰西人家眷，可带往中国之广州，厦门，福州，宁波，上海五口市埠地方居住贸易，平安无碍，常川不辍。……

（按：此一八四四年与法国所订，名为《黄埔条约》。上录者系第二款前半。）

（五）一、各国议定通商口岸，如牛庄，天津，烟台，上海，宁波，福州，台湾，淡水，广州，汕头，琼州，及长江之汉口，九江，镇江，江宁各口，比国商民亦可携眷前往居住贸易工作，平安无疑，常川不辍。

（按：此在一八六五年与比国所订，名为《北京条约》。上录者系第十一款；居住贸易之外，另加“工作”，且口岸亦增加不少。）

（六）一、广州，潮州，福州，厦门，宁波，上海，天津，牛庄，登州，台湾，淡水，琼州等口，和商皆准贸易，船货任便往来。若欲租赁地亩房屋，设立栈房，建礼拜堂医院坟茔等事，各听其便；租价公平定议，不得互相勒措。其汉口，镇江，九江等口，和商亦可一律前往通商。至长江如何防弊之法，任凭中国随时设法办理。惟有贼匪地方，和国人民不得前往游历出入，和国商船亦不得私自往来接济军火粮食。如查有违犯者，将船货全行入官。其违例之人，交就近领事官办理。

（按：此系一八六三年与和兰所订《天津条

约》之第二款。）

除了上面所引六款外，其他如一八四四年（美国），一八六七年（嗱威[①]），一八六一年（普鲁士），一八六二年（葡萄牙），一八六三年（丹麦），一八六四年（西班牙），一八六六年（意大利），一八六九年（德国），一八七一年（日本）等等条约，均有涉及上海者。兹因其文字与上引者大部相同，故不尽录，以省篇幅。

综观引文，可知旧时我国政府，虽在压迫之下，并不以主权完全授予外人。外人以租界为殖民地，无法无天，横凶霸道，都是他们自己的不是。照理，我们早应该把租界收回。譬如万恶的租户：得了我们的房屋，天天行不正当的事情——连房东也跑不进去——我们应不应该令他出屋，并且取消他的合同？但是中国没有枪炮，没有军队，专靠外交家讲话，他们决不肯听的，决不肯迁让的。民国六年，姚公鹤先生在他所著的《上海闲话》中说道：

中国之有租界，在前清自以五口通商为开始。……惟五口未开之前，则澳门已开租界之先。查澳门之被租，远在明代。当嘉靖十四年，都指挥某以二万金出租于葡。租界有租金，则完全为民法

① 即挪威。

上之租借关系。及前清之际，尚有年缴五百金之例。……光绪初年，我国新设南洋领事，而政府以澳门治权，全入葡人，拟就该处添设领事一员，以便保护侨众。时曾惠敏奉使英法，抗疏力争，谓澳门为吾国领土，与香港不同。今以葡人侵我治权之故，我即默认为外人之地，此后欲虚悬一租界之名而不可得，——是轻弃国土也。大臣谋国之忠，可为钦敬！而辨明租界与割让性质之迥不相同；尤能独具深识。可见一国国土，无轻易移转之理，苟有一线之尚可藉词，岂宜轻纵？今租界遍于全国矣！仿照东邻成例，悉数收回。今纵时会未至，然幸勿任租界之沦为租借，租借之沦为割让，则我国民已受赐多多矣。

据此可知我们中国久有收回租界的意思了。

收回租界呼声最高的时候，是五卅案件发生的前后。五卅案发生于民国十四年五月三十日上海公共租界的南京路。那日下午，南洋，上海，复旦，同济，亚东，法政，大夏等大学学生，因愤枪杀工人顾正洪一名，及捕房拘捕追悼顾正洪的学生工人多人等事，在租界各处演讲，希望促起群众的注意和同情。不料南京路的演讲队，以不服巡捕干涉故，突遭老闸捕房西捕之排枪轰击。且开枪之前，未予群众以明白有力的警告，亦未放空枪。当时死者四人，伤者二三十人，后因伤继死者七人。灿烂的南京路，立时变成凄凉愁惨的劫场！但当局犹耀武扬威，于界内特别戒严，限止华人行走。又征调各国驻沪海军，上岸布防——在要路口安置机关枪，铁甲车，一如我徒手市民，皆可随意被指为暴徒，而随时有受彼枪击之嫌疑者。

现在事过境迁，租界已经由友邦夺回交还我国，我不必再细述那案的经过了。不过这件五卅惨案，的确是我亲身经历的。其他如“黎王氏大闹公堂”“四明公所”，虽然均是可悲之事，我不敢提一字，因为我没有亲眼看见的缘故。

现在公共（共同）租界，已经不是租界了。姚公鹤先生二十六年前的希望，已经变成事实了。我们应当欣喜！我们应当庆贺！

原载一九四三年八月一日《大众》八月号

“商 编”

本篇讲民初与“一·二八”间商务印书馆编译所的几个逸话，——或关纪律，或多兴味，都是我所亲见亲闻及亲身经验的。“商编”两字是简称，我不喜欢拿五个字或者十个字以为题目（书名或篇名）。

“商编”已成过去的事，已成历史上的名词了。现在的商务印书馆，不设编译所。现在的“商馆”（简称，下同）设上海办事处，下面分第一系、第二系、第三系、第四系等等。从前的商馆分为三大所：（一）编译所，（二）印刷所，（三）发行所。它们的上面，加设总管理处。我从民国四年起，就在编译所任事，所以知道它的事情颇多。兹择几件较有价值者，陈述如下：

一、准时办事

商编办公，有规定钟点，如上午九时起十二时止，下午一时起四时止。开始与终止，均以摇铃为号。各部各有一名册，各职员于到所之时——分上下午两次——必在自己的姓氏下亲书“到”字。否则作旷班论（不给薪水）。此类名册，于摇铃后五分钟，由庶务处收去。迟到者或早退者，可在门首簿上自书姓名及迟到早退的时刻（作旷分论，略扣薪水）。

除划到外，各职员每日须写日记，略记上下午两班所作何事，如翻译何书，约若干字。日记系印成的单页式，约长六英寸，广三英寸。

各职员对于日记均无好感，因为写它的时候，必在散工之际，筋疲力尽的缘故。某编辑精于国文，勤于工作，但最恨日记，每日只写“日常工作”四字。后来，所长查见了，马上跑去警告他道：“某先生，这样写日记是不对的，一点事实也没有。以后请你写得仔细些。”第二天，所长查看日记的时候，见那位编辑先生在那张五寸长、三寸广的单页上作蝇头小楷约计五六百字。所长又特地跑过去对他说道：“某先生，昨天的太仔细了。你以后写二三十字就够了。四个字太少，数百字太多，酌中最好——酌中，二三十字。”

过了数年之后，老所长改职，虚行故事的日记，无影无踪地取消了。同时，划到簿取消，改用钟片制。钟片制就是以最新式的时计，记录职员到馆的时刻。各人将纸片插入钟内，将铜柄轻轻一按，钉铃一响，而时刻毕露。此制非独纪录确切，并且绝对无弊。商馆所用的那些科学时钟，大半是皮鲁克（Burk）公司制造的，据说价值很大。现在，上海商馆的职工，除了四协五襄一代经外，依旧每日打钟（“四协五襄一代经”，就是四位协理、五位襄理、一位代理经理的意思）。

二、寒暖不均

“商编”在民十以前，虽分部办事，然并不分室办事。上自所长，下至茶役，统统在一间大室。比较老派的几部，位置在西南角。比较新派的几部，位置在东南角。中间是一条不用板壁分隔的走廊。入口（门）在正北离北十余步（约全走廊三分之一），为所长之席。所长的后背，皆剪剪贴贴、算算数数的助员。所长的前面及左右，则为各部人员。民初的统间中，约百余人。

我们的位置已经说明了，让我来讲一个笑话罢：

在东南角的新派，总是不热的时候时时怕热，不冷的时候已经怕冷。在东北角的老派，总是未冷的时候时时怕冷，已冷的时候全不怕冷。我不知道是什么道理，不过我们共事多时，每年总有这种情形发生。某年秋冬之交，天气闷热，我们东南角人，把窗子完全打开。清风徐来我们觉得甚为舒服。不料，西南角上一位绍县老同事，大声疾呼地叫：“通宝（茶役名），通宝，通宝！快点、快点！风这样大，疼死我了。你快把亨头（那边）的窗子关起来。”两日之后天气大变。我们穿西装者，觉得很冷，马上叫茶役生火。炉子刚巧“烘、烘、烘”地发声，对面那位老同事哈哈大笑，并且站起来把西面的窗子都打开了。他坐下去的时候，又自言自语道："前天那样冷，他们开窗。今天这样热，他们生火。少年人的思想，当然与我们的不同。难道他们的感觉也与我们的不同么？"

东南角与西南角，虽时有抵触，然绝不冲突。真正冲突，只有一次，不在对角，在我们的本角——在本角的我与吾友吴君。当日的实情如下：

那天已经是初秋了，天气并不甚热。我身旁有转动电扇一具，不知不觉把它开了。半小时后，我到外面去会客。归来时，见电扇已经关了，我又把它开了。数分钟后，我去小便，归来时，又见电扇关了。我自言自语道："什么？什么？有鬼！难道电扇见我不在会自动停止么？"我又把它开了。

吴君大怒，大步过来，用猛力把它关了，并且对我说道："我不要电扇，为什么我关了，你又要开？"我答道："我要电扇，为什么我开了，你又来关了？"他说道："我有病，不能受风。倘然加重，怎样？"我答道："你有病，应该请假，在家静养，不应该在此地骗取薪水。"他说道："我去叫电气匠来拆除它。"我说道："我的风扇，我不发命令，谁敢来拆？"从此日起，大约一个月内，我们彼此不理睬。后来知道，这件事双方误会，我们两人仍为好友。吴君结婚的时候，我非独送了一份重礼，并且还去贺喜闹房。

三、纪律谨严

我们的统间中，人数虽然有一百多，但是除了咳嗽喷嚏外，全无谈话的声音。我们和同事互相请教的时候，也得偷偷地讲，否则别部同事或者所长，要向我们注视，注意我们。我们在统间中所听见者，只有所长发电话或接电话与外界办交涉的人声。民初“商编”室中，除所长有一台机得与外界通话外，其他诸人必在室外楼梯间发话或接话。后来改良，全厂及编译所采用自动电话，部与部间得随时讲谈，然与外界通话仍须到固定之处。“一·二八”后，全体人员几几乎都在特区办事，非独襄协代经各有一台机，就是各系主任也有种种通话的便利。

讲到电话，倒有一件富多兴趣的事：

此事大约发生于民九、十的某日下午五时之后。“商编”五时散班。有一位“不相识”的同事，在电话室大“喂、喂”而特“喂、喂”——横打打不通，竖打也打不通。他“喂、喂、喂”的声音很响，很高，很烦恼人。电话室隔壁是一间小会议室，两三位巨头正在里面讨论“大政方针”。“砰”的一响，会议室中跑出一位巨头来，用极严厉的声音问道：“你是什么东西？喂，喂，喂个不了！打什么电话？电话是这样打的么？现在是打电话的时候么？你姓什么？叫什么名字？……滚、滚、滚！快些滚出去！”

那位同事，到职不久，不认识巨头是何姓何名。第二天早晨，他把那个“故事”细细讲给同人听，并且请问别人：“他是哪一个？他是不是大好老？”别人都对他狂笑，推说“猜不出，不知道”。

我讲“半天”电话，似乎有些离题。其实藉此亦足以见我们当时管束之严，纪律之善。下面所述的故事，真是纪律了：

“商编”同人，在办公室时间内，不准阅报——这是当年的馆规。有某某部长兼博士（以下简称“部博”）者，偶然不慎，“偷”看西文日报。主管人（以下简称“主管”）察见了，立刻跑过去用英语问道：“博士，你现在正干何事？”

部博道：“我正在看本日晨报呀。”

主管道：“真的么？你看报么？你在公司这许多年，连我们的规则都不知道么？在办公时间，公司不准任何人看报，你忘记了么？”

部博马上把报纸向抽屉中一塞，同时红了脸说道：“请原谅我。我错了——我错了。”

即此一端已足见商馆管理之密。它所以能够成为最大文化机关者不是无缘无故的。下面还有一个关于纪律的故事：

那天是星期六。我们英文部的多数同人加入西洋人所组织的星期六俱乐部（Saturday Club），每星期举行一次，时间总是中午，地点总在宁波路卡尔登。我们十二时而往，二时回馆，——吃吃大菜，听听演说，见见朋友，谈谈闲天，自以为是一种极高尚的消遣。那天因为演讲较长，我们回馆的时间也较迟些。我刚巧坐下，就有一位满口哭声的新同事哀求我道："周兄，请你救救我。不得了，不得了！你们回来太迟了，我闹一件大怪事。"我问道："什么事？什么大怪事？快说，快说！"他答道："我饭后回馆的时候，没有事做，我一时坐不定，就在走廊中跑来跑去。跑了十几遍，被主管看见了。他奔过来问我道：'你为什么跑来跑去不做事？你贵姓？……我答道'某先生，我姓某。我不是不做事，因为他们出去了，没有事做。……'主管道：'你年纪轻轻，不要瞎说。我们这样的一个大公司，哪里会没有事做？你跟我来！他们不回来，我可以给你工作。你来！这几本西洋杂志，你拿去翻译。……喂，喂，四星期内要翻完的呀。'你看，一共十四本杂志，叫我怎样翻得完？请你帮帮忙，救救我。"我哈哈大笑而答他道："不要着慌，不要着慌！包我身上，你不犯国法，决无人敢枪毙你。"他道："我心乱如麻，请你不要开玩笑。"我道："好，好，我不开玩笑，但是主管已经同你开过玩笑了。十四本西洋杂志，二十四天怎样翻完？并且统统翻出来，有什么用？你把它们拿到我桌子上来，过几天，我代你去交还好了。"他道："不要紧么？靠得住么？"我道："我以为靠得住的，倘然你不以为然，那末你自己去办。"他道："好，好，靠得住，靠得住——我托你办，谢谢。"

四、定期刊物

上文讲过“商编”规定不准任何人在办公时间内阅读日报，但我在旧时的“商编”中，曾经大看报而特看报。我进“商编”不久，就为它的《英文杂志》（月刊）辑新闻，后来又为它的《英语周刊》辑新闻。那两种刊物每期所载的新闻并不多，但是每天非把当地的日报翻翻剪剪不可。有一天，主管查见了，他一声不响慢慢地走到身旁来。他见我东剪西贴，东涂西改，知道我不是“偷”看日报。他看了“半天”，仍旧不知道我所作何事。他不得已而问道：“周先生，这些是什么？做什么用？”我站起身来答道：“这些是新闻，为某某刊物编的。”他道：“我看你倒很费力呀。”我道：“不能不这样，否则他们要说我们抄袭，弄得不好，还要打官司，哈哈。”他点点头，去了。我坐下，向隔座的那位老同事做个鬼脸。

商馆的定期刊物，不止《英文杂志》及《英语周刊》两种。此外还有《教育杂志》《妇女杂志》《小说月报》《东方杂志》等等。资格算“东方”最老。最初由杜亚泉为主编，后来由钱智修为主编，更后来由李圣五（现任教育部长）为主编——直至“八·一三”之后。

当杜老先生做主编的时候，“东方”的销数极大，每期至少二万。定期刊物每月销两万，当时之人无不视为奇事。

杜老先生当然很得意，但同时他遇到了“仇人”。陈独秀的《新青年》印刷不良，纸张不佳，因此销路不广。但《新青年》几几乎每期讥讽“东方”，批评“东方”。最初骂“杂志”两字不通，后来骂“东方”内容不良。杜先生大怒，做了几篇反驳的大文章。所长劝他不要发表，他不答应。所长召集一次各部会议，问大家到底要不要反驳。大家都主张自己改进，不主张反驳他人。杜先生更加发怒，暗暗地把反驳的几篇文章在“东方”上发表了。《新青年》又来了几个辩驳，杜先生愤极辞职（“东方”主编之职），而《新青年》则销数由三四百份突然跳至一万数千份。办新报者——包括日刊期刊、大报小报——本有采用讥骂以为推销的方法。他们最怕的，是对方不理。倘然对方一理，那末对方读者的大多数，定必购买新出的报。杜老先生是老实人，不明此理，所以上了大当。我们办《英语周刊》，也有人在新刊物上作虚伪的责难，然而我们专求改进，全不理睬。某次——在“一·二八”后——他们“骂”得太糊涂了。我们决定回答他们，但是我们不利用“英刊”为工具。我们请求外面的几位同志，在不相关的著名刊物上同他们“大闹”，闹到请律师，到公堂，非独商馆经理全不知道有此一事，就是“英刊”读者也不知道我们“骂”人，就是某著名刊物的读者也不知道我们骂的是什么东西。

上面述者，虽是琐事，倒是史实。现在文学界诸公看见了，必定大笑——大笑我们从前的幼稚状况。

原载一九四四年十一月十日《杂志》第十四卷第二期

茶茅两司

茶茅两字，都是简称。茶是茶司，茅是茅司；前者亦名茶役，又名仆欧，后者亦名茅（毛）厕，又名便所。前者是人，后者是屋。

在过去的两年中，我已经写过三、四篇关于商馆（商务印书馆）的文字。不过茶司与茅司的掌故——其中有特异者——还没有提到。我现在将这两件事（一件是人，一件是屋）讲（写）给诸君共听（阅）——依表面看，固不重要，但照实际言，却极有趣。

一、茶　司

先说茶司：

一·二八前商馆闸北编译所中，所有茶役，十九是我的同乡——浙江湖州人。民四之春，我第一天一早到商馆去办事，在楼梯边就遇见一个讲南浔（镇名，离湖城约七十华里）话的茶役。我也讲湖州话；所以我们两人在彼此互视之下，觉得非常安慰舒适。他的名字叫作通宝。九时摇铃，开始办公之后，另外一个茶役送笔墨纸砚到我的桌上来。他也是一口南浔土白。他的身体较通宝长些，名字叫作阿毛。除此两人之外，另外还有关宝、连宝、幸宝、阿二等等，全是湖州南浔镇人。

我一方面在商编中翻译作文，一方自思自问道，“商馆的发起者，有青浦人、宁波人、上海人。……商馆是合资公司，有全国性。商馆不是湖州会馆，为什么要用这许多湖州茶房？”当时，我百思不得其解。后来我渐渐地才明白下面所述的一番“历史”：

商馆将开幕的时候，有一位姓许的会计，杭州原籍，他的夫人是南浔人。当时商馆供给饭食；据说，第一个厨司名老阿二者，南浔人，是由许夫人介绍的。后来由老阿二（舅父）介绍通宝（外甥），再由通宝介绍阿毛等等。因此，商馆——尤其是商编——多的是湖州茶房。

湖州南浔镇人，到上海来当茶役的，除了后马路几爿客栈及几家绸庄之外，另外的机关中，几几乎没有他们的足迹；因为一方面他们家乡有田有地，有饭吃，有衣穿，有屋住，不肯到外面来受苦，另一方面他们天性诚实，不善交际，在非同乡的团体中服务，无不受同事的排挤。所以，由清末直至现在，湖州人来上海做茶房（茶役）者，总比宁波、海门、苏州、扬州等处的人少些。但一·二八前湖州茶房在商馆颇有信用。请看下面的故事：

湖州茶房，生性谨慎，不敢为非作恶——不敢偷盗。商务总店在闸北时，凡薪水比较大的职员，不给现款而付支票。各持票人必赴河南路总店领取。我们贪懒，每每差茶役出来代收。

一天中午，我们十几个人，统统把支票签了字，托阿毛取款。往常他总在散工之前归来。那一天，我们横等竖等，他竟不来。我们回家吃过夜饭之后，他还不来。于是，我们有点不放心了；我们转念道，“阿毛出毛病了。今天的总数不少呀！他马路上碰到强盗么？他自己取了钱逃走么？怎么？损失是一定的了。已经九点多了。……”

我们正在胡思乱想的时候，外面有人打门叫喊，“开门，开门！快点，快点！”仔细一听，是阿毛的口音。我们倒是一惊，同时我们想到，“这么急，钱真的被劫了。现在来报告。”他又大打大喊道，“开门呀！我是阿毛，送钱来。我忙得很，来迟了。我还要到别处去送信送钱哩。”

第二天早晨我们问他：“你为什么要这样急？今天交给我们岂不是一样的么？”他答道：“铜钿银子，决决不可隔夜；否则别人要疑心我跳驼子（借用）的。为人最要是信用。”

阿毛老了，但是他目下尚在商务服务——看守栈房。商馆湖籍茶役，我恐怕他是只存的一人。但其他茶役——安徽人、扬州人、海门人、……此刻在商馆者，个个都诚实可靠，勤于工作。商馆的茶役，从来没有出过毛病；他的运气真佳！

二、茅　司

继说茅司：

茅司就是毛厕，也就是便所。办事机关，人数在二十以上者，理应有相当的大便小便之处。否则，东“撒”一场尿，西“掷”一堆屎，成个什么样子？近来因为草纸高涨，贫民（？）无力进公厕，常在道旁“登坑”——尤其是我每天清晨必定经过的祁门路，尤其是大同路以南，康定路以北的祁门路。早晨在那条路上行走的人，不得不左左右右的向地上观看——随时留心。伦敦人喜欢养狗。马路上常有狗屎，行人亦非小心不可。但他们时时打扫，污浊的程度，不及早晨的祁门路那样高。的确，肚子不可饥饿；我们不能不饮不食。但是肚子大饱了，也不得不排泄。印度那位大名人甘地，知道这个道理。所以他从前带了许许多多男女同志到别处去做抗议运动的时候，每抵一地，第一件事不是砌灶，而是掘坑。

我离题了，让我回归本题——商馆的茅司。

商馆的便所，不论在宝山路，或者在河南路，虽不十分考究，但亦极合实用。它的便所，不是随便的，而是特建的。它大小便的设备，三十年前已采用最新式者（即放水的尿池，抽水的马桶）。

提到放水的尿池，我忽然想起一件故事：商编的职员，虽然大半皆为文学之士，但几位由内地来的老先生，对于新式器具的用法，有点不明白。他们在小便时旋开水管之后，往往忘记关闭。那当然是公司的损失。所以在某年某月某日，那位天性节约的主管，亲笔写了一个纸条，贴在接近开关的墙上。他的原辞，我忘记了；他的大意，好像是这样的：每次小便，只要放水少许，随即关紧。

便所中贴字条，倒是商馆常有的事。最近因为战时节约的关系，河南路三楼便所中时时的断水。庶务处就此在墙上贴一通告道："此处厕所，因无自来水，诸君大便，请往二楼。同仁中的精于文学而生性好事者，看到之后，立即套唐人名句而制成一打油诗："查得三楼上，自来水不流。仰该大便者，暂下一层楼。"

我在商务二十余年，见到的男女厕诗，倒是不少，但总不及上面那首五言诗的佳妙。从前闸北的茅司，每桶继分一小室，前面有百叶门。少数职工，佯装"出恭"，喜欢坐在那边阅报休息。另外还有许多小同仁，做助员的——那不同了。他们不阅报，不休息；他们关上了百叶门，在里面定制讥骂"上司"（主管人）的诗文。那些有时间性的作品太多了；他们难逃"小派"两字的批评。现在事隔多年，我几几乎一个字也记不得。

他们隔几天，或者每天这样的乱涂，过了一二月，岂不是门上壁上都满了么？真的，过了相当时间之后，坐在那里登坑的人，觉得五花八门，尤奇不有。倘然偶尔看见了骂自己的话，那末确实难受——一定造成泌结症。

不过我以为这种乱涂，这种举动，是胆小的表露。主管不公，当面同他理喻好了，何必在“碧浪湖里骂知县”（湖州土话，作“背后骂人”解）呢。他至多给你一个开除。“生了人头吃人饭”（也是湖州土语）。难道你想在一个机关中做（服务）一生一世么？

商务的两司，我已经讲得够了，可以停止了。不过我还有一个两司相关的故事，应该在此处一讲，以为本篇的结束。

商编下午散工的钟点，是五时（准）。多年前在闸北的时候，有一位姓“草”的同事，白天不勤于事。等到散班，看看自己的工作太少，设法补作，他躲在编译所中干，干，干——干到六句钟后还不肯跑。茶役见“先生”们不跑，依照规则，也不能跑；但是心恨之至。他们一早进门，东奔西走地八、九个小时，散工后一小时余，还不能关门归家。他们恨极了，他们真的恨极那位草先生了。

某日六时许，那位草先生在大忙特忙地补工干工之后，忽然奔入厕所中。茶房一见，机会到了。他（茶房）轻轻把边门一关，大门一锁，就此慢步回家。

那位先生“恭”毕之后，推推门推不开，叫叫门叫不应，直至晚间八时始“翻山过岭”地爬窗而出。草先生气极，次日早晨他一把拖住了昨天的茶房，问他（茶房）为什么关他（先生）在坑窖里。下面便是他们当时的对话：

（草）你为什么关我在坑窖里？

（茶）我没有。

（草）有的，你说谎！

（茶）我不说谎，真的没有。

（草）还说没有！昨天……

（茶）昨天什么时候——几点钟？

（草）昨天散工之后。

（茶）散工之后？五点一刻，此地一个人都没有了。我揩过地板，拂过桌子，……我关大门离开此处的时候，大约已经六点半了。哪里还有人？

（草）我还在此地，我不是人么？我是鬼么？

（茶）先生，你言重了。我真的没有看见你。

（草）我去登坑，你坐在那边，一定看见我的。

（茶）先生，请不要"硬吃我"（湖州话）。我真的不晓得，不晓你草先生在茅厕中。我看看没有人，当你已经去了。后来你怎样出来的呀？

（草）我爬窗出去的，……

（茶）啊呀！真对不起！

那个茶房是通宝。我在上文说他很老实，然而他有时也会开先生们的玩笑！

原载一九四五年二月十六日《申报月刊》（复刊）第三卷第二期，专栏标题为《商馆掌故》

版税大王

我们上海，岂不是有许许多多所谓“大王”也者么？我们有了“糊壁大王”，还有“糨糊大王”；有了“排骨大王”，还有“冷面大王”；……将来一定会有“白米大王”“煤球大王”“裁缝大王”“包车大王”“大厦大王”……但是过去有个大王，叫作“版税大王”——恐怕大家都不知道罢。这个名称，有它的来源，请阅下述故事：

约民国十七、八年的时候，某某大学中有四、五位教授在预备室中闲谈。其中一位，口衔卷烟而忽然问道，“诸公知道中国的版税大王是哪一个？”发问者何人，已经忘了；姑且称他姓张罢。

其时有位坐立不定的丁教授答道：“我知道，我知道——不是严几道，定是林琴南。是不是？对不对？”

张教授道：“不对，不对！我所指的，是此刻的人，不是以前的人。严几道与林琴南，都属于过去，并且他们卖著作权（卖稿），不收版税。他们不是版税大王。就是著作等身的那——那——那个谢洪赉也不取版税，也是卖稿的。”

丁教授想了半天，迟迟疑疑地说道：“那末，是哪一个呢？是哪一个呢？是不是胡适之？是不是鲁迅？恐怕是林语堂。……”同时，坐在屋角的陈教授慢慢起立，正正经经地报告道：我去年——前两年——在美国出版的《独立周报》（*Independent*）上见过一段消息，称《英语模范读本》的编者周越然君，每年所得版税约美金五十万（？）元这个消息，一定确切可靠。那末，他当然是版税大王。”

这个故事，是我的朋友在最近讲给我听的。几位教授闲谈的时候，他也在场；不过他还没有认识我。他们赠我这个尊称，我理应感激。但是我真不敢当；我何尝是大王？让我在下面略谈我收获版税的实情：

我第一次取得版税，是民国七年秋季——数目不过二百多元。我狂奔，因为那时的米价便宜，家中人口又少；二百元可购米二十石，足够一年食粮。到了次年夏天，我因为有急用，想向公司预支版税七百元。我请邝耀西先生代说。他的回音是很客气，并且很公正。他说道：“我已经向某某先生商量过了，他说‘公司没预支版税的章程。倘然周君有急需，他可以向我自己借，不要抵押品，利息依照银行通率。还有一件事，请你对周君一说，版税不得作为正常收入，有时多些，一二百元，有时少些，二三十元。七百元不是小数。预支了这样一个数目，讲不定要两年三年，或者四年五年，才能偿还。利息怎样算呢？手续麻烦得很。你去劝他不要借钱。’——周君，你想怎样？我自己因为在施高塔路造屋，也缺少钱，否则我愿意帮助你。”

我道：“邝博士，我谢谢你。你代我说话，就是帮助我。借钱的事，让我另处想法罢。”次日，我向朋友借到六百元，拿家中所有珠饰的一部分以为抵押。

我的临时“难关”度过了，但是什么时候有清偿的能力呢？七百元既然不是小数，六百元是小数么？版税无恒固性，“不得作为正常收入”——他们是内行，他们的“教训”一定不会错的，我不应该把版税打在算盘上。我自言自语地自警道：“快快设法还债！不要等待版税！”

到了秋季——八月底——结账的时候，有个会计科的同事——也是我的同乡——一天下午，暗暗关照我道：“老乡，你这一期的版税，一共有七千余元。公司执政诸公不信有这样多，以为我们结数错误，叫我们细查。我们查了两天，毫无错误。公司又以为分馆有误，昨天已经打电报到各处去查问了。他们想必马上就有回电来。等到他们的回电全来了，我们照例应该重复审查。倘然分馆总馆都不错误，岂不是公司就要付你七千元么？”

我答道：“好了，好了！何必开玩笑？我也不相信有此大数。”同时，我的心动了，我的腿抖了。我有些立不定，坐不稳，自己也不知道自己是乐是悲。不待他离去，我已经自想道“真的七千元么？那末，我发财了。七百元商借不到，七千元倒快来了。好，好！还债六百元，尚存六千几百元。

六千几百元——是个大数目，大数目。”

那晚回家，我的脚步很快很轻，望出去看见的房屋，所所都是大厦；在路上碰见的熟人，个个都是朋友。晚餐后在书室中闲走闲坐的时候，我默思道：“倘然每期是七千元，一年三期（当时商务分四月底、八月底、十二月底三期结算版税），岂不是两万余元么？倘然每年是两万元，倘然我能够‘分文’不用，都把它们储蓄起来，那末十年之后，我岂不是有二十多万现款么？等到那个时候，我应当辞职，回家乡，享清福，扮富翁。”

后来《模范读本》的销数“日增月盛”，我每年所得的版税，有不止二万元者。记得某一期（八月底结账），我共得一万七千数百元，这是最高纪录，你想大不大？当时的米价，每石约十元左右。一万七千元，可购白米一千七百石，合目下一万万七千万，数目还不大么？

在“一·二八”以前的七八年中，我每年总有好几次一万万以上的进款——虽然不是每期一万七千元；但是每年一万万二三千万元的次数也不少。照此新法计算，有如许版税的作者，当然是个大王。然而我不知道“急流勇退”——我不马上辞职，我不马上返乡，我不马上囤米。

我怎样呢？我买了一块小地皮，造了一所小楼房——凡为土者，理应有“土地”，有“宫室”是不是？我已经生了许多儿女——“人民”有了。我所缺者是“文化”，所以我购买古书，购买西书。土地也有了，宫室也有了，人民也有了，文化也有了——我的“国度”还不齐备么？我还不配做大王么？

我的命运坏得很——我为王的时期很短。“一·二八”事变，火神“革命”，把的宫室毁了，把我的文化毁了。土地虽然未毁，但因种种关系，早已让与“邻邦”。所存者只有人民，现在还天天吃这些从前未曾囤积的米！

笑话已经讲完了。让我将那部《模范读本》再提一提，以为本篇的结束。

《模范读本》，目下正在冬眠中，正在半死半活中。购买的人，间或有之，然而不多。版税呢？从前已经预付了，现在当然不能重给。所以，从前一期一万七千，可以算得大王，那末现在分文无着，当然是个小鬼。

最末，商务的版税，最高百分之五十，最低百分之（点）七五。“（点）七五”是半版税，一半卖稿，一半版税。我的版税，最初为百分之十，后改为百分之十五，后又改为百分之十。耳闻最近有人向商务收得百分之十的版税七十万元，算得大么？他是不是现在的版税大王？

原载一九四五年六月《风雨谈》第十九期

半年生活

（余自二十四岁起即作日记，或久留，或被焚，或用西语，或为汉文，皆无刊刻行世之价值。兹承本刊编者之邀，不得已节录民国二十九年下半年者以为应答，望见之者勿笑我浅薄及不文也。）

民国廿九年六月一日。——今日为日光节约运动开始之日，商馆照行；函校工作改迟半小时，实则提早半小时也。九时（旧钟）寄苏州快信，邮局之印为“十”时，可知其钟点已改矣。

日光节约，西名Day Light Saving。“节约”二字直译，似不甚妥，倘改为“利用”，又不雅致。不知将来能有较美之名否。

银行学校，大概改拨钟点。汤有为律师谓法院之钟不改，未知确否。

晨十一时钮植滋君来谈，并赠余高鱼占横披一件，周梦坡对联一副，均下品也。

晚间无事，偶成一打油诗；无以名之，名曰《自叹自赞》：

馆中工作事，

莫非A B C，

家内消遣者，

古籍与新书。

六月三日。——“哔叽”二字，似系beige之译音。Beige法语，即serge也。某点某刻之“刻”字，似是quarter一字首半之译音，当再查考。苏州人之“笃”字，即“的”字之别读，“如乌鸡笃倪子”（龟之子）是也。“天无绝人之路”一语，隐与西谚God leads no man to a blindalley相合。两者皆近迷信，然多希望，含安慰，不妨信之。

今日在中国书店购获《虎口余生》（剧本），价十五元。此书余有抄本，木刊本罕见。

六月四日。——英人Nevile Henderson所著之《出使辱命记》（*Failure of a Mission*）已到申，《新闻报》及《申报》均翻译之，按日登载。《申报》译文，似较《新闻报》更确更切。余能读原本，愈觉明白有味。

七月二日。——次媳于昨晚产一女。余拟以“安”字名之，但尚未决；当待次儿归来时与之商酌。次儿赐民，已有两男，长名炳森，次名炳辉。今所生者，其第三孩也。大儿祉民有一男三女：炳堃，德圭，义圭，珊圭。

次媳昨晚所产之女，与余之次女洪娓同一生日。余有四女：慎娓，洪娓，全娓，全娓，福娓。慎，洪，全均已高中毕业，在大学肄业矣。福亦初小毕业将入高小。

余已五十六岁，虽不多病，然精神总不及十五年前之强。晚上不能读书；用功过度，则全夜失眠。再过十年，当然不能做定时定刻之工作。幸两儿各有正当职业，几能自立，可以不受余之照护也。内子性极和平，然亦似有失眠之情形。谚云，“人老珠黄不值钱”，信哉！袁树珊所批命书，称余“五十七岁辛巳，至六十岁甲申，化雨及时，春风入座，知新温故，应接不暇，……”未知确否。——将来余拟隐居西湖。

八月一日。——连日读西书，得以下诸事：

（一）瓦德（Watt）之发明，非有韦金声（Wilkinson）为之助不可。

（二）甘地十三岁即结婚。又印人婚礼严重，其所谓“七步”者，类似吾国旧时之三跪九叩首交拜礼也（见甘地自传）。

（三）西洋男子不愿结婚之正当理由，刁德仁之《伦敦》中言之极详，见二二一。

（四）欲知实行禁娼前旧金山之丑史者，可阅 Ashbury 之 *The Barbary Coast*。内有许许多多材料，皆可翻译而为小报之资。此书兼言“中国区”之故事，故华人尤不可不读。

九月十七日。——“老夫子”谓粤之精于赌者，注重三事：（一）冷，（二）等，（三）狠，即静待机会而后打赛也。今之交战国，有能等能狠而不能冷，亦有能冷能等而不能狠者，所以常常造成拉锯之状。倘有能实行冷等狠三事者，则战无不利矣。余以其说之奇妙也，故略记于此。

“老夫子”丁姓，少年苦学，精于古史，古文，书法，诗词，弈道等。年未五十发已斑白，故人皆尊称之为“老夫子”。七八两月间，“老夫子”家中有一年少美貌之“矛盾”（modern）女子常常出入其门。邻人疑其新纳一妾；探之雇婢也，名曰亚金。好事者借“老夫子”之口气，作一打油诗云：

我名目不识，
娇屋藏亚金。
白天谈欧战，
黄昏谱弈经。

此诗不知何人手笔。其中无轻薄语，亦无讥刺语，想非仇人所为。“娇屋”，夫人之屋也。

九月十八日。——余家藏之《夷门广牍》残本中，有《续易牙遗意》《王氏兰谱》及《集仙传》三种，为商务影印本所无。又夷门中之《修真演义》与《既济真经》两种，商务以其为道家采补之说，易使人伤性害命，影印时特意去之。

九月廿四日。——英界电车罢工，已有三日；公共汽车，今日继之。

九月廿五日。——今晨法界电车，公共汽车亦罢工。

九月廿七日。——今日粪夫罢工。

十月三日。——自一日起，路上满是水，几成河道。西摩路与康脑脱路之水，较去岁更高。余昨日未到馆。今日水稍退，但尚未尽。

十月十六日。——四时在育英中学演讲。校长沈溯明君，吴兴人，余幼时同学也，曾留学美洲，现任交大教授。晚间九福公司招待名流及报界，与余同席者，有唐世昌，周天籁等君。

十一月十八日。——本月一日夜母亲突然患病，医药无效，于十一日下午十一时四十分弃世，享年八十四岁。十四日下午二时，在安乐殡仪馆大殓，来吊者约四百人。

十二月廿日。——近来上海主张节约之人甚多，大公司有特订节约章程发与同人者。当此米珠薪桂之时，生活如此困难，热心人作此种提倡，当然有益于社会也。但节约一事，易说而难行。古人笔记中有节约者，兹录其文如后；

> 文子相鲁，妾不衣帛。晏子相齐，鹿裘不补。士大夫果能清心寡欲，躬行节俭——治国，则为一国之先；治家，则为一家之先；而人不化者，未之有也。然或有意矫饰，则如汉平津侯之脱粟布被，齐虞玩之一屐着二十年，梁到溉之冠履十年一易，人皆讥其不近情，甚或以诈目之。亦视乎其人所处之分位，与其心之真与伪而已矣。

原载一九四三年四月十五日《人间》第一卷创刊号

廿一年之春冬

（下面节录者，民国二十一年春冬两季之日记也。余作日记，全无恒心，有时连写数日，有时数月不动手，忙耶懒耶？无事可记耶？抑有事而不敢记，不能记耶？此数问，余自己亦不能答之。兹承本刊编者之邀，抽暇抄录数条以为应答，粗陋不恭，千乞原宥。）

二十一年三月十一日。——一个月前，车夫小虎往闸北窥探时，见三省里房屋尚未全毁。入门，见书桌上余常用之《牛津袖珍字典》尚无人盗去，即取之而出。今日（言言斋已证实全毁矣）静坐无聊，余在其封面后，护页上，作一短跋如下：

余藏西书约二千余种，内有绝版者数十册。闸北之战，余家首当其冲，所有三省里五号自建屋宇，中西书籍，及一切日用之物，均被焚毁。此仅存之西书也，留之以作纪念。

三月廿三日。——今日上海各大报均有言言斋被焚之记载。兹录《时事新报》第二张第一版之词如下：

> 英文专家周越然先生，在商务印书馆供职，任函授学社副社长及英文编辑主任。其著作尤以《英语模范读本》为当世所传诵。居恒俭朴无嗜好。二十年辛勤从事于著述，所集酬资悉数采办中西典籍。近数年来，所得中西名贵古书尤夥，收藏于闸北天通庵路五号自建寓所。据闻沪变后，全寓被炮火所毁。该寓占地三十九方六，其藏书处名言言斋，藏有宋元明清精本约二千数百种，计一百六七十箱，西文三千余册，内有绝版者百余种，古玩二百余件，及太平天国文件等，悉付劫灰。（下略）

八月一日。——本日商馆复业。函校设办事处劳尔东路颐德坊十九号。

十月四日。——澄华与余合编之《英语三十二故事》，其第一次版税共得十三元零五分，吾二人已均分矣。

美国人 Sidney Lanier 著有一甚奇之书，名曰《英诗学》（*The Science of English Verse*），现已绝版，有机会时，当托英美留学之友人代访之。

十月六日。——澄华独编之《英语短篇散文选》，又澄华与余合编之《英语模范短篇小说》，已于今日午后将全份校样面交李伯嘉兄（商馆出版部长），李君谓此二书最好在沪上重排。倘两个月内无办法，只好发港厂代办。李君所签名之回单两纸，已挂号寄澄华保存。

十月十二日。——余于本月初一得一孙女。拟取名“德成”，然不似阴性，故未决定。张梅岭女医师接生，费三十六元。

劫余旧书十余种，如《大意尊闻》《石室秘录》《司马氏司仪》《述学》《輶轩语》等，因屋小无法保存，已送交中国书店，托其代售矣。

《英语周刊》新一号，今日出版，迟十天矣。“一·二八”事变，商馆厂屋全毁，机器尽失，难怪其然也。

十月十五日。——上海市灾区火险赔款协会，余被举为委员之一。现乏开销，余除前三十元外，又送去百元。

十月二十日。——英美出版书籍，可作高中及大学教科书之用者，市上皆有翻印，形式甚佳，印刷亦不劣。闻此事始于北方，后推行至苏，现已盛行海上矣。与其事者，有学校教师失业工人。彼等以此为生，而外国作家因此死矣！彼等打倒金价，固然有功，但伪造盗窃之罪，不能逃也。（案：“八·一三”前后，翻印西书，已成上海各大行业之一，已由秘密而公开矣。上文所言，尚在民廿一之冬，故不合时势如斯。）

十月廿六日。——闸北三省里焚余墙壁及铁门，铁栅等，由庄百俞君经手代为售去，得价六百五十元。承购人先付二百元，其余言明月底付清。言言斋为余半生心血所成，其房屋及其内容，共值十余万元，而收回者只此细数，真烦闷亦可笑也。

十月廿八日。——家兄主办之湖州旅沪中小学，今晨忽然发生驱长风潮。晨十时，余接得宣言一纸，阅之不觉狂笑，因所用文字几与他校驱长宣言相似也。家兄办事，素主节俭，故该校稍有积储。余屡劝其略松而不听，所以造成此次劣师联结劣生之风潮。家兄两日前往宁，已去电告知矣。

十二月十二日。——午后致《晶报》馆函，其词如下：

> （上略）顷阅十二月十二日贵报载有《欧陆秘辛》一则，涉及鄙人藏有类似《银梨花下》之书籍数册云云。鄙人爱好西欧文学，昔年曾托旅欧美友人收集名著。后见其中有香艳书籍数种，颇宝重之。尤以《香园》《老汉》《情鞭记》《足本天方夜谭》《百日以外之二日》诸册，文字情节，有胜《银梨花下》者，且皆非易得之品。惜闸北之变，寓楼被毁，所有中西书籍，亦同时遭劫。否则如贵报之留意西方文学者，自当举邀一观也。（下略）

十二月十四日。——学写外国语，以合于成语为最难。成语，亦称惯语，即 idiom 也，其音似“意的母”。譬如：dunghill，必用 clear away，而 dirthole 则用 cleanse out 是也。学者非多读强记，不能成功。死读文法，硬记生字，均无益也。

十二月十五日。——德国诗人 Heine 云，“倘然英国没有煤烟，也没有英国人，我或者要永居英国。煤烟与英国人两者，我是不能容忍的”。——此语可谓怪极，但隐含深意。

十二月二十日。——余家由劳尔东路移居西摩路八三九号。函校办事处已租定本路某号（门牌号数未定）新建之屋，约明年二月间可以迁入。

原载一九四三年一月《上海艺术月刊》第二卷第一期

读书一年

我从二十岁后起，每年必读一、二部或三、四部名著——有国文的，有西文的；有文学的，有科学的。我去年读的是什么？我去年读的，还是古籍呢？还是新著呀？为的是消闲呢？还是用功呀？

这种问题，连我自己也不能作答。但是这篇文字，旨在检讨，我不得不再问自己；我去年读的是什么？

我在去年一年中，自己买的书，别人赠的书固然不少，但是读的书似乎一种都不全。家内诸人及同事诸君，看见我每日捧了书本，“手不忍释”地横读（西文书）竖读（中文书）；我读的到底是什么名著？

我的的确确每天捧书，每天读书——四十年来如一日。十多年来天天不离吾身的，是蒲留仙的《聊斋志异》。它是我最亲热的伴侣——妻子当然除外。遇到人声嗓闹时，我读它；遇到心绪不宁时，我读它，遇到小病小痛时，我读它；遇到酒醉酩酊时，我读它。我已经读过十几遍了；我还要读。这样的读聊斋，至多是消遣，算不得读书。真正读书，非苦究，非用功不可。那末，我虽然以聊斋为伴，仍旧不是读书。

我天天看日报，常常读杂志。这算不得读书。我去年曾经读过柳雨生兄的《怀乡记》，纪果庵兄的《两都集》，周幼海君的《日本概观》，冯女士的《结婚十年》，张女士的《传奇》，徐一士君的《一士类稿》及《作家自选集》等等。倘然友人或者近人的新著算不得书，那末过去一年我没有读过一部全书。

我去年又重读《儒林外史》《三国演义》《西厢记》《红楼梦》。重读就是温习；可以算得读书么？温习不用若功，当然算不得读书。

我去年用尽苦功，想要攻究的书，也有一种——就是《颜氏家训》。我从二月起到十一月底止，每日总翻开来看看，读一、二行或半叶，读了十个月，虽然有精美的刊本与完备的注释做我的帮忙，我依然一无所得。《颜氏家训》的句法虽然不怪，但是它的用字太僻（？），它的典故太多。在今年一年中，我希望把它仔仔细细地研究一番。

从今年起，我的希望多了，大了。我希望我的目光愈老愈明。我希望我每小时能阅小字书三十页——从前二十前我能阅二十页。我已经是六十岁的“老翁”了；不过我希望在七十以前，温习幼时所熟读的论孟，毛诗，及左氏传，温习中年所涉略的史汉三国——同时不遗漏当时人，同时同代人日新月异的创作。

最末，我还有一个较大的希望——我希望本刊阅者，人人康健，个个进步。

原载一九四五年四月一日《语林》第一卷第三期

一件喜事

上大同学，行将恢复学籍，成立同学会，此是一件可喜之事。但学籍是外表，不是内质。内质者何？科学与文学也，现代一切智识也。余希望上大众同学，本其旧有之精神，继续研究之而不绝不止。

原载《上海大学留沪同学会成立大会特刊》，一九三六年出版，原件藏上海中共“一大”会址纪念馆

覆新之庆

“覆新之庆”——这四个字，是古人贺年之辞。我现在拿它们来贺本刊阅众，希望你们人人康健，个个成功。

这四个字早已不通行了。现在最流行的用语，也是四个字：恭贺新禧。不过从前的四个字，其实并不坏。不知道为什么缘故，现代人全不采用。从前那四个字的来历是这样的：《唐书·礼乐志》，皇帝受群臣朝贺曰：“元正首祚，景福维新。惟陛下与天同体，臣等谨上千秋万岁寿。”群臣既上万岁之寿，制答曰：“覆新之庆，与卿等同之。”

古人另有贺年用语，也是四个字，叫作“履端之庆”。这更加古了，其来历如下：《左传》，“文公元年，先王之正时也，履端于始。”按旧时历法，以十一月甲子朔夜半冬至为历元。其时月，日，五星，皆起于牵牛初度，更无余分，为步占之始；故云“履新之庆”与“履端之庆”——是古人贺年用语之最著者，且有出典者，贺——贺是预祝；贺是善意的盼望。贺禧者盼望受贺者康健，真正的成功，决非贺禧者所能担保，还须受贺者自己努力。

人们要怎样努力，然后可以达到康健与成功之途呢？

那是很容易，很容易的事；只要立志。年初立志，较平时容易。年初有段落，平时无段落。依心理言，立志在有段落的时候，最容易实行。所以别国的青年（不论男女），在新年中，无不自作企划，决意在本年内实现。办不到的，固然也有，但大多数必有所获。某大学生，不喜阅报。对于时事，一无所知，与六、七岁之儿童无异；常为众同学所笑。一年的元旦，他忽然作誓言道："我本年决意读新闻纸。每日两份——一份是本地的，一份是全国的。我连广告都要细看。"后来此人越看越高兴，加看杂志，加看外国报。在最后两年，专门研究经济，政治。毕业后，即被聘为日报主笔。后来重入大学的研究院，攻读国际问题。据说，他现在成为世界上数一数二的国际专家了。

所以人不可不立志——尤其是在新年中。我深知立志的有用，现在特为我国士农工商四界，各代立一志。倘有视为妥善者，望即采用。倘有以为不然者，请即改正。

（一）士。士，就是所谓"读书人"也者。其实学生，毕业生之喜阅书者，或好作文者，均得称士。喜阅书者可自决道："我今年非把去年所购的那十种名著看完不可。那十种书共计不过五千余页。倘然我每日平均看二十页，不到十个月当然可以完毕的。"

（二）农。农是种田的人。他可立志而说道："我的本行是耕种田地。去年听了别人的话，跟了他们去做单帮。钞票固然来得很多，然而去的也不少。有时我们不得不‘塞狗洞’，有时还要被打被罚。同时，祖传的田地，因为没有人种，都荒废了——可惜得很！今年决定不跑单帮，今年决定回到本行来——多种田，多种菜。俗语说得好，‘农夫田，万万年。’还是种田罢。那是吃不尽的。”

（三）工。工的种类很多——有土木工人，有排字工人，又有铜匠，铁匠，电灯匠。下面所述的，是一个木工——做家具的木工。

那个木工立志道：“我去年上半年帮人作工，薪水虽然小，家用倒也够了。然后看见老板赚钱实在赚得太多，赚得太容易，我心中不乐，不满意他，与两个同事同时告辞。我们三人，东借西凑，弄了数千元，合伙开了一爿木作，自己做老板。我们三人，因为都是老板，常常打马将，都不做生活。不到五个月，我们的一切——资本，材料——统统‘吃’完了。赶快把店面顶出，勉强还清欠款。归家的川资，还是落空。今年我不敢自做老板。我还是帮人作工，并且我已决定较从前更加勤奋。”

（四）商。“我情愿卖配给货；我今年决意卖配给货，不做黑市。卖配给货，全无危险，并且利益是一定的（百分之十五？）我去年偷偷地囤了许多布匹，偷偷地卖了出去。赚的钱真是不少。不料正在花天酒地，狂欢大乐的时候，被人敲了一记大竹杠！连本带利都去了。横讲竖讲，总算没有吃官司——还是大幸呀！我从今之后，绝不敢再生妄念。我决意服从命令。”

倘然国内的士农工商，都能在新年中立志不做坏事，各尽其职，那末社会的情形立时得以改进，阅众亦无不人人康健，个个成功。我重贺你们覆新之庆。

原载一九四四年一月一日《大众》一月号

新年新岁

一月里的最初十日或前半个月——新年新岁——最紧要的事，是不要自触霉头。有人说："在那个时间内，倘然触了霉头，那末终年倒运，全年不吉利。"

怎样叫作触霉头？

这是苏州土话，也是上海流行语。它的确义是：碰到恶言恶行。让我先来讲一个具体故事；就是大年初一触霉头，碰到恶言，即不吉利的话。故事如下：

赵大，王二为邻人。赵家在桥南，王家在桥北。但是他们所居的屋相隔不过十多家，所以他们常常见面，互相认识。赵大慎于言语，注重吉利。王二天性快嘴，出口伤人。赵大过去的一年中遇到许许多多不顺利之事——儿子大病，幼女夭亡，夫妻时时反目，生意到处亏本。除夕之夜，自言自语道，"前几年我是好好的。今年弄得这样糟，几几乎连年夜饭都吃不成功。什么道理啊？……有死的，有病的，有争闹的，生意无不亏本，无不失败。什么道理啊？我家并非不卫生，我又并非不勤奋。什么道理啊？我为些什么要这样受苦呀？……奥，奥！得了，得了！我今年一月一日初次出门的时候，岂不是碰到那个王二么？他如醉如痴地对我讲了那两句不堪入耳的话，真触霉头！明天又是一月一日了。倘然我不出门，像去年一样，恐怕他又要来贺年，来讲不吉利的话。明天我决计出去，避他。我到弟弟家去贺年，去闲谈。我不向北走，我不过桥。我向西走，情愿‘爬’城墙，兜圈子，超过他的大门。我今年一年，触霉头触够了。明年不再上当。”

语毕之后，赵大自觉心宽意适，全夜安睡。次日（一月一日）一早，他便静静地出门。他不过桥，不向北走。他向西去，走上城墙。

转瞬间，赵大看见对面来一个人。他默默而语道，“呀！不好了！那是王二呀！”

赵大此时不知不觉地拿自己的手把耳朵罩住。他正想转身奔下城墙，对面来的王二高声喊道，“老赵，老赵，——赵屁阿三——哪里去？”

赵大呆住了，不答应他。

王二急问道，“你不是赵大么？你为什么不答？难道你的耳朵聋了么？”

赵大强答道，“是的，我是赵大。新年新岁，请你不要胡说，不要多话。”

王二道，“是了，是了。我决不和你长谈。不过好乡邻，好朋友见了面——尤其是在元旦日——终当寒暄几句呀。刚巧我招呼你，你全不答应。我以为我青天白日碰见活死人，活僵死；倒有点害怕起来了。”

赵大道，“好了，好了。就此为止罢。我们再见。”

王二道，“不，不，慢慢。今天是元旦日，你家里又没有生病人。为什么要这样发急，好像去请医生的样式呢？你到底要到哪里去？”

赵大道，“我要到我弟弟家里去。再见，再见。”

王二惊奇之至，紧跟赵大而再发问道，“你弟弟家里？你弟弟住在我家的东边。你向西走，爬城墙，真所谓城头上出棺材，远兜远转了。”

据说，赵大次日寒热交作，不久即死。两星期后，果然“出棺材”了。

我讲这种故事，想必阅众以为我是一个迷信的人。其实何尝如此呢？我进过学校，受过科学教育，哪里会迷信呢？我讲这种故事，因为我深信人之情绪，人之心理，与人之进步，人之寿命，有密切的关系。赵大的死亡，完全因为怕惧。触霉头最易造成惊恐，最易使人畏首畏尾。所以我们不可无故而自触霉头。年初触霉头者，虽不至人人患病，虽不至人人死亡，然而往往使得他们终年不乐，做事无头无脑——坐立不安，神经衰弱。

年初最易使人触霉头的事甚多；其大者，显者有二，如下：

（一）打马将。赌博本非好事——伤身败德。年初各界放假。人总是身不定的，心不定的。大多数人，在放假期内，不喜欢静坐闲谈，而喜欢以打牌为消遣。赢家无不骄傲，口中乱“鼠牛比”（吹牛皮）。输家无不懊悔，心中万分苦闷。骄傲的赢家，往往轻视或讥讽伤心的输家。一不小心，发生打架——衣撕碎了，桌敲破了，茶碗茶杯掼坏了，朋友绝交，钞票出门。这不是触霉头么？何必赌呀？何必打马将？

（二）轧电车。年初出门贺年或看电影，三轮车及黄包车太贵，当然非搭电车不可。但是你遇到客满的时候，遇到车中乘客已经挤足的时候，断断不可硬轧上去。为什么呢？因为轧得不好，轧不进去，你会跌下来的。即使你手脚强健，勉勉强强“襻”在车门口，售票员不是把铁门硬关上，碰伤你的衣服或皮肤，便会口出无理之言，大大的“教训”你一番；例如，“快快下去——快，去，走！不能关门呀！下去！你襻在那边，阿三见了要拖去吃官司的。……喂，喂！掼下去，我不管。你自己寻死，我不会买棺材给你困的。……屈死，听见么？快快下去。”你在新年新岁这样地受辱，这样地触霉头，何必出门呢？何不在家内坐坐呢？

除了这两件外，其他可以触霉头的事尚多，但是我不再议了。我现在要讲在新年中避免触霉头的妙法，如下：

避免触霉头的妙法，莫如阅读。我们在家中或看成本之书，或看定期刊物，不论新旧，不论文白（文言或白话），均有益于心身，并且决定无危险——定必不触霉头。不识文字者，或全无书本者，怎样呢？那末，不妨静坐或睡觉。倘然你没有睡着，倘然你恐怕别人来讲不吉利的话，你可以自己在门缝里亲口对他们说道，“某某（自己的姓名）出去了，不在家。请你过一天再来罢。”倘然门外的人说道，“我亲耳听见某某的声音，哪里会不在家呢？”若然，你当继续说道，“那末，更加可靠了。他本人这样讲，而非出于他人之口，我想一定可靠的了。我劝你请罢。”

笑话不讲了。我敬祝阅者康健，敬贺诸君新禧。

原载一九四四年《文友》第二卷第四期

新年中的反省

我在去年全年中，做些什么？

我在去年年初，有许许多多希望。我希望全面和平——没有成功。我希望米价跌些，柴价小些，我希望房金与布价减些，我希望车辆多些，交通便利些。结果：柴米日涨，布价日增，房金不减，车辆改少——我的希望，统统变成失望。我真的大失所望！

我的失望，是应该的；因为我不自己努力，专希望别人帮助的缘故。人们理当自己希望自己，控制自己。

我能控制自己么？我在去年全年中，对于自己，有何希望？

我对于自己的希望，在年初也有许许多多。我希望在开始六个月内，除阅读日报杂志及近人名著外，温习《论》《孟》；在后来六个月内，除阅读新刊物外，温习《左氏传》。到了十二月，我仔细一想，仔细检点，非独《孟子》没有温过，连《论语》也没有读毕；《左传》更不必提了。新刊物，除乱翻日报杂志外，我所用心读读的也不多。我所读者，不过《怀乡记》《两都集》《日本概观》《结婚十年》《传奇》《作家自选集》《一士类稿》等等。我自二十一岁起，即喜好读书；每年总能读毕一、二部或二、三部中西古今名作，页数总在一万以上。我去年所读的，何故这样少呀？我退步了，——我真失望。

我非独对于我的学业，完全失望，对于我的事务，也是如此。我打开日记一看，见一月三日所记如下：

> 今日××××馆，开始工作。余七时起身，八时一刻早餐，八时半搭车赶往。同仁见面时，依旧打拱而称恭喜，恭喜，可见俗礼之不易废除。十二时半仍往泰山账房午餐。五时散班后，与某公闲谈。因南京路封锁，电车停驶，归家几七时矣。

后来，每晚写日记时，察见我所作所为者，无非何时起身，何时到馆，何时午餐，何时归家。真的太呆板了！类此的日记，写与不写相等。我何必多费笔墨，天天写日记呢？

所以，我从那天起，立定主意——非遇重要之事，不写日记。但细查去年全年日记，我并没有做过一件由我创始的大事。的确，我曾经当过第三届大东亚文学者大会上海方面筹备委员的副主任。但这不过一个名义；一切事情都是正主任梁秀予先生计划的。

我在十一月间又当过文学者大会上海方面的出席代表。

但我提议案，不发议论——我全不做事。我懒惰么？不，我自知无才。

再，一月九日，宣部召开作家会议。我很注意那个会；我既然是被招之一，决定提议案，发议论。不料事不凑巧，去不成功。我三时五分到站，想搭四时的火车，因为客满的缘故，大铁门已经关了。次日清早，我打电报给郭次长道，“进门被阻，未及赶到，乞谅。”

我真失望！对于去年的学业与事务，我真失望！但我虽失望，我并不伤心，我仍有希望。我希望今年。

我希望今年我能努力用功，努力做事。

我希望今年能温习孟子，温习《左氏传》。

我希望今年多读些古代名著，近人名作。

我依旧希望柴，米，布价大跌而特跌。我希望租金大减。我希望车辆加多，车价亦减。物极必反；涨价涨够了，一定会跌的。世上焉有专涨价，不跌价的道理？

我希望今年多做些有益于身，有益于心的事，有益于人，有益于己的事。

最末，我希望决战胜利，全面和平。

原载一九四五年一月一日《文友》第四卷第四期

今年的愿望

何为“希望”？——这是人所想要的事情。

何为“不希望”？——这是人所不要的事情。

少年人与老年人不同。少年人富多希望，并且能够满足他们的希望。多数少年人希望取得五个“子”字，而达到目的者也不在少数。五个“子”字，就是：（一）帽子（指大学毕业时所戴的方形平顶帽而言，意即“学问”），（二）娘子（美妻），（三）银子（高大的薪金），（四）房子（自建的住宅），（五）车子（包车或汽车）。少年人只有希望，几几乎没有“不希望”。

“不希望”是老年人特质之一。老年人当然也有希望，但是他们——我们——除了希望之外，还有不希望。我现在先来讲一个六十老翁的几个不希望：

他不希望再进大学苦攻，取得第二顶方帽。

他已娶妻生子，不希望再娶妻，再生子。

他不希望发财，以造成遗产之毒。

他不希望再建住宅，再购汽车。那些东西他早已享受过了。

上面的“他”就是我自己，就是我这个六十岁的老头儿。

我这老头儿，虽然有许多“不希望”，但是并不“失望”，并非没有希望。我仍旧有希望。让我写出来，请大家看：

我希望阅众们人人康健，个个进步。

我希望做些于社会有益的事。

我希望全国无盗贼，无惰民，无烟民，无乞丐，人人急公好义，人人能够生产。

我希望生活程度一天一天的低下去。我希望“菜饭饱，布衣暖”。

我希望全面和平，我希望做一只“太平犬”。

原载一九四五年一月《杂志》第十四卷第四期

夏季的理想生活

> 在夏季中，读书人不宜读书，写稿人不宜写稿；因为天气太热，日光太强，最易伤脑，最易伤目的缘故。所以到了大伏炎天，学校停课放假——就是戏园，尤其是旧式的，也要停锣。

上面一般“准”（Quasi）卫生家的说话。依照他们的意见，我们在夏季中，应该一事不做，全然休息。

这是错误的，我们在夏季中的生活，与其他各季的理应不同。但我们在夏季中的生活——衣食住行——应该怎样才合适呢？

（一）衣。——西式衣裤，不是用厚呢制的，定是用粗布制的，太热太闷，易生痱子，当然不可穿。就是短脚裤，香港衫，不用硬领，不用领带，还是太热。那末，怎样呢？上身赤膊，下身赤脚，中间围块薄布，或者围条毛巾，好不好？

讲到毛巾，从前我们湖州城中，真有一位夏日只围毛巾的绅士。他家有的是钱，他家中有的是女人——美妾美婢。他虽不穿衣，然而忙碌异常。他到东边去看看这个，到西边去看看那个——天天满头大汗。有时毛巾掉了，他大喊“三姐，四姐”，要她们代他拾毛巾，代他围毛巾。

这固然是个消夏方法。不过我们办不到；我们每天非出门不可。我们当然不能围了毛巾到里弄中或者街道上来。我们出门的时候，至少穿件短衫，穿条长裤。衫裤的材料，夏布也好，纺绸也好——它们的价值，并不在香港衫、短脚裤之上。

去年已经有人提倡不穿长衫；今年想必可以实行了。

（二）食。——夏天还是吃素好呢？还是吃荤好呢？借个名目，我们像苏州女人地吃观音素，雷斋素——一条鱼也不买，一两肉也不买——好不好？

很好！很好！荤菜本年买不起；肉价六千，虾价加倍。但是素菜何尝便宜？青菜豆腐，何尝较鱼肉便宜？吾家每日饭菜五千元——油盐酱醋不在内——吃的是大鱼大肉么？吃的还不是素菜么？倘若素菜确合卫生，那么吾家的大大小小，男男女女，每人至少活一百岁；因为我们不独在夏天吃素，就是在春秋冬三季中，也常常断荤。

有人以为消夏的方法，不全在食——大半在饮。我们要免除热疮，非多食西瓜，多饮冰水不可。

的确，一点不错，夏天的冰食比冬天的火炉更加要紧。语云，“私房冰，大皆热”。冬天熬不住，只要向被筒中一躲。夏天熬不住。到哪里去躲呢？吃吃冷食——西瓜，凉粉，冰水，冰果子，冰其令——真是好消遣！但目下交通不便，西瓜从哪里来？电力缺乏，冷食从哪里来？这种吃冷食、饮冷饮的舒适生活，决非我们所能。

（三）住。——住什么屋子最合宜？还是大厦好呢？还是茅棚好呀？茅棚太低太狭，大厦当然比较好些。但是洋房敞亮，有太阳晒进来，无法搭冷棚。多年前，我们关上门窗，拉开帘子，打起冷气，加以风扇——里面一点暑气也没有，岂不安乐么？不过现在因为时局关系，这种生活已不适合。

那么，我们应该住什么房子？

我们应该住天然荫凉的屋子。那当然不是茅棚，也不是大厦——最好是苏州那些老屋的大厅，或者上海那些两楼两底的、三楼三底的楼下厢房。中间的凉棚不可不搭，厢房门窗可开可关——电扇不可不装，汗来时可用代蒲扇。

（四）行。——最方便是乘自备汽车，否则三轮车、黄包车也好。不过目下有力乘汽车者很少，乘三轮车、黄包车者也不多。我们平民还是轧电车的好——价廉而无责任。

其实，在炎夏之日，在烈日之下，何必出门。汽车疾行，似乎有风，然而总不及家中的荫，倘然一定要出门，那么早出迟归好了。——趁太阳没有高升之时出门，等太阳已经西去之后归来。身穿短衫，手持蒲扇，踱步而归，等于兜风——岂不大妙？二十年前，我见唐绍仪先生，常常如此（当时他的家在老靶子路）。别人称他笨人，因为有车不乘。他实在是个聪明人，真知卫生之法。

讲了半天衣食住行，讲了半天踱方步，住厢房，吃素菜，穿短善，我还没有讲到正式的消夏方法。这当然不是服西装，吃大菜，住大厦，乘汽车。穿了西装坐在大厦中，又坐了汽车出去吃大菜——热呀，热呀，真热呀！

那么，怎样才能消夏？

请阅下文，即本篇最后一节：

席地而坐，左手持粗蒲扇，右手持《风雨谈》。一篇一篇地看下去——看到第三篇，汗没有了。丢去蒲扇，站起身来，坐在桌边，拿支钢笔，写成一篇两三千字的文章。还想继续下去，家中有人请吃晚餐。荤菜也好，素菜也好，热饭也好，冷粥也好——式式样样，都美味可口。晚餐之后，月色大明，穿了短衫在门前乘凉闲谈。不久，自觉微倦，赶快上床，一困到次日天明。

原载一九四五年七月《风雨谈》第二十期

上海文化界之现状

现在上海只有投机，只有囤积——最多只有商业——哪里有“文化”呢？就是有些学校，有些书铺，有些报纸和杂志，大都皆在水准线以下。他们皆实行“各家自扫门前雪”主义，散散漫漫，全然不成为“界”。

上面是悲观者的意见。我是乐观者；我以为上海确有“文化”，并且成“界”的。本篇根据这个主旨，把我所知过的文化界，即学校及出版者等实情，记述如后：

一、学　校

我今先言学校。

一般人对于上海的学校，颇多怀疑之辞。他们说：（一）学费太贵，家长无法担负。（二）俸给太低，教员不能生活。（三）课程陈腐，不合现代思潮。（四）校舍不佳，有害学童体健。学校为传布文化最要的机关。上海学校如此不合现代潮流，岂不“害人子弟”么？

但是我们应该知道：当此国难临头之日，货价高涨之时，各校设备，当然欠缺，教师俸给，当然菲薄。这种情形，非独上海如此，即在内地亦莫不然。我们怨天怨地，是没有效用的。我们总要好好儿干，奋力地去恶求善，他日一定有圆满的结果。在过去之一年中，上海教育当局，曾经举办的事，有下列者：

（一）召集中小学教职员讲习会。

（二）请工部局授给补助费。

（三）调解校舍纠纷。

（四）设立民众补习学校。

（五）筹办师范学校。

（六）恢复原有市立学校。

（七）取缔不良私立学校。

（八）筹设公共体育场。

（九）发放临时救济费。

（十）规定教职员待遇。

上述者不过几件最大的事。虽不足以代表全体，然藉此可见地方政府的注意教育，不忘文化。上海的教育，既然有人维护，有人设法改良，我们何必失望？我们何必一定要悲观呢？

单论奉给，上海的师范校长，从原薪二九五元，已增至五六二元；主任从二一五元，已增至四三四元。中学校长从二百元增至四五〇元；主任从一六〇元增至三七八元。小学校长从五〇元增至二四〇元；主任从四〇元增至二三〇元。

此种增加，虽不足以应目下货价之飞涨，然当局日事改进之心，于此已显然可见。

二、书　铺

继言书铺。印行新书或贩卖旧书之书铺，皆是传播文化的机关。自从“八·一三”后，书铺有“迁地为良”的，也有停止不动的。出版物——甚至古书——总是一天一天地减少。最初不是因为纸墨高贵，倒是因为难于“讲话”。到了“一·二八”之后，纸墨加价了，机器缺乏了，连小册子也无人肯印。好得国定教科书准时出版，数量充足，中小学生尚不遭受阻碍。但是研究高等学问的书籍，如事变前的大学丛书之类，完全绝迹。——这是可憾的事呀！

一年以来，书铺所以不从事文化工作，有两大原因：（一）人才不足，（二）资料缺乏。事变之后，编辑者或翻译者，走的走了，隐的隐了，改业的改业了，开除的开除了。至于工具方面，机器失而不能复得，纸墨贵而无力购买。有此二因，书铺虽欲为文化服务，哪里能够呢？我们应该对他们表同情，并且原谅他们外似怠惰的情形。

近闻各大书铺，颇有“重整旗鼓”之意。据说某家已决定刊刻时代丛书，已在各处觅人编著。某家将排印四书五经。某家将发行白话注解的古书。其中一家竟请人把《秋水轩尺牍》译成白话，预计在年内出版。此事未免太近滑稽。秋水轩之美（？），美在用典得当；译成白话，句句变成笑话！倘阅众不信，请打开来自己试译数语——敬请直译——就明白了。我并不反对读古文——我并不反对学骈体文——但是程度不到的人，不论什么样的白话，不论你的白话怎样明显，他们老是不懂。不懂的人，学也无益。我以为中学生应该读《孟子》，并应该读《左传》。这两本书，何不把他们好好的注释或翻译（白话）一下呢？翻译《秋水轩尺牍》或标点《唐诗三百首》，虽与文化无损，却也没有功劳。倘然那部翻译本《秋水轩》还没有完成，还没有付印，我劝那一家书铺快快停止。

三、日报与杂志

文化界除了学校及书铺之外，尚有日报社及杂志社。这两种社，在过去一年中，无不努力。《申报》《新闻报》《中华日报》《平报》《新中国报》《国民新闻》《新申报》等——他们每天发行：除万万不得已外，从不停刊，都能为文化服务。杂志呢？杂志即定期刊物，或每周，或半月，或一月，为数甚多。据详审的调查，卅一年底共有五十余种。其中有讲述最高学问者，如《东方文化》，亦有谈古今杂事或介绍新智者，如《古今》《大众》《万象》。他们各有所长，各尽其力，各为文化服务，不使我们失望。

四、文化人

末言文化人。文化人就是学校中的校长和教师；书铺，报馆，或杂志社的编译员（作家）。有人说“文化人”这一个名词不通，因为从前是没有的。我以为此词虽是新制，却合文法。“文化”为一个名词，“人”为另一个名词；两者相合，即成复合，与“江南人”“化学组”“文具柜”“墨水壶”完全相似。——我离题了，请回到文化人。

当“一·二八”之际，教师与作家的态度，大不相同。做教师的，隐退者极少。做作家的，逃避者甚。其原因在教师用口，凭据较少，故责任较轻；作家动笔，形之黑白，故责任较重。所以事变以后，大家都不敢做文章，不肯做文章。就是为生活所迫，不得已而做文章的，大半改用笔名，以减轻其责任，而学校之教师，没有改变姓名者。我以为不论讲课与作文，我们总应该负责任。“讲老实话”，一定没有人反对的，即使吃些小亏，我们也应该牺牲。不讲老实话，就是每天换一个笔名，也会有人知道的；后来仍旧要负责。

原载一九四三年三月十六日《申报月刊》（复刊）第一卷第三号

文化衰落与补救

今先言书。在本篇中，“书”字指“学术的著作”而言。假定这是定义，那么一二年来，我们没有新出版的研究高深学问的书本。我们简直没有文化，我们的文化中断了。前几天在摊上看见两本小册子，一本叫作《西游记》，另一本叫作《活 ×× 九》，这两本虽然是“专门著作”，一导游，一言情，恐怕称不得出版文化罢。为什么呢？因为真正文化是福利人民的，不是伤害人民的。那两种书，从头到尾都是诱惑，所以不是文化。除了这两本书之外，还有……一类的书，他们虽无诱惑之志向，然而欠缺益人之字句，也不得称为文化，倒是耗费白报纸。再说定期刊物，这就是俗所称的杂志（日报除外）。近来街摊上陈列的杂志，真是多呀！……三十余种，封面红红绿绿，板口大大小小，打开来一看，研究学术的果然不少，但是瞎三话四的亦非无有。

最要紧的补救方法是：各文学家，各科学家应当把自己所研究而有心得的，或天文，或地理，或科学，或文艺，忠实的写作出来，长篇刊成专册，短篇编入杂志。……次要的补救方法是：志同道合的文化人，联合起来，组成一个团体，例如西方作者的俱乐部或协会。会员常常见面，正式或非正式讨论进行的方针和步骤，研究在某种环境之下，应提倡何事，应制止何事的问题。著述当然要独自一个人在家中静静地，连续的做上去，不过“闭门造车”有时不合实用；倘然同志的人，组成一个小团体，常常见见面，谈谈天，一定可以得到许多激励。从前各大书局，如商务、中华、世界、大东、开明所以要设编辑所，集诸名家于一处，请其在内办事，不叫他们在家中静做，就是这个道理。现在各书局因为环境关系，停止进行，我们何不采仿他们的意思，自己起来组织一个像而不同的团体呢？

原载一九四四年十二月《光化》第二期

婚姻与生育

倘然大家以为夫妻的结合是应该的，那末我不必反对婚姻制，也不必赞成婚姻制了，不必为“婚姻”两字，大辩而特辩了。我所谓婚姻制，专指配合，不指礼节而言。无论旧式的拜堂，新式的鞠躬，或者其他有仪式或无仪式的同居，我总称他为婚姻（阔义）。我所要知道的——其实我不是完全不知道，并且我深信我所知道的，并不十分错误——我现在所要知道的，是别人的意见。我现在所要知道别人的意见，可以写成一个问题，如下：

我们在婚姻中，我们在结合而同居之后，应否生男育女？

我自己的答，是肯定的。我并不“老派”，并不顽固；我并不墨守“不孝有三，无后为大”等主义。我以为我们有脚，应当走路；我们有手，应当作工；我们有口，应当吃饭讲话；……我们既然有了生殖的机能，为什么不产儿女呢？倘然我们真的不要儿女，何必结婚呢？一方面要结婚，另一方面不要儿女，——那岂不是等于勤力的农夫，春耕夏耘，全然不希望秋收么？世间没有不望秋收的农夫；何以世间有不喜生男育女的夫妇呢？

但是经济问题出现了。夫妇两人，勤勤恳恳，可以勉强度日。倘然产生一男或一女，当此生活高涨之时，衣食教育等等怎样办呢？小孩太多了，非独父母招呼不周，并且儿女也要吃苦。创此议论者——即节制生育派——发明套袋，以为阴阳之阻隔。如此，结婚者可得夫妇之乐，而无儿女之累。不知天下的事，不能全然独立的，总有相互关系的。天下的事，不能只有乐而无苦。况且生男育女，并非绝对不乐，并非绝对是苦。抚养儿女，固然要用心，要费钱，然而没有儿女，有时也甚烦闷。从前有一个美洲闻人，三十岁结婚，到了四十岁，一个孩子都没有。他请名医为他们夫妇两人检查身体。结果极佳，说他们两人，从头至脚，一点毛病也没有。在此后的一年中，及前十年中，他妻子的天癸有时不至，似乎是怀孕；然而不久又来了。他正在怀疑之际，挚友某君来访，无意中说道，“前几天我看见你的夫人走入某某医师的诊所，是不是有喜，还是身体欠佳？”他答道，“是身体不好。”同时他的面色变了；他明白了。那个医师，自称妇科，其实是打胎专家。他自己转念道，“她去打胎的。她去打胎没有得我的同意。我非调查不可。”第二天，他暗暗雇了两位名探，到医师那边去调查。那两个暗探，找到了医师册簿，查见某夫人在结婚后的十余年中，共计打胎八次。暗探回来报告后，他跟了他们又到医师那里去。他对医师大哭道，“医师，我是某姓某名，希望儿女已经多年了。我今天才知道我的儿女统统在你的册簿上。现在请你还给我。”

上面的故事，是讲一般人，不论贫富，到了中年，总希望自己有亲生儿女。古人说得好，“三十无子平平过，四十无子冷清清。”生了儿女，不一定孝顺父母，也不一定能为国家出力。但是全国的夫妇倘然大家打胎，倘然大家节制生育起来，倘然大家不愿意生男育女，那末，不到五十年，耕田无人，造屋无人，织布无人，驾车无人——全国之内，一个青年男女都没有了。好得现在主张节制生育的还少，并且节制生育的方法还（不）十分灵妙，否则五十年后，愈文明的国家，愈无人民；愈富贵的家庭，愈无子女。……写到此，我不觉大怒，而又大恐。

我是主张生育的，但是我全不溺爱儿女。我自从二十四岁结婚，到了四十四岁，共生男女十五胎。有的果然幼时因疾病夭亡了，但是长成的，皆身体健全。我家况虽然不好，但是他们都受过相当的教育，并且他们都没有受过饥寒。我的长次二子，也是多育的。长者已经有子二女三，次者有子三人。我的女儿尚未出嫁；他们儿女之多寡，尚然不知。我们父子三人，确守一夫一妻制，但生产儿女，实在不少——真合俗语所谓“寡欲多男子”之理。倘然国家以人口为前提的，我们父子可以称为“爱国者”了。

我想任何国家，理应以人口为前提。没有人民，广阔的土地，及温和之气候，有什么用呢？任何国家，在大战之中，或在大战之后，尤应注重人口，奖励生育。第一次欧战后，法国的人民伤失甚多，因此田地没有人耕种。他们到意国，比国，波兰，西班牙去招求农夫。那些应召而来的，竟达六万人。有这许多人，法国的田地，当然不会全荒全白了。但是那些国外来的农夫，非独不听使唤，并且不肯久留。有的归国，有的改行——国家徒然消耗旅费而得不到实益。一国的人口，不可借自国外，总要自己产生的。

我国人口，号称四万万，或五万万。在此大战中，我们不能一人不伤，一人不死。欲补死亡，只有生育。德国名家包邱韦克氏有“维持人口论”。看了它可以知道定常的人口，要它不减，已经不易，倘要增加，更加难了。我现在采取他的主要语，翻译如下：

> 我们假定一千个男孩女孩，不一定人人得以长大——三百伤亡，只七百人传种。若然，则结婚者应产之孩，不是两个，而是两个又百分之八十六。计算的公式如下：
>
> $$\frac{(1000\times2)}{700}=2.86$$
>
> 另外有一件事，我们不得不明白的；就是，少数成年人——约百分之八，是不娶不嫁，抱独身主义者。因此，凡结婚者所生之子女，非增至三个又百

分之十一，不能补足他们的欠缺。

此三个又百分之十一中，已包括结婚而不生产者之欠缺，但其比率当在百分之十以下。超过此率，则结婚者所产之数，应增加至三个又百分之四十六。

简言之，结婚者所产之孩，应为三人或四人，否则人口日减，国必不国，自“中日事变”以来，听说我们已经丧失了几百万的人民。若然，则非增补不足以保持我们的四万万（或五万万）。所以我主张结婚生育，不主张节制不育。

生育的多寡，是人口的量。与量有相等重要性的是质。人口固然大了，但绝无优秀分子；怎样呢？这是优生学家的问题，我们过一天再谈罢。

原载一九四四年五月一日《天地》第七、八期（春季特大号）

儿女的婚嫁

儿女的婚嫁，父母应该负责么?

对于这个问题，有两种回答:（一）肯定的，（二）否定的。

肯定派的意见是这样的：父母劳心劳力，将儿女养大成人，当然有择媳择婿之权。况且男女青年，一点阅历也没有，全然不知处世之道;为父母者，岂可任他们（儿女）在外面“和调”，闹出种种丑事来?媒妁之言，总较自由恋爱妥当些。娶媳（为儿子完姻）固然要备聘礼，嫁女（为女儿于归）固然要备妆奁，——固然要费用一笔“巨”款——但多量的抚养费，教育费已经化掉了，何必吝惜此一些些喜事时的开支呢?一座七层的宝塔已经建成了，那个尖顶理应设法装上去。

肯定派就是旧派，有人称他们不合时。

我继讲新派，就是否定派。

否定派的意见是这样的：儿女的婚嫁，应当由儿女自己负责，不应当由父母做主。由父母做主的婚姻，一定不合少年人的“胃口”。婚姻是人生最大的事情，婚姻应为真诚恋爱的结果。“盲目”婚姻——“父母之命，媒妁之言”的婚姻，——决然造成夫妇不和，子息不良。老年人（父母）所看中的媳婿，决不合少年人（儿女）的意思。不合意的夫妇，哪里能够生出高才力的儿女来？所以各文明国——注重科学的国家——无不主张自由恋爱，自由结婚，男男女女各依己意。为自己择配。

上面新（否定）旧（肯定）两派的意见，我不敢断定哪一个是错误的，哪一个是合理的。不过我敢说它们各有其是，各有其非。自由恋爱，有自由恋爱的优点与劣点，父母之命，有父母之命的优点与劣点。盲目婚姻，固然昏愚；但浪漫结合，何尝“清白”？能力强大的儿女，不必父母帮忙，也能得到贤妻贤婿。能力微弱的儿女，没有父母帮忙，怎能择配结婚？

关于新派所称“各文明国——注重科学的国家——无不主张自由恋爱……”等语（参阅上文），我全不信服。不少现代注重科学的文明国家，他们的儿女，至今还实行“父母之命，媒妁之言”的婚嫁。他们至今还主张大家庭制；他们的长子，非与父母共宅同居不可。倘然他们的夫妇不和，子息不良，他们的国度，怎样能够兴盛呢？

复次，国父孙中山，岂不是吾国的伟人么？岂不是世界的伟人么？除了他，我们还有曾国藩，还有左宗棠，彭玉麟……，他们的父母，难道都是自己择配的么？都是自由结婚的么？我以为，国父的父母，及曾左彭的父母，及他们各位夫人的父母——在那些不开通（？）的时代——无不遵照父母之命而成婚的。我这样想，不知对不对。倘然对的，那末儿女的婚嫁，全由父母负责，亦未始不可。倘然不对，那末西洋的自由结婚，不由父母做主，何故常常闹翻？

不过阅众请勿误会我是一个主张盲婚者。我有两个儿子；他们已经娶妻生子了。我有四个女儿；长次已经在去岁嫁人了。我的儿女，能力都很薄弱，不知道在外面轧异性“朋友”。所以我和内子，为他们物色，为他们代找。我们找到了相当者之后，介绍他们见面，并且准许他们常来常往。过了数月或者一年，我们发“令”（父母之命），要他们在两星期或四星期内决定“取弃”。我们最后的几句话是这样：“我们以为某某是个佳子弟（或好女子）。你以为怎样？倘然你同意，或者不同意，都要直说。你仔细想几天，再回答我们。不过在你决定之后，一切全定了。你不可翻变；我们也不准你翻变。”

到了今天写这篇论文为止，我们儿女的婚嫁，尚无不圆满的表露。他们的婚嫁，还是盲目的呢？还是自由的呀？他们的婚嫁，还是我们负责的呢？还是我们不负责的呀？请阅众代我作一个简答。

最末，让我讲个故事，以见“顽强”父母的愚鲁：

英国古时有一位大臣，叫作毕得（Pitt，生于一七五九年，卒于一八〇六年）者，出言甚为灵敏。一天，他的友人法咖（Farquhar），也是一个大员，怒容满面地来拜望他。下面是他们的对话：

（法）我的女儿自愿嫁给一个没有官职的少年人——门不当，户不对，我气极了。

（毕）那个少年的门第清白么？

（法）门第是清白的。

（毕）他的品行怎样？

（法）品行倒是好的。

（毕）那末，好了。老兄，你不必反对。

法听他的话，即不反对。据说，他女儿的婚姻后来甚为圆满。

依此，我们可以知道不论娶妻，或者嫁人，不论父母负责，或者自己选择，我们应当注重的，不是官职（包括财帛），而是门第与品行。

原载一九四五年一月二十五日《语林》第一卷第二期

孕

孕，孕，孕——我用了三个“孕”字，太多了。要谈妇女，要包括她们的一切：正业，副业及其他。我们（男子）只需用一个“孕”字。

对女性谈者，你们看到上面那几句话的时候，请勿马上批评我。这个主张（？），这个意见，实在不是我的。这个意见是德国哲学家尼采（Nietzsche）的，他说道“妇女的一切，都是谜，妇女的一切，含一义——孕”（“谜”作“难解之事”解）。

倘然尼采的意见是合理的，那末妇女的职业问题解决了。他们应该做奶奶，做太太，他们应该做“家庭妇女”，不应该做“职业妇女”。他们最重要的职业，他们最大的责任，是生男育女——是孕。

或者骂道，“岂有此理！男女这样不平等么？男子在外面花天酒地，妇女在家中哺乳烧饭——苦乐不均，不近人情。男子能吃大菜，女子不会饮咖啡么？男子能嫖婊子，女子不会觅情人么？”

对于上面几问（责备），我的答复如下：

（一）平等。——男女是天生平等的。我们来讲外国话——讲外国故事——好不好？从前西洋有位宗教家某氏说道："上帝创造男女，最公平也没有了。夏娃（世界第一女人）是抽取亚当（世界第一个男人）的肋骨而造成的，这是并行的意思。倘然上帝意欲男胜于女（男子控制妇女），那么他一定抽取亚当的脚骨。倘然上帝意欲女胜于男（妇女克服男子），那末他一定抽取亚当的脑筋。他不这样，他抽取肋骨，这不是男女并行，男女平等的意思么？"

某氏之言，固然太旧太老，但是太阳何尝不老不旧？我们自己的性——阴阳性——亦何尝不老不旧？难道二十世纪的阴阳性比十九世纪的、比十八世纪的……改进了么？

（二）内外。——男子在"外"作工，妇女在"内"管家，男子在外面造屋宇、贩米粮、耕田地、当书记，妇女在家中领小囝、揩地板、烧粥饭、缝衣服，——在内在外，都是职业，算不得不公平。生了儿女，母亲固然要哺乳，但是父亲的责任也不小，母亲及儿女的衣食住岂不是都要他弄进来么？男子当然不能日日夜夜的花天酒地，妇女也不必终日终年的哺乳烧饭。不论男女，不论作工的夫，或者管家的妻，总有些空闲；在外者可以回家来休息休息，在内者可以出去跑跑走走。反过来讲，倘然我们一定要男子在内管家，要妇女在外作工，那亦有何不可？世上有许多男裁缝，男厨司，然而没有男乳娘，男母亲。哺乳受孕，生男育女——这些事情，男子无论如何不能担任，只好“拜托”妇女。

（三）怀胎。——但是妇女口口声声说“怕孕”。为什么怕孕？真的怕孕么？倘然真的怕孕，那末妇女为什么在丈夫之外，或者在未嫁之前，要觅情人？

或者问道：“现在岂不是可以利用空筒（译音，作“套”或“帽”解）么？”

诚然，诚然！空筒是有的，并且有很好的，但是你们（女读者）不要上当，千万不要上当！（一）国外法律：凡十二个空筒中，必有一个漏气者，倘然你刚巧遇到这种空筒，试问，你孕不孕？不劣的空筒，几几乎每个漏，每个裂；（二）多用空筒者，非独减少性乐，并且有害体健。西方有许多类似神经病者，即患歇私底里（hysteria）者，不是因为性交不足，就是因为滥用空筒。让我来讲个故事，以见避孕之难，如下：

多年多年之前，当空筒还没有发明之时——至少中国还没有售处的时候——农民王阿根，因为子女过多，想法自制套帽。他采取的材料是鳝鱼头部的壳（皮），试了数次，果然有效！但两月之后，妻子又怀胎了，他自言自语道：“什么道理？不灵么？奇呀，奇呀！”他想了半天，又哈哈大笑道“喔喔，我明白了，明白了！我没有把“壳”上的眼孔封闭呀！”第二年春季，他的妻子果然产生了白白嫩嫩的一对双生子！

这个故事，是一个老笑话，当然是前人虚构的，但据此我们可以知道空筒的不一定有效，并且可以知道无效的空筒，不如无有，——反而增加生育！倘然空筒个个有效，倘然政府任“科学家”自由制造，任各药房自由发行，那末到了二十世纪公历一九四五年的今日，世界上的人口还能够这样多么？

但妇女何必怕孕？怕麻烦么？怕痛苦么？怕难产么？怕哺乳么？受孕是妇女的职司，等于男子的作工。男子作工，时时有麻烦，处处遇痛苦——其程度决不在妇女怀胎之下。至于难产，那更不必怕了，按照现代科学的接生，难产不成问题，决不伤命。从前的稳婆，有极荒唐者，有取不出胞衣或挖出子宫者，但平均计算，到底活命者多，死亡者少。哺乳能发生性乐，我在别的刊物上已经提过，兹不赘述。况且自己不肯哺乳，或者不能哺乳，尚有补救之法——用个乳娘。所以，哺乳亦不必怕；所以妇女不必怕孕。但妇女到底真的怕孕么？“妇女的一切，都是谜”，妇女口口声声说怕孕，到底真心怕孕么？因为食物价昂，多男多女之家有时叹息道“孩子这样多，养不活了！”但是结婚多年而未曾生育的夫妇——尤其是妇——情愿“牺牲”财帛，吃补药，打补针，求取孩儿。妇女往往“口是心非”——不，心是口非，他们说怕孕，实在是喜孕，所以大多数妇女总赞成婚姻。

原载一九四五年四月十日《杂志》第十五卷第一期

衣服漫谈

我们为什么要穿衣服？我们穿了衣服之后，为什么还要戴帽子，还要着鞋子？为什么要穿衣裤？

倘然为的是御寒，那末夏天穿了汗衫汗裤之后，为什么还要着短衫短裤，还要着长衫？岂不穿得太多，有些像御寒的样式么？倘然为的专是避暑，那么冬天为什么裸露？

世上有全年一丝不挂的人。我们称他们野蛮，称他们没有教化。但是他们也知道装扮。他们最喜装饰；他们文身（tattoo）。他们的文身，颜色真巧，花纹真妙，似乎不在我们的绸纱之下。但是他们终年不穿衣服。他们不怕冷么？他们不知热么？

“野蛮”人或者不知冷热，不明寒暑，然而文明人总能够辨别气候的了。为什么罗马大将恺撒（Caesar），在带领士兵远征的时候，不论天晴天雨，不论夏季冬季，总赤足而戴帽？又斯巴达国王阿稽西劳士（Agesilaus）所穿的衣服，终年不变——终年穿单薄之衣。这是什么缘故？斯巴达与罗马，是古代文化最高的国家，并且阿稽国王与恺撒大将当然算不得野蛮人。

讲到终年不变衣服，我有一个小小故事，可以插于此处：

多年，多年之前，法国巴黎城中有一个乞丐。他冬天所穿的衣服，单薄异常，与夏天的完全一样。别人着了皮大衣，戴了皮帽子，还说，“冷呀，冷呀！”他非独不怕冷，并且东奔西走，欢乐异常。有人问他道，“你穿的是夏天衣服，不怕冷么？”他答道，“先生，可不可以让我反问一句话？那人道“当然可以。你问好了。”乞丐道，“你的脸孔觉得冷不冷？你的头，你的足，你的全身，统统都遮起来了。你为什么不遮盖你的脸孔呀？”那人窘道，“我的脸孔，不觉得冷，何必遮呢？”乞丐道，“对拉，对拉！我的全身，都是脸孔；所以我穿了这些单薄衣服，还嫌太热。”

上面故事，似乎离题；其实不然。这个故事可以片面地证明衣服鞋帽的穿戴，不全御寒避暑。

然则我们穿衣，戴帽，着鞋，究竟为的是什么？为的是不是时尚？

公历一九一四年以前——欧洲第一次大战未曾开始以前——我们遇到正式应酬的时候，一定要着礼服。在某年夏天的晚上，我曾经戴了礼帽，戴了硬领，穿了燕尾服，穿了漆皮靴，叫了一辆马车，亲身到南京路外滩汇中旅馆去赴某洋人盛大的宴会。当时没有冷气，只有电扇，真热呀！但是到会的一百多位男客，个个都穿这种服装。

第一次欧战完了之后，礼服改进了，或者退化了。晚上设宴的时候，男子虽然仍旧要礼服，但是上衣改制白色厚布，不用呢类。并且厅上有冷气；我们连坐一二小时，并不觉得十分窒息。到了现在，又不同了。我们在炎夏之时，非独不穿礼服，并且不着壳脱（Coat，上衣）。我们着了短脚裤，穿了香港衫，或趁电车或踏自转车，岂不便利么？我最近曾经短裤短衫地到华懋去赴过一个大会！所有仆欧（Boys），全不为难，很招呼我。倘然那晚我改穿正式礼服，恐怕他们反而要向我大笑。

依此推想，衣帽靴鞋的穿戴，为的大都是时尚。此不独见于今人；就是古人，也是如此。请阅下文：

（一）后汉时有位姓郭名林宗者，大家因为他品学兼优，所以都佩服他。一天，他在陈梁间步行，遇到一阵大雨。他头上所戴方巾的一角垫了（“垫”作“下落”解）。当时的人看见了，误为垫角巾乃学问道德的外表。以后大家故意折下一角，制成林宗巾。凡好时髦的人非戴此不可。

（二）孔夫子也很时髦。他穿了一件异常宽大的袍，来见哀公。哀公没有见过那种衣裳，有些不懂，所以问他道，“夫子之服，其儒服欤？”（先生的衣服，是不是儒教中人一定要穿的？）孔夫子答道，“丘少居鲁，衣逢掖衣”（“丘”，孔子自称。他幼小时在鲁国居住，所以穿大腋的袍。“掖”与“腋”同义）。（上文中的引语，均见《礼记》儒行篇）。孔夫子虽然明明白白说他的“逢掖之衣”，完全准照鲁国的旧制，我以为那一件袍的式样，一定是新发明的。哀公不是一个没有见过世面的人；哪里会发此种愚问呢？

时尚，也可以称风俗。讲到时尚，我还有证据。摩登女士们，初夏戴皮围巾，严冬穿单旗袍——她们的主旨，岂在避暑御寒？她们的主旨，定在出风头，定在学时髦。

原载一九四四年十月一日《文友》第三卷第十期

说幽默并举例

“幽默”（humor）是外国字的译音，作“滑稽”解。滑稽或幽默，不外两类：（一）笑话，（二）讥讽。前者是不伤人的，无所指的。后者是伤人的，有所指的。两者相较，直接有所指者的趣味，当然比绝对无所指者的更加浓厚。但是讲笑话讲得过分苛刻，被讥讽的人，无不怀恨；好朋友往往变成仇敌。所以性喜幽默者，不得不小心谨慎。

现在我先举一个讥讽的实例，虽极幽默，却甚伤人，如下：

多年多年之前，王湘绮（闿运）听得曾涤生（国藩）受到了满清皇上的“赐同进士出身”，他对人说道，“那倒是一个好上联。你们有没有下联？请大家想一想。”别人想了又想，想了半天竟想不出，反问他道，“你有么？我们想不出。”他答道，“我早已有了——‘为如夫人洗足’。”后来这副对联，传到曾涤生那里，他虽然气量很大，对于王湘绮总觉得有点不开心。[编者按：此联疑出汤海秋（鹏）手]

我虽不及王湘绮的滑稽，然而也喜欢讲笑话；所以常常得罪于人。去岁春间，有人招宴。同席中的某姓画家，自以为精于梅花。许多人假痴假呆地捧他。我觉得可笑，遂开口问道，“先生画梅花，快不快？”他答道，“很快”。我又问道，“在下雨天，半分钟大概可画几朵？”他道，“半分钟……？我没有计算过。……”当时同席的某西装少年，哈哈大笑，且大笑不止，别人又相继大笑。这么一来，不好了；那位画家也明白了。他暗暗探听我的住址，第二天来了一封挂号信，说我骂他为狗，要我道歉；否则他要设法报复。我立时立刻写复信，请他原谅。

笑话是不容易讲的。讲得不得法，虽不存心骂人，也要弄出气来。我从那一次“画快梅”之后，痛改前非，不讲笑话。但是今天以“说幽默并举例”为题，欲完成此文，不得不再讲笑话。

我应当讲什么？

还是再讲王湘绮罢：

王湘绮（闿运），字壬秋，湘潭人，在民国初年已经是七十岁的老头子了，然而他老人家人老心不老，仍旧很滑稽。他戴了满清的翎顶，穿了满清的袍套（大礼服），坐了绿呢大轿，去拜望本省督军。他出了轿，署里的护兵和侍役对他微微而笑。他板起脸孔问他们道，“你们为什么笑？你们为什么笑我？你们笑我穿外国衣服，是不是？但是你们穿的也是外国衣服呀。你们穿的难道是中国衣服么？”

湘绮天性喜谑，且每谑必虐。袁世凯没有请他做国史馆馆长之前，他制了一副对联。上联是“民犹是也，国犹是也，何分国民。”下联是“总而言之，统而言之，不是东西。”那副对联，非独骂项城不行善政，并且讥民初全无进步。王湘绮还有一副妙对，我暂且不提出来。我先来讲一个比较粗恶的笑话：

乡间某富户的儿子，到城中来求学。他从了一位将近六十岁的老先生，姓王名正则。那位王老先生，规行矩步，慎于语言，最不喜欢粗话，最喜欢吉利语。老先生第一次看见乡间小孩的时候，问道，“你叫什么名字？”小孩答道，“我叫硬屎——硬是软硬之硬，屎就是粪。”先生道，“恶，太污浊！人哪里可以拿这种东西来做名字？我代你改一个罢。你从今天起，改称颖士——颖是聪颖，士是士大夫。声音虽然相似，意义却不同了。记明白了，不可忘记！你们乡下人讲话，总是粗恶。你到此地来念书，要随时学习，随时改进。”

过了几天之后，王老先生带了颖士到街上去散步。他们看见两条狗，一雌一雄，正在合尾。颖士问道，“他们做什么？”先生道，“这叫作喜相逢。”他们师生两人又见一只小猪刚巧从母胎中生下来。颖士又问道，“这小小的叫作什么？”先生道，“叫作秃头龙”。再走几步，他们经过一家丧事人家，正在做佛事，门前贴一张黄纸榜。颖士问道，“这是什么？”先生道，“这是黄榜。他们今天挂黄榜。”

那时天色已晚，师生两人就此赶回家来。晚餐之后，忽然锣声大作，人声鼎沸——对面某店铺不慎，失了火了。颖士叫道，“先生，先生，不好了，火烧了。”先生道，“何必这样粗声大气？你又现原形了。以后不准说火烧，要改说满天红。”

五个月后，天气已由冬而春，由春而夏了。那一天很热，是六月二十的黄昏。师生两人在街上散步。某家门口，站了一个粉头，带笑带讲，口中不知道嚼些什么小食。任何人一见，就知道她是不守闺道的妇人。颖士虽然是乡下小孩，也知道这种情理，爽然问道，“先生，那门口站的妇人，是不是个婊子？”王老先生对他怒目而视，答道，“婊子，婊子，难听么？你应该说倚门望——倚门望，记得么？”再走几步，他们遇见一个叫化子（乞丐），拿了乌龟在手中玩弄。那个叫化子，还是一根棒，一只蓝，篮中有一只破碗——都放在路上。颖士到底是一细小孩子，看见了就喊道，“叫化子弄乌龟，先生你看呀！”先生道，“你又要出粗了。我这样教你，你还记不得。你今后不可再说。你应当说卖瓷器（指叫化子），应当说头向上（指乌龟）。”

那日他们回家的时候，又碰到一家丧事人家，正在入殓。学生问道，“那只大木箱子，我们乡下人叫作棺材。恐怕太粗罢。先生，我们应当称它什么？”先生道，“叫它金银柜好了。”

据说，那个乡下小孩，在王老先生处学习了七、八年之后，出口成章，毫不粗俗。当王老先生七十岁大寿之日——

同时他的长孙结婚——从前的那个“乡下小孩”特地赶到城中来贺寿贺喜。他见了老先生，就跪下去拜而又拜，口中喃喃不已。他所说的如下：

恭喜先生喜相逢，
明年生条秃头龙。
三年两次黄榜挂。
两年三次满天红。

可怜师母倚门望。
望见先生头向上。
先生请进金银柜，
万世儿孙卖瓷器。

上述故事，想是江西人编造的，因为销售瓷器为江西大营业之一，故得作为誉词。

现在恶浊的故事，已经讲完了；我当继述王湘绮的另外一副妙对。他的上联是“男女平权，公说公有理，婆说婆有理。”她的下联是“阴阳合历，你过你的年，我过我的年。”这副对联，固然“天衣无缝”，可惜意含讥刺。王湘绮一生不甚得意，小一半因为政治关系，大一半倒是自己太狂。他到处发脾气，到处讥笑人，所以别人怕见他——他也看不起别人。

他自己学问很好。他著有诗集，交集；解经注子的书亦不少。他的日记，除了周妈一事外，不及《越缦堂日记》的有味。他最重要的著作有（一）周易说，（二）尚书笺，（三）尚书大传补注，（四）诗经补笺，（五）礼经笺，（六）小戴记笺，（七）周官笺，（八）春秋公羊笺，（九）论语训，（十）湘军志，及（十一）庄子，墨子，列子注，等等。

原载一九四四年四月一日《古今》第四十三—四十四期（两周年纪念号）

说接吻

接吻一事，吾国不知始于何时。据我所知，古书中绝不言及此事；吾国有《茶经》《酒经》——甚至有《嫖经》——然无《吻经》。《说文》有“吻”字，作“口边”解，但无“接吻”之名。成语“吻合”两字，喻两事相同，不指两人合唇。章回小说中的“亲嘴”，固然就是接吻，但亦无提及何时起始者，或何人发明者。

不过依照生理，接吻必与性交同时发生。性交所以继续人类；接吻所以“前奏”（作动词用）性交。说谎窃物者，事后可以否认，可以赖得干干净净。吾国传代至今，总在五千年以上。我们可不可以说上古时代无性交呢？我们可不可以说上古时代的性交一定不接吻呢？接吻当然不是性交的主要条件。但是家鸽家畜在“情季”中，在性交前，尚有类似接吻的行动。我们的生理，反而不及禽兽的么？所以古书虽然没有记载，我们仔细推想，知道接吻一事，实与“开天辟地”同时。

性交时的接吻——夫妇间的接吻——应生理上的需要，为人类所公有。除此之外，尚有近戚间的接吻，朋友间的接吻，人与兽间的接吻，人与物间的接吻，……这些都是西洋独有的。西洋最喜欢接吻——无时不吻，无地不吻，无人不吻，无物不吻。他们非独以接吻为敬爱，并且以接吻为礼貌。

提起“礼貌”两字，让我讲一个中西风俗不同的故事：

晚清某大员的儿子，往西洋游学。毕业归国之前，他写信给他的父亲，说道，“男将于三个月内归国。所搭何船，何日启程，何时到埠，当再电禀。儿媳虽是西人，但其美貌贤德，决不在华人之下。到埠之时，家中除仆婢外，最好有尊长亲临。此为西俗，儿媳极重视之。”看至此，那位大员心中大怒，口中自言自语道，“难道要我做公公的，到埠头上去迎接儿媳么？好！现在时势变了，一切都要革新。好，好！到了那天，让我去接她罢。她的婆婆，年高而又脚小，当然不能到那些地方去的。”

到了海船抵埠的那个下午，他果然亲自“出马”。轮船停了；儿子媳妇，也下船来了。他们呼他爸爸；他看了几眼，又点点头。他独乘一车，他的儿子与媳妇合乘一车，同时回家。

他的媳妇到家之后，立时立刻要求她的丈夫带她到自己的房中去。坐还没有坐定，她已经放声大哭道，“我决定回娘家，决定原船回到娘家去。他不喜欢我，他不要我做你的妻子。你另娶罢。我决意回去。”

丈夫道，“什么话！你发痴了！爸爸一句话都没有同我们讲，你哪里能够知道他不喜欢你？”

她道，“你在欧洲这许多年，还不知道我们的规矩么？

公公与儿媳初次见面，应该互相接吻。他一点表示都没有，还不是轻视我么？”

丈夫道：“为这件事，是不是？原来为这件事，是不是？……那末，你放心好了。你不必回去；他不一定不喜欢你。此地是中国；我们中国人，不行接吻礼。公公与儿媳，倘然有这种行为，旁人当作淫乱，或者禀告官府，或者奏明皇上，非把那个人杀死不可。你误会了。马上擦干眼泪，我同你去见婆婆……喂，我关照你，婆婆也不会同你行接吻礼的。”

据此可知接吻在西洋，除夫妻间表示亲爱外，尚有礼貌的作用。此类礼貌，非独现代的东方人不知实行，就是从前的西洋人也有所不明。荷兰学者伊蜡斯蚂斯[①]（Erasmus）（生于公元一四六六年，卒于一五三六年），到英国去游历的时候，看见他们的接吻礼，实在行得太盛了。主客相见时，客人先吻女主，后吻男主，再吻他们的儿女——还要吻他们的猫狗。他的批评道，“接吻如此，未免过分！”

但英人接吻，并不过分。一个人的亲戚朋友，总有限的；与男女主人及他们的儿女猫狗接吻，为数必然不大。法人的接吻，真的“盛”了。法王路易第十二（生于公历一四六二年，卒于一五一五年），与诺曼底（Normandy）全区的妇女，不论长幼，个个都接过吻。又旧时法国富贵的男子，得与他所遇见的任何女子接吻。再法人非独男子与妇女接吻，并且

① 今通译伊拉斯谟，荷兰哲学家。

男子与男子亦相互接吻。……西人有句妙话道，“法人的好接吻，好比鸭类的好吃水”。

礼貌的接吻，不一定四唇相触，也不一定使用大力。有时甲之双唇，轻触乙之双唇。法人称此为“对等”（huits），即“速接速离”的意思。有时甲之双唇，轻触乙之一腮或两腮。这不过“皮相”的行礼，有何亲爱？

除唇唇相接，唇腮相接外，另有与手足相接，唇与地皮相接，唇与古物相接等等，皆所以表示敬意。兹举数例如下：

（一）罗马国王彭博钮（PomPonius），准许贵族吻其手足——爵高者吻手，爵低者吻足。

（二）哥伦布自寻获美洲，回到本国来的时候，他乐极了；他一上岸，就跪下吻地。

（三）罗马圣彼得铜像手中所持之十字架，凡往参拜者，可以一吻。

上面所讲的吻，或与人接，或与物接——或接双唇，或接两腮，或接地皮，或接古物——粗粗看起来，似有无穷的变化，其实不外两种：（一）情欲的，（二）纯洁的。夫妻之吻，属于前者，母子之吻，属于后者——与男女主人接吻，与圣像国王接吻，亦属于后者。

据西洋科学家言，人身五觉（视觉，听觉，嗅觉，味觉，触觉），吻得其全。双唇相接，触觉而已；但在情吻中，两人定必默谈（听觉），鼻官定必相近（嗅觉），四目定必互视（视觉），双舌定必互伸（味觉）。伸舌互吮，当然有味。味为何味？是鱼味么？是肉味乎？是清香之气呢？还是恶浊之气呀？古代罗马人，深明这种气味，并且够够把它记述出来。他们说道，“倪禄[①]（Nero）王之次妻名包庇亚（Poppaea）者，其吻香而且甜，颇似杨梅（草莓）。”倪禄王生于公元三七年，卒于六八年。

西人关于吻之气味，够够描写，关于吻之起源，也有记录。六世纪时，法国图鲁（Tours）城有大贤名雷拔（Leybard）者，以吻，鞋，指环三事为订婚之礼——鞋取服从之意，指环取接合之意，吻为亲爱之保证。

六世纪是接吻最早的记录，当然不是接吻的起始。接吻与开天辟地是同时的——我在上文已经提过。公历六世纪以前——公历前——世上早有许多浪漫事件。早有许多多情女子；例如，希腊的罕伦[②]（Helen），埃及的葛刘备察[③]（Cleopatra），他们难道不肯被吻么？他们难道不知吻人么？

天方国名著《香园》中，有接吻歌，共九行，甚妙，兹直译如下：

情爱焚心的时候，

---

① 今通译尼禄，古罗马暴君。

② 今通译海伦，古希腊神话人物。

③ 今通译克里奥佩特拉，古埃及王后。

没有地方可以找到医治之药；
就是魔术
也无法止制心中之渴；
不论何种符咒，
一概失其效力；
最亲密的拥抱
反使心寒——
倘然缺少接吻之乐。

现在我再将上面的歌，改译四言韶语：

情欲焚身，
医疗乏药。
采取魔术，
全无策略。
利用邪咒，
依然力弱。
密密拥抱，
反而寂寞。
接嘴亲唇——
亲唇最乐。

原载一九四五年四月一日《语林》第一卷第三期

论　嫖

只明理论者，可以谈经验么？只有经验者，可以创理论么？知道教育法者，一定能够做个好教师么？做过好教师者，一定能够深知教育法么？

人生的事，人生的一切，总是理论与经验并重的。不知理论，得不到完备的经验；没有经验，学不到奥妙的理论。正事如此，“游戏”亦然。本篇说嫖；嫖也不能脱离理论与经验两层。大谈嫖经的人，非做过嫖客不可；做过嫖客的人，当然能够大谈嫖经。

我今天在本篇中谈嫖。我固然读过嫖经，学过理论。我也玩过堂子，有过经验。我今天说嫖，岂不是已经取得资格了么？不过我的经验太差；我没有大大的嫖过。我在本篇所说的，大都是别人的经验。

我首先要问：何为嫖？

嫖是狎妓。

然则何为妓？

妓是“生意人”，卖淫妇，非独无情，并且有病。

那末男子何必嫖呢？男子嫖妓，虽不破家，也要伤身的呀！

但是自古至今哪一国没有妓？哪一地没有妓？当妓女是世界最古职业之一；第一个最古职业是当牧师；第二个最古职业是当妓女。这是西洋话。我们中国，怎样讲呢？我们中国的妓业，也早到很。请阅下文：

女闾三百，创于齐之管氏，为妓家之开山祖。《唐书·百官志》：武德后，置内教坊于禁中。开元中又置教坊于蓬莱殿侧。京都置左右教坊，以中官为教坊使。又《教坊记》：妓女入宜春院，谓之内人，亦曰前头人；其家犹在教坊，谓之内人家。又《北里志》：京中饮妓，籍属教坊。朝士宴集，须假诸曹牒行，然后能致。惟新进士设宴，便可牒追。此在管氏时，则为客妻；在唐时，则为官妓。要之一而二，二而一者也。

上面引文，录自民国三年“新旧废物”所制的《青楼韵语》弁言。《青楼韵语》四卷，亦名《嫖经》，有明万历间刊本（每半叶九行，每行十八字），其中所讲者，全在“化诲愚俗，摄邪归正”。兹随便引用数语，以见此书的文字与用意：

（一）初耽花柳，最要老成。久历风尘，岂宜熟念？（注：此道原无惯家；初耽者更须斟酌。）

（二）初厚决非本心，久浓方为实意。（注：一见称奇者有之，然不可多得。）

（三）串可频而坐不可久，差宜应而债不可询。（注：频串已不趣，况可久坐乎？此辈唯喜见银到手；若代她还债，即极力周旋，不见人情也。派差则酌而应之，还未失策。）

（四）约以明朝，定知有客；问乎昨夜，绝对无人。（注：首句恐失了主顾，次句防吃醋也。）

（五）其趣在欲合未合之际，既合则已。其情在要嫁不嫁之时，既嫁则休。（注：未合时，有欲合想头，趣味深长；已合则常而淡矣。要嫁时，指望者重，不得不用情；既嫁则满望矣；本来性格态度，于此尽露。大凡到此地位，滋味只得如此。）

（六）乖人惟夺趣，痴客定争锋。（注：争锋从夺趣而生，皆认真之太过。）

（七）痴心男子广，水性妇人多。（注：痴心则妄想，水性则易流；大略男子吃妇人亏也。）

（八）弃屋借钱因恋色（痴嫖），其意安乎？披霜带月为扳情（苦嫖），是谁迷也。（注：到此情景，都顾不得，安得杨枝一滴水，破其梦也。）

（九）大凡着相，终是虚工；若到无言，方为妙境。（注：二语讲宗，唯了悟者自得之。）

（十）为财者十有八九，为情者百无二三。（注：虽云为情，到底为财也。）

上面所引十段，虽然不是《嫖经》的全体，但亦可知嫖妓的有害。《青楼韵语》虽然是部《嫖经》，但是劝人不嫖。我也劝人不嫖。——但是我在上文，岂不是说过“我也玩过堂子”么？

我的玩堂子不是诚诚心心的，而是随随便便的。不过因为我玩过堂子——吃过花酒，碰过马将，吃过寡醋，开过栈房——所以我深明嫖经。我有经验，又明理论，所以我敢在此处说嫖——在此地劝人不嫖。

（一）伤身。——大嫖者无不伤身。“十个妓女九个浊（白浊）”。患白浊者，虽然可以不死，但亦相当麻烦。倘梅毒上身，那末十九死亡。我的挚友八月间因事此上，偶然遇见一个极漂亮的妓女。他们在短短一度之后，就彼此分离了。我的朋友回到上海后，即觉双目欠明，看不见远处，又看不见近处。他去配眼镜，配了两三家都不中意。他去找医师，——不得了！他去看医师，医师断定有毒。他进医院，打针吃药地闹了一个多月，大喊大叫而死。

他因一度嫖妓而死，没有传染他人，尚是大幸。有许多嫖客，自己得了恶疾，全不知道，还要回家去传布，害妻害子。多年前上海街道上岂不是有那一种操贱业的拾狗屎者么？他们身边有了几元，也会上“胡家宅”打野鸡。染了病，不声不响地回家去仍与自己的妻子和合。结果怎样，可想而知。

或者道，“我们不打野鸡，我们到书寓中去。书寓中的妓女，都有小姐身份，决不个个有病”。

的确，的确一些不错。但是有小姐身份的妓女，陪你玩么？她们告你奸污，她们要求赔偿，——你吃得住么？况且上海有句俗话——恐怕你不知道罢——叫作“烂污长三板么二”。上等妓女也不一定无病呀！

（二）破家。——上海有不少所谓“小开”也者，皆因嫖妓荡尽祖宗遗产。实例不必举，真姓真名不必提。我只要发几个问题，阅众就能够明白了。问题如次：三天两天的碰和摆酒，每月要费多少？每天叫堂差两三次，每次算它一元，每年需多少元？夜厢当然不要钱，然而“下脚”（赏钱）是非付不可。端午中秋两节的手巾钱，年底年初的赏金与果盘，至少若干？首饰应该买么？衣服应该做么？……

这还是普通玩堂子的话。倘然要把妓女讨到家中来，事情更加大了。身价数千元或者数万元，还是有限止的。但是日常的开销，姨太太的珠彩衣料，姨太太的看戏，吃大菜，坐汽车——哪一件省得来？家产不大的人，不上一年，已经窘了。到了那时，姨太太焉有不跑之理？不久，第二个又进门了。开销确实省此，然而窘态反而加增。她也跑了！……这样的跑，这样的“娶”——百万豪富的小开，能够相继不绝地“办”下去么？能够不破家么？

但世上有一类自称“小白脸”者，以为女人可以白玩，可以不必破费半文。这是青年人最大的错误。男子赚钱，应在学问上设法；岂可取之妇女之身？况且“天下只有白吃鸡，没有白 × ×”（俗语）么？

最末，现在堂子（长三，么二，野鸡，韩庄）之数减少了。然而代替她们的，另有其人。我不敢将他们的名称一一写出来，不过我有句总括的话：凡愿意与男子在婚外兜搭者，想得男子的财帛，或者骗男子“礼物”，不论她是小姐或者她是寡妇，虽然不是妓女，也与妓女相等。男子“玩”她们就是嫖她们；结果也是伤身破家。

原载一九四五年五月一日《语林》第一卷第四期

长三的末落

“长三”亦名“书寓”，是个专名；“末落”作“衰退”解，是句俗话。长三不是专事卖淫的堂子，衰退包含若存若亡的意思。

“长三有姑娘，哪会不卖淫？长三有组织，当然是堂子。”

严格的讲，长三以款待为目的，客人只能借干铺，不能睡“湿”铺。长三不准留客，无法卖淫。可以公开卖淫的堂子，是么二与野鸡。玩长三者，非经熟人（朋友）带领（介绍），不能进门。玩么二者只要自己走入，开个果盘（俗名“喊移茶”）。玩野鸡者，有人会来拖拉，更加容易。依此，长三岂不是等于家庭么？岂不是很贞洁么？

做到“生意”，吃到“把式”饭，哪里真会贞洁。长三轧戏子，长三拼流氓——那些故事，见于报纸者，多不可言。俗语说得好，“烂污长三板么二”。这就是说：么二有定价，长三肯倒贴。

但是长三妓女，有“小姐”的身份。不论你怎样有钱有势，倘然她不情愿，你无法接近她的肉体。让我讲个含极端性的故事：

洪杨军中有一位有势有钱的李长寿。他耳闻李巧玲（长三妓）的大名，特意到上海来。见她之后，他狂姿豪奢地媚她引她，但她伪为不知，终不留髡。

一天长寿带了一张五千两银票到巧玲那边去；临走的时候，伪为遗忘。次日忽忽而来，说道，“昨天我在此处遗失一纸；请检出还我。”巧玲听了长寿的话，神色不变地向她的“娘姨”（婢）说道，“你们不识字。拿出匣子来，让大人自己捡罢。”娘姨以紫檀小匣进，其中充满的是金珠，契券之属，有三四千者，有五六千者，纵横错杂，不知几何。长寿愕然，不知所为；好久好久之后，徐徐说道，“我也不知道哪一张是我的。罢了，罢了！让它去罢！让它放在匣中好了。”自此之后，长寿始绝念于巧玲。

然而婊子不是个个这样难近身的，也不是常常这样难近身的。胡宝玉对于富商显宦，无不“择肥而噬”，对于美貌少年，则又“衣之食之”。李珊珊对于常来诸客，无不轻蔑。她说道，“自顶至踵，无一根雅骨；亦思与阿侬亲近，真是‘癞蛤蟆想吃天鹅肉’了。”唯一见到刘生（南浔富商子），即两情相倾，立成好事。但刘生貌虽翩翩，而腹空如洗！哪里有什么雅骨？

我讲故事讲得太长，似乎离题了。不过要讲她们今日的衰落，应当先讲他们从前的兴盛。

当长三最兴盛的时候，上海除了李巧玲，胡宝玉，李珊珊之外，还出过许多多所谓名妓也者；例如，姚蓉初，王秀兰，祝如椿，金月兰，小林绛雪，小林宝珠，沈桂云，蔡良卿，周桂芬，洪莲初，花四宝，林黛玉，陆兰芬，金小宝，张书玉，张宝宝，左二宝，花紫云，林月英，镜花楼，赛金花，李萍香，鸿泥阁，范彩霞，蓝桥别墅，翁梅倩，苏媛媛，苏宝宝，冠芳，菊第，贝锦，莲英，舜琴，蔡青云，徐第，宝琴，王宝玉，笑意，琴寓，乐情，陈第，琴楼，好第，素珍，蕙勤，蒋红英，落蓬阿金等等。

上面所开诸妓，旧时的“小报”中，均有传略。当旧时艳业盛行之际，还有四大金刚，即林黛玉，陆兰芳，金小宝，张书玉等；又有花国鼎甲状榜探传——第一次（有记录的）金榜状元是王秀兰（光绪丁酉），末一次的是金如意（宣统己酉）。到了民国，花界虽然未曾革过命，但也改变制度选举总统。我所查见的有冠芬（民国六年），徐弟（民国七年），琴寓（民国九年），好第（同年）——她们都是花国“大总统”。

花国的土地极广。清咸丰间，城内不安，妓女逐渐移至城外。他们最初所“占”之地为东棋盘街。后来推广，除福州路，广东路尽为彼辈所据外，他如凤阳路，贵州路，……也有他们的足迹。据我所知，下列各里弄中，几几乎全是书寓：东棋盘街，宝树胡同，安乐里，祥和里，群玉坊，吉庆坊，桂馨里，百花里，尚仁里，萃秀里，东西合兴里，东西画锦里，东西会芳里，公和里，同庆里，普庆里，小普庆，兆荣里，兆华里，兆贵里，久安里，日新里，平安里，西安坊，迎春坊，惠秀里，大新坊，美仁里，同安里，公阳里，福宁里，富春里，民庆里，民和里，三马路（沿），清和坊，新清和，大兴里，福祥里，小花园，庭筠里，福致里，泰安里，汕头路（沿），乐余里，濂溪坊，会乐里，同春坊，精勤坊，寿康里，鼎丰里，跑马厅，居仁里，福裕里，永平安，白克路十号，……。

上面许多里弄，有的早已改建，有的依然存在。因为本刊的篇幅有限，我不能将它们的存废及它们的地点，一一说明。将来有暇，当作《旧时堂子里弄考》。我所以开列这许多里弄名称，不过欲表见花国版图之广而已。

天下的事，盛极必衰；妓院当然不能例外。从民国七年（即公历一九一八年）起，它们交上厄运。西文《大陆报》著一论文，痛论娼妓梅毒传染美国水兵情形。不久，工部局即组织特别委员会，称为“淫业调查会”。各委员对于废娼的提倡，既坚定而又热诚，即上书纳税会，并详叙废娼办法。不论西人，或者华人，不论好嫖的人，或者不嫖的人，在大庭广众开会议的时候，总不敢不赞成废娼。议案提出之后，果然全体通过，决定从民国九年起至十三年止，分五期禁绝。工部局的入手办法，先迫令各妓院捐领热照，无照者不得营业；再定期假议事厅（市政厅）当众摇珠，摇去者勒令停业。第一次（九年十二月二十一日）摇去者一百七十三家；第二次（十年十二月六日）摇去者一百三十九家……。被摇去者或并入他家，或租赁小屋，暗暗营业，但终不及公开时的自由。后来摇珠禁娼之事，大家渐渐地忘记了，长三堂子又搬回来了。民国十三、四（？）年，上海交易所大开特开之时，那些“重整旗鼓”的长三，固然做到一笔好生意，但是过了数月，投机事业完全失败，而堂子生意亦一落千丈。生意兴隆之时，人才当然很多；生意清淡之时，人才当然不多。菜馆也是这样：兴隆的时候，有的是山珍海味；倒霉的时候，多的是臭鱼臭肉。“一·二八”前后，群玉坊，福祥里，小花园，会乐里，汕头路，……等处的长三堂子，无不叫苦连天，无不大喊亏本。同时，他们所有的“先生”，所有的跟局，可以看得上眼的，真如“凤毛麟角”。能够规规矩矩地喊几声“我本是”的，已经不多；哪里去寻个诗妓像李苹香（苹香著《天韵阁诗存》，由文明书局印行）呀？

长三的衰退，虽然由摇珠开端，但不能完全怪它。长三的衰退，长三的末落，大半发自本身。生客未经介绍，不能入门——这当然是个减少营业的原因。不过这不是主要原因。喜欢玩长三的人（少年，中年，或老年），哪里会缺少带领者？就是没有，你也可以在菜馆中翻开小电话簿来，随便写几张局票，喊打样堂差。从前没有小电话簿时，要喊打样堂差者，可以利用“花”报（小报）。喊来之后，倘然看中意了，岂不是马上就可以跟她去么？只要你不是真正“阿木灵”，你一定受到欢迎。倘然你真是阿木灵，那末就是有过保举式的介绍，你也会吃亏的。

所以，长三的衰退，不是因为新客必由老客带领，而是因为老客吃熬不住。常常去打茶围的客人，非常常“报效”不可。三日两头的碰和，三日两头的吃酒，加上叫堂差的钱，加上逢时逢节的赏钱，加上手巾钱，鞋袜钱，加上开果盘，吃司菜的抽风，……客人的担负已经重了。但在姑娘目中，尚不以为奇，尚视为常规。像这样一个客人，倘然想转姑娘的念头，想要“真个销魂”，依旧无资格，依旧“谈也谈不到”。长三上的“先生”“卖嘴不卖身”；拿了你的和酒钱，拿了你的堂差钱，三年两年不给你近身，是一件平平常常的事。

但是玩长三的男子，目的究竟何在？在碰和么？在饮酒么？在应酬功夫么？倘然他的目的是此三事，那末到俱乐部去好了。我想玩长三者最后的目的，还在肉体，还在肌肤之亲。虽然男性有迟速之分，虽然男人有“急生”与非急生之别，但是“免不了的事”（西洋话）终不能免。支出这样大，焉有不想收入之理？看中了一个美妇人，为她万分牺牲，焉有不想和她结合之理？

“我曾经暗示，曾经明求，但她总有推托，总不留髡。从前人说，‘长三是三跌倒’；一场和，两台酒（或者一台酒，两场和）之后，‘例’应留宿。我所费之钱，何止二百场和，一百台酒？倘若我玩么二，我已经玩过大半了。倘然我玩野鸡，我已经玩过全体了。”

上文中的“我”字，代表玩长三的男子——不是真的我（即写本篇者）。像他（玩长三者）这种“自说自话”，倒是实情。所以，好色者，不得不改方针；所以，长三的营业，一天一天的衰落下去。所以，长三的末落，虽起于禁，而实在宕。

好色者流，志在“速战速决”。所以品格较低者，改玩么二，或打野鸡；品格较高者，则入私门，或上韩庄。么二野鸡，固有性病，然长三亦何尝无毒？私门韩庄，全非处女，然长三亦何尝贞洁？这样一来，长三的营业，当然有减无增，逐渐衰退。

“八·一三”事变之后，长三堂子，营业突然衰落；自动散伙而关闭者，为数甚多。其存留者，亦往往兼操副业——跳舞或上庄。再过几年，到了“一·二八”之后，上海忽然添出无数富豪（即发国难财者）来。这般人，有时因为要避耳目，不能带了“朋友”上跳舞场，所以改玩堂子，或游韩庄。据说，在某一时间内，长三之数，增加颇多，生意也不“推板”。但好事不常；在过去的一年中，物价如此上升！一台酒，一场和，至少恐怕总要开销二十万至三十万罢。金钱到底是金钱。付出如许大价，所得者何？被邀的“贵”客，想抱抱腰，抚抚乳，亲个嘴，香个脸——办得到么？——谈也不必谈。“贵”客虽是个色迷迷者，但他不是“做”姑娘者，依“例”不可与姑娘亲近，姑娘也不必与他亲近。“做”姑娘者，是摆酒碰和的主人。他有意招待“贵”客，当然知道利用美人计。但是一方面因为限于“堂规”，另一方面深恐主人吃醋，姑娘哪里敢呢？所以，最近那种新的上升，又下降了。

照此讲来，欲整顿营业，长三非改变规则不可。何必碰和？何必摆酒？何必“节赏”？——只要“小账”。何必延宕？——事在速决。五分钟若干？一小时若干？全夜若干？在家若干？出门若干？印本照相册，开个价目单——爽爽直直，总是这件免不了的事，有何不可？

长三中人说道，“这是野鸡——向导，丑煞快哉！我们不做，情愿呒生意。”

真的，真的，她们真的不会这样轻贱自己的。长三“神圣”，长三高贵。我在本篇开始第一句，岂不是说“长三亦名书寓”么？严格地讲，这还是一个大误。《沪滨琐语》云，“从前书寓身价，高出长三上。长三诸妓，则曰校书。此（书寓）则称之为词史，通呼曰先生。凡酒座有校书，则先生离席远坐，所以示别也。沪上书寓之开，创自朱素兰（同治初年）；久之，而此风乃大著。……继素兰而起者，为周瑞仙，严丽贞。瑞仙以说《三笑姻缘》得名，仅能说半部；丽贞则能全演。……书寓之初，例禁綦严；但能侑酒主觞政，……从不肯示以色身。今则滥矣！……”

吴寿芝的《新繁华报》戏谈云，“上海妓院，同治中分两等，首书寓，次长三……长三又号板局倌人，……必有稔客代为介绍；非有蜂媒蝶引，概不应召。……”

《青楼风月史》云，“光绪间有所谓二二者，其地位次于长三，而高于么二。……”

我的引文太长么？够了，够了。花界的掌故还多哩，将来有机会的时候再讲罢。不过我还要讲几句话：本篇中恐怕错误很多，因为我实在没有做过大嫖客，不明白妓院的细情。

原载一九四五年六月一日《语林》第一卷第五期

肃清乞丐

上海公共租界，经友邦的帮助，已收回了。我们应该整理的事，当然很多很多。但是最要紧的，——不过人们似乎都不注重，——是肃清乞丐。

肃清乞丐，不是把他们杀死，不是把他们饿死，也不是把他们驱逐。我的意思；要把他们关进教养院去，——教他们工作，给他们衣食，——非经过相当的时期，非等到他们真真能生产，能自立后，不准他们出院。

公共租界上的乞丐，本有两类：（一）真性乞丐，（二）假装乞丐。何为真性乞丐？真性乞丐是真穷真苦的人，真正没有办法的人，即饿死于饭店门首，或冻死于大厦之旁者。他们早年不学好，或因赌博，或因抽烟，而沦为乞丐，我们不必管了。我们现在应当管的，是要救助他们，是要使他们不再怠惰。有疾病的，要为他们治疗；有烟瘾的，要为他们戒绝。能作手艺的，要他们重行练习；没有手艺的，要他们立时学习。总而言之，我们要把这种寄生虫，在最短时间内，化成生产者。

然而要达到这个目的，我们非先有合宜的设备不可。合宜的设备，就是教养院。疑惑者以为当此民穷财尽的时候，随便什么事情都不能办，我们焉有余力来办教养院？其实，我们果然不富裕，教养院倒还能办。现在我们虽然不公开办教养院，但是暗中所“捐”的费，比教养院更大。据说，闹街上每个叫化子一日的收入，多者三十元，少者一十元。至于告地状者（即跪于马路上写字或画图者）所得更多。那种钱财，都是“有慈悲心肠者”所赐予的。倘然现在不直接赐予乞丐，而捐与机关（即教养院）岂不是一样的做好事么？

并且直接赐予，比不上捐与机关的较多功效。第一：你给的钱，他们用完了，仍旧要哀求苦喊；仍旧没有饭吃，没有衣穿，没有屋住。机关把他们管教起来，一年之后，他们学得小小手艺后，可以不必再做乞丐了。第二：受你钱的，不一定是真穷真苦的人，不一定是真性乞丐。那末，你的钱是虚掷了；因为上海有许许多多假装乞丐呀！

假装乞丐，就是不以讨饭为讨饭，而以讨饭为职业者。他们并不穷，并不苦。他们有居处，有妻妾，有子女，并有佣人。他们天天穿了新衣服出门，手中提了一包破衣服，在抵达预定地点且化装之后，立刻变成一个可憎可怕的乞丐。等到收得相当数目之后，改装归家，又是“老爷”了。有的时候，“老爷”守家，“太太”带了“少爷，小姐”出去做这种生意的，闻得也不少。他们不是真正没有办法；他们是贪进款大而且容易呀！

另有一种下流，专买幼男幼女，教他们在马路上尾人讨钱（赶猪猡），自己远远的观望。或者自己也跟了你跑，口中乱说乱话（沿途训子）。或者雇人在桥头帮拉车子（拖黄牛）。这三种中，当然有真穷苦的，然而被买被雇的想必也不少。

我们倘然在闸北或南市——那边空地多并且空气足——设一个大规模的乞丐教养院，不管真的假的，只要是乞丐，把他们全数捉进去。我们见一个捉一个，不上两个月，“租界”当然没有叫化子了。岂不好么？现在各闹街，各电车站，满是乞丐，不是说“我七十三岁了……”，就是说“看孩子的面……”。坐汽车的人，恐怕听不到这种哀鸣，但是一般搭电车上写字间的人，莫不朝朝夜夜听到可悲之恳求。……另外还有一种拾香烟屁股的小“毕三”，他们已经倦于求乞，已经有自食其力之意，我们将来不必把他们捉进教养院去。

叫化子最爱自由（？），最怕关入教养院；我们非强拖强捉，他们不会到教养院来的。这是指真性乞丐而言。至于假装乞丐，一闻我们要捉要拖，一闻我们设立教养院，他们早已隐匿了。所以捉进教养院的总数，必然不大。

教养院开办之初，政府当然要费巨款。不过加上人们自由的捐助，及后来工作的收入，我想我们虽穷，尚能支撑得住罢。但是当管理员者，非公正仁慈不可，留院者非“菜饭饱，布衣暖”不可。

原载一九四三年八月一日《中华月报》第六卷第二期

日本现今的文化

一年以前，友人某君到日本去游历。归国时，我问他道，“你去了这几个月，究竟看见点什么？他们国内的衣食住，与虹口同不同？”我的友人答道，“衣食住，这是大问题——文化问题。好的，我就谈文化罢。”

于是，他开始讲日本的文化。

他说道，“日本旧时完全效摹中国，把中国的文化囫囵吞了。后来又完完全全效摹西洋，也把西洋的文化囫囵吞了。所以我在日本，没有看见什么日本文化。我所见到的不是中国的文化，必是西洋的文化，或者是中西文化的双拼。日本人没有自己的单独文化。”

我听过之后，大为失望。二十余年前我开始读小泉八云（Lafcadio Hearm）所撰的论说时，我非独佩服他的文笔，并且羡慕日本人的风俗人性。照小泉八云讲，日本是有单独文化的；照友人某君讲，日本是没有单独文化的。小泉八云说谎么？我的朋友忠实么？小泉八云没有观察力么？我的朋友富于见解么？我相信哪一个呀？

我今年（三十二年）八月得到游历日本的机会，我所居留的日期虽然很短，然而我所到的地方倒还不少。我曾经碰到上上下下各级的人，我曾经看到新新旧旧各式的屋，我亲眼看见一切，我知道我的朋友误了。简言之，我知道日本是有单独文化的，我将在下面粗粗地说出来。

日本旧时固然效法中国，但是它没有把我们的文化囫囵吞下去而不加以消化。我们的袍，我们的带，他们改为宽服（Kirmono）与阔索（obi）。我们的筷，用了重洗，洗了再用，不合卫生之理；他们每食必用新筷，用了即丢。我们造屋要墙壁高，进数多；他们造屋要通空气，要有园场。……他们学中国的衣食住，不过采用一部分罢了。

后来仿效西洋，也是如此。现在日本的少年、中年、老年人，岂不是大多数都穿了洋服么？他们除了国庆，开大会着本国礼服外，常常穿洋装，然而他们既戴背带，又用腰带；西装的尺度，又与英美的不同。他们的皮鞋，较脚寸长一寸或一寸多；他们的鞋带，打好结之后，不再解开，这样一来，走进日本式的房间时，或出来时，可以省去许多麻烦。有时日本人穿了上等西装——呢帽、领带、上衣、长脚裤——到街上来散步的时候，岂不是一位正正式式西方的尖头蛮（gentleman）么？他跑到你身旁，你望下一看，奇了！他没有着皮鞋，他赤脚拖木屐。你不必笑，也不必默！这是配合，这是适应环境。借这一点，就可以知道日本人采取外国文化而消化它的能力。

他们吃西菜，最后一道往往是饭。另外附带一碟酱小菜，加上一双本国筷。你可随时和饭而食。他们的洋房，固然有完全西式的，然而厕所与浴室，多数为本国式；并且私人的洋房，总有几间日本式的卧室。

上面讲者，都是形而下的事——衣食住。至于形而上的，如宗教，如教育，也不像吾国这样天吞活咽而不细嚼的。

先言宗教。日本人从中国学得孔教，从印度学得佛教，他们至今仍尊孔佛两教——一小部分人也相信耶教，但是他们总不以孔佛耶为国教。他们的国教是神——神。我们旅行人，到了任何地方，第一件事就是参拜神社（不是到旅馆里去休息！），官吏、学生、职工，每日早起第一件事，也是拜神。他们采纳孔教、佛教、耶教的宗旨，就是要改进神社，不是要抛弃神社。所以日本现在的神社，包含各教的优点，然而不为一教所化。

再言教育。他们的教育制度，除了小学教育必强迫外，不像英美，也不像德国。其实，这种制度隐含各国的优点，并且包括本国旧有的特性。二十余年前，我国某某某某小学，忽然异想天开地采用陶尔登制，弄得学生立的地方都没有，书也没有，字也不写。日本人对于学制，极其慎重，他们不肯轻采新制，不肯轻改旧制。

一提教育，我就想到文字了。我们岂不是常常说，“中日非独同种，并且同文”么？中日同种与否，我不知道，不过中日文字是不同的，我的姓名在日文中变成“秀怡之禅”的音了；就是字义，就是用法，也大大不同。我们称“诸位”或“诸君”时，他们称“皆生”（米拿生）。我们说“谢谢”，他们说“有难”（阿李阿笃）。其他的改变还多哩；我因为不懂日文，不能细述。总而言之，日本人采取了外国的方式或实质——形而上者或形而下者——决然不肯囫囵吞，决然要加以改变。初到日本的人，只见外表，以为它是先中国化而后西洋化——以为日本的文化一半是中国的，一半是西洋的，以为日本没有单独的文化。是故我的朋友在日本多时，“没有看见什么日本文化”。倘然张开双目，仔细一看，闭着眼睛，仔细一想，那末随处都是日本文化——东京西京没有西洋文化，长崎大阪也没有中国文化。中西文化到了东洋（日本）之后，一经采用，立时消化了，即立时变成了东洋的了。

日本人至今还实行大家庭制，儿女的婚姻全凭“父母之命，媒妁之言”，……吾国青年，稍稍有些“新”智识的，非笑他们守旧，即骂他们荒唐。然而他们的青年并非没有教育，并非没有思想，并非没有新智识。他们到外国去留学的青年，比较我们的多；归国后，仍旧讲日本话，仍旧穿宽服，仍旧拖木屐，仍旧娶“父母之命，媒妁之言”的妻；倘然他是大郎（长子），仍旧与父母同居。他们国中留学归国者的百分之九十九，不娶外国老婆，因为怕父母看不惯，不能日化（上两字作动词用）她，又怕老婆住不惯，要求欧化他。

日本那种不娶外国老婆的学生，往往富多科学知识，富多发明能力。那种留学生就是造成日本单独文化的人——就是采纳新文化，改进旧有文化的人。

最末，我敢说日本文化固然是中西文化拼凑，但这种拼凑已经凝合了，已经融和了，已经成为结晶体了，已经是日本的单独文化了。日本国有日本的单独文化。去年到日本去游历的我那位朋友，未曾仔细观察，未曾仔细思想，所以错误了。

原载一九四三年十二月十日《天地》第三期

在日本所见

照地图上看，日本国固然很小。但是你到了那边，看见他们许许多多新的旧的大建筑，如宫城，如神社，如官署，如报馆，如工厂，就知道日本不是一个小国。日本国的国力，与它的地面是不相称的。我在日本国内二十天，因为言语不通，耳与口都失了效用，只有劳动双目的一法。我是近视眼，目力虽然不济，然而所见的已经不少了。我现在择最要的并且有兴味的，写在下面。我的文字，我的见解，皆极浅薄，千祈密奶生（日本语，作“诸公”解）原谅。

（一）宫城。我们一到东京，就坐汽车向皇城去——去行礼，“望宫城遥拜”。所谓“拜”者，鞠躬而已，不是真拜。

离城墙数百码，车就停了。大概那边也有像我们“军民人等，到此下马”的牌示，不过我在匆促间没有看得清楚。一下了车，路上都是散铺的小石子。穿了皮鞋在上面走，觉得有倒退之势，但是我们终究走过二重桥，行近城墙，恭恭敬敬地鞠了躬，然后回到车上。日本国内，不论宫城，不论神社，必用那些清洁光滑的小石子为路，以表尊敬之意。

（二）神社。日本不论大小各地，总有一个以上的神社。

他们上自官吏，下至平民，没有不参拜神社者，没有不深信神明者。

神社不像我们的城隍庙，里面没有神像。外面一个鸟居（作“大门”解，形如牌坊），里面空空一屋——就是神社。

神社是他们的祖庙（？）。一家之人——父子之间，祖孙之间——应当互相护卫，互通消息。所以日本人，几几乎每天到神社去，把心中所有欢乐或忧闷，告诉他们的祖宗。士官学校的学生，每天第一件事是参拜神社——健雄神社。

正式参拜神社的方法是这样的：（一）立正，（二）鞠躬，（三）拍手（两声），（四）鞠躬。拍手之时，或拍手之后，有心事者，可默默祈祷。日本妇女们——老太太们——跪在神社前作祷告者，甚多甚多。

进了鸟居，未到神殿之前，各大神社均有清洁水槽的设置。凡参拜者，应先在此处取水净口洗手。不设水槽之处，必有天然的河水或溪水。

神社之最宏大者，首推东京的明治神宫。奈良地方有纯木所建成的法隆寺，也很著名。

日本有所谓“七五三”节者，即三岁，五岁，七岁的小孩子，穿了新衣服，去谒神社的时候。

（三）官署。日本国的官署，与我们国民政府的宣传部差不多，好像是一家大银行。不过他们没有站岗的警察，只有传达的门士。——军部例外，当然有卫兵，但为数不多。

长官见我们的时候，无不挨拶（作“致辞”解）。我们也要挨拶（答词）。他们招宴，也没有一处不挨拶的。吃本国饭，挨拶在前；吃西式饭，挨拶在后。在前的比较舒服——讲了再吃，不论好不好，没有心事了。在后的甚不舒适——吃时要多想，不容易消化。“挨拶”二字，读如“阿姨杀子”（上海音）。

官署的屋子，相当的大。办事员手不停挥，看他们是忙呀！

官署中有用女茶房者，但不尽然。

（四）报馆。我在东京最缺憾的事，是没有看见报馆的内部。他们著名的报馆，如朝日，每日，大陆等，房屋都很大，我都看见。不过他们的内部究竟怎样，人员如何多，工作如何忙，我没有亲眼看见。据说日本的报馆，都是财团法人，自己备飞机，自己备无线电，自己备专送报纸的大型汽车。内部工作的人，日夜无暇——打电报的打电报，听电话的听电话，记录的记录，排印的排印；发令者与受命者都很自尊，都很努力。不过我没有到报馆内部去“见学”（日本名词，作“参观”解），不敢瞎做报告。

但是我在东京的时候，也曾一度到过报馆，也曾见过报馆内部的一小部分。那就是说，我曾经“见学”过《每日新闻》社所设的天文台。

“每日”天文台，是最合近世科学的设备。我们于九月廿四日下午三时往观。其时天气正热，所以他们特地为我们开放冷气。

我们乘电梯上了楼，一进那间大厅，就听见极幽雅之音乐。坐定不久，电灯光渐渐地暗去，但不全熄。其时四周墙上所绘的图画，在隐隐约约中，宛然变成东京市的全景——大屋子呀，大桥梁呀……。我正在呆看之时，电灯全灭了。于是，众星发现了，月亮也来了。说明者和翻译者，言语清楚，能使我们听而不生厌倦之心。我们听了两小时，似乎只有二十分钟。最后，东方发白，太阳来了，天明了，（电灯齐开）。幽雅的音乐又发放了，我们拍手起立而散。

（五）工厂。日本的工业极发达。他们有纺织工业，金属工业，机械器具工业，窑业，化学工业，木工业，印刷工业，食品工业，煤气电气工业。据仔细调查，他们在公历一九三六年，工场之数共计四万四千八百八十四所，工人之多可想而知了。我在日本不过二十天，当然不能去参观各个工厂。我所见到的，有二处最可注意：（甲）三菱重工业，（乙）钟渊纺织会社。

（甲）三菱重工业，就是飞机制造厂。它地面之广，建筑之大，工人之多，材料之富，真是惊人！它的机器，都是特制的，不是改造的，所以每日的产量决非他国用改造机器者所能及。它的管理极严密，一大间无数无数的工人，忽然接得一个假想的防空警报，不到一分钟，统统不声不响地一个都不见了。

（乙）钟渊纺织会社，制造各种软硬用品。软的如衣料，化妆品，硬的如家具，玻璃杯，举凡一切可以销售到外洋各国之物，无不制造，并且无不精美。他们的贵宾室，真是富丽堂皇！他们的陈列室，真是无奇不有！

最末，我劝我国的同胞，倘然遇到机会，或有空闲时，应当到国外去看看，以见他们之长处，我们之短处，否则我们“夜郎自大”，即要改良，即要求取进步，恐怕也没有办法。

原载一九四三年十一月一日《大众》十一月号

日本蛋

蛋，北方土话叫鸡子。日本的蛋，素来著名。“一·二八”以前，我们在上海的人也吃得到，并且从前上海有许许多多人不吃中国蛋，他们非吃美国蛋，必吃日本蛋。他们说道，“外国蛋比中国蛋香，比中国蛋卫生（？），比中国蛋新鲜（？）”。

我从日本回到中国的第二天，就有亲戚朋友问我道：“日本国现在实行节约，你们在那边这许多时候，饭吃得饱么？”

我答道：“别人，我不知道，我自己总是吃得饱饱的。我不吃西菜，即吃和菜。有时吃了西菜之后，又去吃和菜，弄得我没有胃病的人，几几乎生胃病。西菜的分量与新都饭店的差不多。和菜有汤，有饭，有鱼肉，有蔬菜。每碟之份固然很少，然而各碟合起来，也够饱了。……”

言至此，我的亲戚朋友微笑而插嘴道：“但是你总吃不到蛋——鸡子。”

我觉得惊奇之至，而作反问道：“你以为日本没有蛋么？你以为日本缺少鸡子么？……那你错误了。我在东京帝国饭店，每天早晨吃的，不是大蛋卷（omelet），必是火腿蛋。他们的蛋真多，真不缺乏呀！”

我的亲戚朋友，似乎还不相信，所以我继续说道，“你们似乎还不相信我，倘然真是如此，那末我有一个方法在此，可以使得你们完全相信我的话，相信日本国并不缺乏鸡子。日本国与中国的交通，有飞机，有轮船，有铁路，并不断绝——来来往往的人很多，你们可以拜托往日本国去的人，调查蛋的产量。

“据我所知，日本所产的蛋量很大——其确实数目，我却不知；请诸君恕我。他们精于养鸡术。他们的养鸡术，远在西洋之上。”让我来讲一件富有兴味的事给诸君听吧。

我在东京，大阪，京都……等处，见的是蛋——吃的是蛋，因此可知他们产量的不小。我吃他们的蛋时，又不觉得有“霉气”，因此又可知他们出品的优美，那还是小事。他们养鸡的人，有一种绝技，就是小鸡刚刚出壳的时候，马上能辨别它们的雌雄。那么，技术与养鸡生蛋有极大的关系。西人养鸡者，最初不相信日本人能有这种本领，后来屡试屡验，常常请求日本人去“表演”（教导）一下。目下，这种技术虽然尚未成为正式科学，但是不久就要成功了。据说，我们国内的乡间“老婆子”也有这种本领，不过我没有亲眼看见、实地试验，不敢瞎吹。

原载一九四三年十一月八日《新中国报》

日本的女性

我国一般人对于日本的女性，没有尊重之意，只有轻蔑之心。智识较新的人说，“日本女子在日本的地位很低。她们做苦工，做下贱的事，全然不为男人所敬视。”

上面的意见，含有侮辱性。是错误的。我欲改正我国人这种不当的意见，在本篇中约略说明现今日本女子的（一）教育，（二）职业，（三）服装，以见她们的地位不低。我研究日本，为时不多；倘有误谬之言，深望阅众原谅。

（一）教育。日本小学教育，从明治维新至今（约七十年），不论男女，是强迫的。所以国内没有不识字的女子，也没有小学不毕业的女子。她们贤明的父母，又这样地希望子女成人，情愿节约，情愿牺牲，送他们的子女进中等学校。——中学教育不是强迫的，而是己意的。日本女中的学生数，常常超过男中的学生数。这恐怕是人口关系，不是家长偏心。女中毕业之时，适为女子结婚之时（女子订婚结婚，早者十七，迟者廿四）。是故女子入大学者，较男子少（男子结婚，至早廿一岁。入大学者，非毕业不决婚）。

（二）职业。日本女子在中学毕业之后，结婚之前，倘非“出自名门”者，往往到工厂里去作工，或到店铺里去做职员，或到旅馆，菜馆，私家去做侍婢。她们赚来的钱，大概为自己添妆，然亦有拿工资帮助穷父母的。从前西洋人不十分明白东洋的风俗，常称“日本多数父母，强迫女儿出外工作，自己搜索她们的工钱，以为嫖赌吃着之用”。那真冤枉呀！日本滥使滥用的父母，为数不如别国之多。

但是到外面去做职员，做工人，做侍婢的日本女子，不把那种事务当作正常职业。日本女子的正当职业，不在社会上，而在家庭中。日本人现在还实行大家庭制。女子嫁了人，非独要敬重丈夫，并且要孝顺公婆——新来之妇要竭力使得人人满意，个个道好。丈夫的伯父，伯母，叔父，婶母，丈夫的兄弟姊妹，他都要设法使得他们和睦，使得他们中间不淘气，并且不和她淘气。她一天到晚应当守在家里。她决然不可常常出去望朋友，探亲戚，或者与丈夫联臂闲步。……等到生了小孩，她更加没有工夫到外边去跑了。除了料理杂务，烧饭制茶之外，她又要喂乳，又要注意孩儿的寒暖。

日本妇女，天性喜欢小孩。一个做母亲者，生了五、六个儿女之后，不说“小孩讨厌”，也不设法节育（Birth Control）。照我们看，她固然很苦。但她自以为乐。她知道妇人的天职是做好媳妇，还要做好母亲。所以我在上文已经说过，“日本女子的职业，不在社会上，而在家庭中。”换言之，日本女子的职业是双倍的：（一）贤媳，（二）慈母。

一个女子要把自己造成贤媳慈母，真不容易呀！她非和气，非勤奋，非忍耐，非优雅不可。

（三）服装。说到服装，她们亦极优雅的。让我们先讲她们的宽袍（Kimono）与阔带（Obi）。

日本女子的宽袍，或绸或布，有种种不同的花纹；如浪涛，龟壳，麻叶，海草，十字，松皮，线香等等。她们的阔带可束成种种不同的形状，如横，直，单，双，蝴蝶，陀螺等等。主要的颜色为黑白红黄蓝——紫色非皇族不用。头等宽袍之价，总在三百元（日金）以上，阔带之价与袍价相仿。另加衬衣，木屐，她们的支出真可观了。好得日本女子，不十分考究时式，也不十分注重颜色，又好得现在许多女子已改西装；否则，中级商人怎样有能力做丈夫呢！

原载一九四三年十一月一日《中华月报》第六卷第五期

艺妓说

日本之艺妓，尤苏申之书寓，女性款待人而非卖淫妇也。“艺妓”之名，误译也，应作“艺者”。“艺”（gei）音（从食，从人，从亥），类似英语中之“观”（gay）字；“者”（sha）音纱，颇似波语中之“王”（Shah）字。本篇从俗，故仍以“艺妓”为题。

艺妓为最能保存日本古风者。其头饰，其服装，其涂脂抹粉，均依旧制。唯有一事，现已采用西法——唇膏是也。有见艺妓施用唇膏者，问之云：“你衣服的材料是日本的。你理发的形式也是日本的。你的……一切都是日本的。为什么单单采用一种西洋化的唇膏呢？日本的胭脂难道不及西洋的唇膏么？”艺妓微笑而答曰：“哈，西洋的唇膏，果然比不上日本胭脂这样美——太红太腻。不过它也有一件好处，它能护卫——不会被人强吻（Kiss-proof）呀！”妙哉，妙哉，此答也！据此可知日本艺妓，大半皆口才敏捷之女，且曾受相当教育者。

日本女子之习为艺妓者，一定认识文字，一定为小学毕业生；并且百分之六、七十总进过中学，百分之十五总进过大学。彼辈主要之目的，在款待贵宾，是故面貌非娇美不可，声音非柔和不可，口才非敏捷不可，步态非律动（Rhythmic）不可。在此职业中，非才艺兼全者，万万不能“出乎其类”。有吾国古时诗妓之资格者，若赴日本为艺妓，当然容易成名。

艺妓以京都（Kyoto）为最有名。谚云，“京都出美人”。但东京艺妓之数较多，且头等者无不文雅。余在两处暂留时，均有机会与东友同往。但无力判断东京与京都之别——孰优孰劣，因余系初往日本之外国人，一时学不到此种眼光也。

公历一九三六年东京共有妓馆四千五百廿六所，艺妓一万二千五百四十人。是年艺妓业之盛，尚不及三年以后。据警察局之调查，一九三九年之春，东京共有艺妓一万三千七百九十三人。国家正在战争中，而专事款待者之数反而日增——此何故乎？曰西洋式之跳舞厅，现已全国停业，常人于勤奋工作之后，不可无消遣，不可无娱乐。所以舞去而艺增也。但近年艺妓之数，远不及明治中叶之多；其时（一八八九年）之最高纪录为二万四千二百六十一人。一九三九年前，艺妓全体每月平均收入约一百五十六万二千七百十四元（日金），每年一月，二月，营业最盛。

据收入言，艺妓共分六种：（一）自己主持者，即自己设馆而自作款待人者也；（二）五五分账者，即以收入之半（百分之五十）归馆而自得其余者也；（三）三七折账者，即自得三成而以七成归馆者也；（四）四六折账者，即自得四成而以六成归馆者也；（五）全数归馆者，即进馆时已借到巨款，非清偿后不应取“工资”者也；（六）流动不约者，即时来时去，自自由由，不受馆章之拘束者也，惟每月必出资百元（头等）或五十元（二等），以借用其名。除此六种之外，另有“三七折账者”，则三成归馆，而七成自得者也；此种艺妓，想非极“红”不可。

艺妓“出局”（被召）每二小时五元，或每三小时九元，此头等之价也。小邑中三等艺妓之价，每小时七角。钟表未行以前，出局之价，以线香计算。当时之所谓“一本”（一枝香）者，即现代之一小时也。局价从一九三〇年后，已受规定。红而且紫者不可多索，暗而且黑者不得少取。艺妓个人，每月至少可得二百元，其红者五百元或一千元不等。

艺妓莫不善于跳舞（古式或西式），莫不善于弹唱。东京有艺妓学校，每年经费约一万元，大半由各馆担负，小半则取自学生。校中所教者，唱歌也，跳舞也，及鼓、琴、箫、铙、钹之使用也。每日上课钟点，自十二时起至三时止。愿入校者，每月学费一元；不愿入校者，不受任何强迫。

在今日之日本，艺妓已不受人贱视。彼辈虽来自贫寒之家，然非卖淫者或不道德者。本国人有讥之为“盗夫者”或“淘金者”，但此皆出之妒妇之口，不必尽信。艺妓果然有嫁王公大臣或富商为妻者，但亦有早岁退职，或终身不嫁者。至于劫人钱财，夺人丈夫，为绝无之事。你嫁，我娶；我赐，你受——此皆两相情愿事，并不悖理也。

余在京都时，曾遇一年老之艺妓，约五十四、五岁。彼装饰朴素，落落大方，非独言语伶俐，并且招待周到。经余再三再四要求后，彼以名人所绘之《色道十二番》出示。每阅一图，彼必详加解说。最后问我有何批评。余曰："甚妙，甚妙！其中三、四式，余不能行。未知君能行全盘否？"彼笑，余亦笑。是时菜毕饭罢，车已到门，余等即告辞而退。

艺妓称呼宾客所用之语，与他人微有差别。初次见面，姓氏尚未全明之时，彼辈常以"义意生"称人。"义意生"者，"尊兄"也，即"哥样"或"哥哥君"之意。彼辈犹喜以缩姓呼人。例如姓"铃木"者，称之为"铃"君；姓"江南亭"者，称之为"江"君；姓"香宗我部"者，称之为"香"君是也。艺妓另有呼人之习惯，即以浑名称脾气温和之客是也。譬如鼻子大者，彼辈以"哈生"（鼻君）称之；头秃顶者，彼辈以"痴生"（秃君）称之是也。此类习惯，吾国书寓中似亦有之。

吾国书寓中不乏迷信之女，如初一、月半至某庙进香是也。日本旧时艺妓亦有迷信者，但不在求神，而是堆盐。堆盐者，取盐少许，分作三堆，置之大门口，以求洁净，并取吉利也。现今之日本艺妓，大半已受教育。据云，实行此种陋俗者，已不多矣。

日本艺妓，有好穿，有好吃，其生活似极舒适，但不尽然。晨间九、十时，非起身不可，因不赴学校者，亦必在家中练习唱舞诸艺之故。下午四时后，开始装扮，六时后出局，有时直至晨二时始得归来。且宽袍阔带，全套在五百元以上，加以理发费、化妆品，每月非开支一百五十或二百元不可，艺妓所入虽丰，而支出亦大。

旧时日本男子，喜好艺妓之长脸者。今则不然，圆脸者入时矣。

日本艺妓，起于公历七一〇年奈良（Nara）时代。当时不称“艺者”，而称“游女”（Asobime）非美名也。公历一一〇七年后——鸟羽（Toba）时代——有专门歌舞之女子出现，名曰“白调”（Shirabyoshi）真奇名也。白调所作所为，颇似现今之艺妓。东京真正之艺妓，于一七六二年始行出现。明治之初，在朝诸臣，有以艺妓馆为唯一之集会处者。

东京又有所谓“男艺妓”者，实即唱滑稽者如王无能之流也。东名“合干”（Hokan）即“合欢”（？）之意。数年前，有美国人名华伦（William Warren）者，在艺馆任职。据云，日本人之为后援者，为数不少，余在东京时，并未见到此类人物。

原载一九四四年四月一日《大众》四月号

漫谈裸体画

日本多裸体画，然亦可称绝无。何以故？因日本人作此种画者，为数不少；惟过分明露之品，政府随时取缔，令原主移去或遮蔽之也。本篇除略述日本裸画外，兼及世人对于裸画之意见。兹先言日本画家，及画之公展，然后再谈世界。

日本画家，与中国大同小异，分东西两派。东派者，作东方式之画家也。西派者，作西洋式之画家也。东派人数，较西派为少。东派之在帝都者约四千人，在同一地带之西派有六千人。此一万人中，包含少数雕刻家。除声名卓著者之出品外，其他各画必在公展之前，由协会审查盖章。享特权者，在东京有东派九十五人，西派一百八十七人；在全国则东派一百八十人，西派二百六十人。

三十五年前——清代末年——日本已有裸体画之展览。创始者似为黑田君。是时彼方自法兰西学成归国；因亲友之怂恿，将其得意之作，在大阪陈列。警士见之，以为猥亵，立即下令禁止。后经许多周折，双方（警士与画家）让步。警士准画家陈列其出品，惟画家非“改进”其出品不可。所谓改进者，即以相当之物（布或绸）遮盖画之下半部是也。

日本至今仍由警察检查画像。民国二十七年之春，东京举行第三十五次太平洋艺术大会。其中有中村氏所作之裸画一帧。中村者，数十年前曾在巴黎留学，德高望重，西洋画派之老前辈也。但日本警士只管道德，不顾资格，竟将其画“非难”之，调为过度坦白。大会无法可想，只得将画除去。除画移像之风，不独行于日本，即西洋亦然。昔年美国曾将某名手所造之裸像，敷粉，披衣，并加一帽。远视之，宛然一小型活美人。其滑稽也，远在日本之上。日本素来注重美术，而尤注重道德。故裸画之不明露者，无不准其公展；其太“触目”者，因有关风化而禁止之。

讲述裸体画像，不得不提及模特儿（即吾国反对派所谓“不穿裤子的姑娘”是也）。

日本第一位模特儿，姓宫畸，明治初年人，有胆气之阴性也。当时日本之西式裸画，犹在幼稚时代。体健貌美之女子，不论艺术家如何劝说，决不肯身任模特儿，其意以为此乃世界最贱，最下流之职业也。今宫崎竟说服其夫，出任某长崎名画家之模特儿——其勇力固大，而其有功于艺术，亦不浅也。

五六年前，日本共有模特儿约一百八十至二百人。每人“姿坐”（作动词用，直译 Pose 一字）三小时，可得一元二十钱（日金）；每月约得百元。模特儿皆中级人家之女儿，且皆为中学毕业生。二十年前，日本有阳性模特儿约二十人至三十人；今已几乎绝迹矣。业模特儿者，组织公会。凡艺术家有不规则之行为者，经模特儿报告后，公会除尽力保护其会员外，永远与“过误犯者”断绝往来。谈日本之裸画已毕，今继言世人对于此类美术品之意见。

自古以来，对于裸画裸像之意见，不外两种：（一）赞成者，即性爱派，（二）反对者，即清净派。绝对性爱派，主张推广，主张公开。绝对清净派，主张废除，主张消灭。性爱派力求“春色”全露，清净派力求隐没暗藏。艺术本无罪恶，而裸画裸像目下所有之罪恶，皆由此二派之过激份子造成之。绝对清净者，使人于清白之艺术品中，察见丑陋之形象。绝对性爱者，假借艺术之名，故意供给不道德之形象，使教育不全之人，或起妄念，或入迷途。此两派均无益于社会。最善莫如中庸之道，即裸画可绘，裸像可造，惟不得完全坦白，如日本警士所主张者也。

英国诗人密尔登[①]（Milton）（生于公历一六〇八年，卒于一六七四年）氏，似乎赞成裸体。其在《天堂失去》（诗名）中描写亚当夏娃时，有“彼最初之裸荣兮”一语。

绝对反对派之代表，似为傅耐思（Furniss）氏。傅耐思，爱尔兰的高克（Cork）城人，传教士也，曾著一书，名曰《青年手册》。其中载一故事，称某某圣女，得上帝之允许，至

① 今通译约翰·弥尔顿：英国诗人、政治家。周氏所称《天堂失去》，即其作品《失乐园》。

地狱探访时，见一少年女子，紧紧为一钢衣所缚，且卧于火焰中。口中鼻中所发之气，与沸油无别，且作唧唧之声。彼所以如是受苦者，因生前每次沐浴，喜好细观自己之裸体故也。傅氏所说，未必荒谬，然藉此亦足以见反对派之心理；其切骨之恨，断非今人之所能及。

罗马最著名之美术品，费鲞士（Phidias）［希腊著名雕刻家，生于公历前五百年（？），卒于四三二年］所造爱神之裸像也。反对派曾作歪诗以讥之。余今译其大意如下：

美哉爱神像！
上有双峰下有纹，
上截高耸下生芹。

一丝都不挂，
不穿裤子不着裙，
不怕风雨不避蚊。

原载一九四四年六月一日《大众》六月号

"东西不相谋"

现代英国诗人纪伯灵[①]（Rudyard Kipling）云："西自为西，东自为东，——两不相谋，事各不同"（多年未读纪氏诗——旧本被焚，新书未购——其原文已忘，不能转录于此，乞阅众原谅）。其他文家，如归化日本之小泉八云（Lafcadio Hearn），久居中国之施密士[②]（Arthur H. Smith），皆有类此之意见或思想，散见于著作中。兹先以（一）衣，（二）食，（三）住，（四）行等等中西不同之处，或为余所忆及者，或为余所发现者，一一述之如后：

（一）先言衣：东方外褂而内袍，西方外袍而内褂。初视之，此语似乎错误。其实不然：天寒之时，吾人于长袍之外，加穿马褂；西人则于"可脱"（coat，即常服之短衣）之外加穿长褂（即大衣，overcoat也）。惟自欧化东渐以来，沿海大埠（如上海）之居民，除全服西服而成"准西"（新名词）外，其余诸人，有"打倒"（不穿）马褂而外复长褂（大衣）而成半东半西或不东不西者矣。

---

① 今通译约瑟夫·鲁德亚德·吉卜林，英国诗人、小说家。

② 今通译阿瑟·史密斯，中文名明恩溥，美国传教士、作家。

另有一事，亦值得注意，即东方西方内衣（即underwear，俗称汗衫）服法之不同也。西人之内衣，不论冬夏，无不塞入袴内；倘将汗衫悬于袴外，则为下流矣。吾国之服汗衫者，十分之七悬于袴外；其塞入者不为茶役，必为车夫。本年夏季之某夕，余在某银号便酌，同席有经理者流五人，皆将衫悬于袴外，而“仆欧”二人则塞之入内。主仆之分，上下流之别，薄薄一衫所表示者多矣。余不悬衫于外，非甘居下流也，因旧时曾为准西者九年有余，而习于其道也。复次，上海印捕在下差之后，亦常以衬衣全部悬之袴外，可见身毒[①]受制于英国虽久，则仍不减少其固有之东方性也。

（二）次言食：在筵席间，西人先汤后菜，东方先菜后汤。此显著之事也，至于未易察者，则为饮食之态度。吾人以口就碗，以口就菜，故常俯仰。西人以匙就口，以菜就口，故呆坐不动。常见留学来之学生，其饮食之态，有全无西气者，又见旅华极久之教士，其用筷之术，终不及吾人者。饮食，细事也，而东西方式之不能互换也竟如斯！

（三）再言住：旧时东方之屋，皆四面围墙，密不通风，非此则不成大宅。西人不喜幽闭而好敞亮，不喜隐藏而好透露——四面皆窗，无窗不巨。且吾人以为“楼”（Low，此字之音似“楼”）者，彼辈作“低”讲，明明“下”（high，

① “身”又音yuan（员），“身毒”系古印度的别译

此字之音似江北土白“下”字）者，彼辈作“高”解。东西之相违相反，即此两字，已足以见其全矣。

（四）末言行：行更显然矣。不见夫旧时英美人在南京路步行乎？不论男女，不论老幼，无不跨步而行，无不挺胸凸肚。东方古人提倡“让步”，主张规行矩步。再旧时吾国坐轿子，趁航船；今日西人坐汽车，趁飞机——一迟一疾，相去远矣。

除衣，食，住，行外，东西不同之事尚多，兹再泛述之：

西人称“妻”为“外夫”（wife）（吾人称“内人”），一异也；称“足趾”为“头”（toe），二异也；称“一”为“万”（one），三异也；称“信实”为“错”（true），四异也；称“白”为“灰”（white），称“黑”为“白”（black），五异也；称“否”为“诺”（no），称“嘴”为“茅厕”（mouth），六异也；称“忧”为“乐”（lour），七异也；称“玉兰”（女子名，其音似为Yran，即Mary之反也）为“曼丽”（Mary），八异也；自称曰“爱”（I）而称人曰“忧”（you），九异也；西人见客，互相握手，吾人见客，自握自手（即打拱），十异也。有此十异，而又有衣，食，住，行之不同，可知东方西方确为“对蹠地”（antipodes），而其居民确为“对蹠人”也。其互相背驰，亦何足奇耶？

但东西亦有相似之点，请比阅下列诸字：

（一）吞，tongue；（二）带，tie；（三）拜，bow；（四）拖，

two;（五）监（狱），jail;（六）（面）黄，wan；（七）瘦，sick;（八）亮，lamp;（九）印，ink;（十）狗，cur;（十一）壳，coat;（十二）温（暖），warm;（十三）皮，peel;（十四）懒，lie;（十五）炮，boil;（十六）焙，bake;（十七）搿，gag；（十八）（推）销，shop;（十九）梯，tier;（二十）病，pain;（二十一）买、卖，mart;（二十二）簿，book;（二十三）途，door;（二十四）生（育），son;（二十五）快，quick;（二十六）面（貌），mien;（二十七）赔，pay;（二十八）声，sound;（二十九）妹，mail;（三十）肥，fat。

原载一九四二年十一月《东方文化》第一卷第六期

交换意见的工具

何为语言？

语言最简的定义是，交换意见的工具。

我要买米，我要买柴。我把那些意见告知米行、柴行的时候，米行、柴行答应我或不答应我的时候，大家非用一种工具不可，而最方便的工具非语言莫属。

除了语言之外，其他交换意见的工具尚多；例如，摇摇手，招招手，跳跳脚，踢踢脚，摇摇头，点点头，歪歪嘴，闭闭眼，……那些工具虽然也很有用，然而它们总是偏的，总是辅助的，而不正常，并且没有像语言那么方便。至于文字，果然为交换意见最有凭证的工具，但是学之不易，还要依赖纸墨，算不得方便。不通长途电话（语言）的远方，我们当然要利用信札（文字），不过这是例外，我们暂时不谈。本篇专言语言。让我回到本题来罢——何为语言？

何为语言？

语言是声音。语言的声音，教育家叫作“语音”。

语音从口中出来——极少数从鼻中出来。世界上的人民，不论中外，不论南北，利用口鼻所发的语音，细细解析起来，其数不到六十。这样地简便，为什么中国人还不懂日本人的话呢？为什么北京人还不懂广东人的话呢？

因为一国或一地采用的种类与拼合的方法，大大不同。有的多用喉音，有的多用鼻音，有的多用齿音，有的多用唇音。——此其一。其他的喜把语音来重叠起来，如“的的确确”“马马虎虎”；或者把语来前后杂凑，如“谣”“要”“傲”“熬”。——此其二。

有此种种奇象，所以日本人初到中国，只听得“怪”声，不知道它们的意义。中国人到了日本，也是如此。德国人到了意大利，意大利人到了身毒，身毒人到了美洲，到了非洲亦莫不然。那些“怪”声，都是语音，都是交换意见的工具。一个“我”字——少说些——有“奴”（旧式苏州女人自称），有“爱”（英美人自称），有“噫唏”（德人自称），有“滑踏过西”（日人自称）。

一国或一地所采取，所拼凑之音，在本国或在本地皆含深意。初听到的人，或听而不惯的人，均莫明其妙。我们要到远方去，或者到异国去，非把那些“怪”声好好学习不可。否则我们到了那边，要水要不到，要饭要不到，岂不受苦么？

最末，我深信语音是有国性的，有地方性的。丹麦言语学专家叶施柏生说道，“语音是普遍的，没有国界的。譬如英文 Little 中之 i，在任何字内，必表“微细”。又如 Broad 中之 oa 必表“宏大”。此乃大误。英文中之 Big（大）有 i 音。

又 Small（小）中之 a 等于 ao 之音。再，我们中国的“一”与“亿”“豪”与“毫”——其所表不同，而其音则颇相似。

由此可知语音之采取与拼凑，皆属偶然之事，决然没有普遍性。交换意见的时候，我们要不发生误会，理应仔细学习——说和听——某国人或某地人的语音——要学习得同他们一样。

原载一九四四年二月十五日《众论》第一卷第二期

冠首语与收尾语

东洋人讲话，常用一种冠首语；如“阿诺耐”。西洋人也是如此，如“喂儿”（Well）。他们的主旨，在唤起对方的注意。

东洋人或西洋人又好用收尾语；例如“各杀鱼卖尸”“阴”（ing，表进行），……这都是因为礼貌，或者因为文法，所以不可不然。

我们中国江浙两省，苏松太，杭嘉湖一带的男女大小——尤其下流社会——也喜用冠首语和收尾语，并且用得很多。他们用那种冠首语和收尾语的主旨，并不在文法，也不在礼貌；仔细推想，又不在唤起他人的注意。我三、四岁时，觉得那种“语法”在他人口中发出来的时候，声调极雅（？），曾经试学一次。那时我的父亲尚然健在，立刻把我捉住了——打手掌，又责骂。从那日起直至今天，五十多年了，我没有用过那种“雅”的语法。我当日试学的，是“硕德乃仰”（谐音；原文污浊，不便写出）一语。

“硕德乃仰”系旧时湖州冠首语兼收尾语。旧时用得多的人，不论称呼别人，或和人谈天，每一句话的开始与终了，常常加附此语。让我来讲一个故事——也是事实——给诸君听：

我的继祖母有一个使女（丫头），名叫富贵。她嫁给东门外乡下人姓赵的；我们称他赵家叔。

赵家叔是我们的灶下女婿。他很和气，进城来的时候，一定来拜望我们。他吃了酒，常常讲故事给我们小孩子听，指手划脚底无所不谈。我们拖他的小辫子，打他的耳光，他全不生气，依旧讲他的故事。有时他还能够起六壬课。不过他的嘴最“脏”，讲一句话，非有冠首语，必有收尾语——就是“硕德乃仰”。

有一天正午，他又来了。他拍，拍，拍地敲门。先母高声问道，“哪一个？”他在外面答道，“硕德乃仰，是我”。先母不声不响，全不理睬。他又敲门了。先母又问道，“哪一个打门？”他又答道“是我——赵家叔，硕德乃仰”。先母差我去开门。他进来见了我，就说道，“小阿官，硕德乃仰，对不起，要你来开门。硕德乃仰，街上真热呀！你们在家里热不热？硕德乃仰。”

先母脸孔一板，对他说道，“赵家叔，你不进门就骂人，进来了又骂人。你以后要上门，要到这里来，嘴要干净些。进了我的门，不准你出粗（骂人）。明白了么？”

赵答道，“硕德乃仰，我明白了。硕德乃仰——啊呀，我讲惯了。硕德乃仰，我想不讲，它又来了。硕德乃仰，老太太在世的时候，早已告诫过我了。她也叫我干净些，——硕德乃仰——干净些。硕德乃仰，……”

是时先母忍无可忍，遂责他道，“滚，滚出去！这样无理！”

赵家叔道，“奶奶，不要生气。我不骂人，硕德乃仰，我不骂人，硕，硕，硕，请你不要作准（湖州土语，作“严责”解），你当我放屁好了。硕德……，硕德……，我真的讲惯了。”

讲惯了——他真的讲惯了。讲惯的话，不论骂人与不骂人，极难改除，尤其是“硕德乃仰”那一类的冠首与收尾语。幼时学上了骂人语，后来变成乞丐，向人要饭要钱（钞票），仍旧想讨便宜，自称父亲。三年以前，有一个乞儿向我“借”洋二角。他在福州路跟了我四、五丈路，我没有给钱。他愤愤地说道，“做奶娘（谐音），不给就不给，我也不少你那二角钱。”

过了三、四天之后，他又来跟住我“赶猪猡”了。我回头问他道，“前三天骂人的，是不是你？”他答道，“我从来没有骂过人。做……，做……，我哪里敢骂你？今天很冷，我又很饿。做……，做……，请你做做好事（慈善），给我两角洋钱”。我说道，“好的，今天我给你一块钱。以后不准跟我，并且你不可骂任何人。”他笑嘻嘻地说道，“谢谢，谢谢，我很感激。做……”。

他几几乎又把那句“做奶娘”讲出来了。险哉，险哉！

他真的讲惯了。大抵讲惯那种话的人，总是从最幼时生成的——五六岁或七八岁不等。昨天清早，我刚从家中出门的时候，看见弄口某邻居家的男孩，爬上自备三轮车。手中拿几本教科书，想是上学去。他自言自语道，“娘擦皮鞋（谐音），阿三（车夫的名字）呢？阿三，阿三！娘擦皮鞋。阿三，……”

阿三狂奔而至，同时答道，“来了，来了。娘擦皮鞋，钟点还没有到；早哩。”

男孩道，“娘擦皮鞋，管他早不早，叫你去就去。”

那个男孩的“娘擦皮鞋”，当然从车夫阿三那里学来的。他的父亲，比不上我的父亲的仔细，所以没有管教他，禁止他不讲。倘然我的父亲不管教我，到今天我还讲不惯那种话么？

除了做父亲者，当教师的也应当随时注意学童的语法，随时禁止学童骂人。二十年前，我在闸北尚公小学（商务印书馆的实验小学）当义务英语教师的时候，曾经发生一件很有兴趣的事。让我在下面讲给诸君听：

当时有个身体高大的学生，似乎是本地人，常常大喊大叫，常常打人骂人。他的功课倒是很好。

某日早晨，我刚巧跑到楼梯边的时候，我从上面奔下来，想要抓住在前面逃避的一个幼小同学。他口中大喊道，做奶娘，捺（作“你的”解）爷不管，做奶娘”。

我一想机会到了，管教他的机会到了。我就此把他紧紧地抓住，先给他一个耳光，再问他道：“你为什么骂我？”

他答道："先生，我不骂你；我骂他。"

我道："做学生的人，是不是应该用这种粗话来骂同学？"

他道："错了。我以后不再骂人。"

我道："好！倘然你以后再骂人，我一定要请校长开除你。"

光阴如箭。过了八、九年之后，在无意中，我与那个学生又相遇了。有一天我同内子到昆山去拜寿。回来的时候，因为迟一步，慢车开走了，快车是不停的，所以非待至夜间不能归申。我向站长室一望，看见里面那个人很面熟。他看见了我，马上笑嘻嘻地站起来道，"老夫子，有什么事么？"

我问道，"站长贵姓？我们在哪里会过？"

他道，"老夫子，我姓顾，尚公的学生。你记得么？你忘记了。……我骂人，你请我吃耳光。我感激你那一记耳光。我从那日之后，用心念书，没有出粗骂过人。……老夫子，我的成功，都由你的教训而来。做老师的像你，真的有心要学生上进，不误人子弟。我很感激。"

我道："你这样说，倒使我难以为情。我们现在不提旧事。我有一个请求：你可不可以设法，使我早些回到上海去？"

他道："是了。我打电报。倘然快车在上一站还没有开出，我可以叫它在此地停一停。"

数分钟后，他说道，"老夫子，你同师母进来坐。快车一定在此地停三分钟。你们可以上车回去。下星期我到上海时，再到府上拜望。"

最末，我奉劝诸君不要骂人，并且希望诸君禁止家中的子弟出口伤人。上海这个地方，骂人的人太多了。不论早晨晚间，我出门的时候，在任何道路上，总听得见“做奶娘，做奶娘”之声。明明白白自己碰了别人的车子，本应立时道歉，反而“做奶娘，做奶娘”地大骂；真没理性！再上海人骂“猪猡”，骂“赤老”，听到的人，被骂的人，全不作声，若无其事——那也实在可笑。听说南方，北方，东洋，西洋，都有骂人语。不过我不熟悉，不敢乱道。

原载一九四四年三月一日《文友》第二卷第八期

叠字与叠声

吾国不论老幼，不论男女，不论文俗，不论古今，往往喜用叠字。叠字者，重复之字也；试举数例：土话中之“快快”（跑），“慢慢”（走）；铺名中之“元元”（帽庄），“天天”（饭店）；古诗中之“莽莽”（万重山），“唧唧”（复）“唧唧”，人名中之（关）“盼盼”，（江）“笑笑”等皆是也。

人名之用叠字者，每含亲爱之意，且大都皆为女性（江笑笑当然例外）。余有孙女四人：德官，义官，姗官，安官。前三人属之大房，而大媳口头，总以“德德，义义，姗姗”呼之。安官属之二房。次媳尚未以“安”改称，想是出生不久之故。余之孙男三人——炳堃，炳森，炳辉——其父其母，均未改称。此是力除积习——爱男不爱女——之明证也。除人名外，吾国之称呼，有用叠字者；如，妈妈，爸爸，伯伯，叔叔，姊姊，妹妹，弟弟是也。

叠字之字形，显而易见，叠字之声，清而易闻。唯此机巧，只东方人能之，西人不能也。西人讲话或作诗文，不用相同之叠字。其所采用者叠声（alliteration）也。叠声者，相同或相似之音，见于前后两字或多字之开始是也；例如，It's safe to say（即“敢断言也”之意），（其中两 s 音相同），又 off　and　on（即“开闭”之意），（其中两 o 音相似）。

叠声又得以首韵（head rime）称之。

英人之用叠声，盛行于古代之安格鲁撒克逊（Anglo-Saxon）诗中。自巢修（Chaucer）始，则废弃矣。巢修生于一三四〇年（？），卒于一四〇〇年，以为耗时费力，莫如以叠声作诗，然韵文不能不分音节，不能缺一种特别技巧，否则与散文无别，不能吟咏，故改用尾韵（end rime）。尾韵者，前后两行之末，用相类之声也；例如：

It is not growing like a tree
In bulk，doth make Man better be.
（意译：人类不似树木之体积增长，即得以进步称之。）

上引两行中之 tree 与 be，其尾音相同，即所谓押韵也，与吾国作诗（旧诗）之意相同。

叠声在作者固多困难，但其自有一种神妙，读之者无不觉之；太露太多，果然讨厌，然完全废弃，亦极可惜。所以后来诗人如邓耐逊（Tennyson），史文朋（Swinburne）者，“复活”之并改进之也。

兹略举英人语言中叠声字之例，以为研究者之参阅，如下：

（一）Blushing bride（面红之新娘）

（二）clear as crystal（其明如晶）

（三）dry as dust（其燥如泥）

（四）few and far between（相隔极久）

（五）good as gold（其值如金）

（六）hearth and home（家庭）

（七）judge and jury（审判）

（八）kith and kin（亲戚）

（九）last but not least（最后而非不重要）

（十）might and main（大力）

（十一）part and parecel（部分，要素）

（十二）quality and quantity（质与量）

（十三）rime and reason（文辞与条理）

（十四）spick and span（簇新）

（十五）tit for tat（报复）

（十六）visage of vice（作恶之态）

（十七）wax and wane（增减）

（十八）wit and wisdom（聪明与智力）

吾国之白话或文言中，既有叠字，又有叠声。兹举例如下：

一、叠　字

（一）燕燕于飞（首两字）

（二）戚戚兄弟（首两字）

（三）长来长往（一，三两字）

（四）或肆或将（一，三两字）

（五）尔服尔耕（一，三两字）

（六）克岐克嶷（一，三两字）

（七）有伦有脊（一，三两字）

（八）志气昂昂（三，四两字）

（九）棲棲皇皇（一，二又三，四两字）

（十）期期艾艾（一，二又三，四两字）

二、叠　声

（一）发愤为学（一，二两字）

（二）踽踳不安（一，二两字）

（三）倾城之貌（一，二两字）

（四）各逞其长（二，四两字）

（五）招摇撞骗（一，三两字）

（六）连营立寨（一，三两字）

（七）心宽体泰（末二字）

（八）夜深私语（二，三两字）

（九）吉心高照（一，三两字）

（十）不伦不类（一，三两字叠字，二，四两字叠声）

英语叠声之诗，最通行于安格鲁撒克逊时代。此已于前面言之矣。兹择英古诗（今译）最完全者一行，抄录如下：

Much remains undone，for the morning sleeper.

（意译：早晨迟于起身者，其事业都不完成。）

上引之行，分为两半，前半两 m 音，后半一 m 音，皆叠声也。下引两行，亦完全者：

Full long let him look about him.

（意译：彼应前后左右，仔细审察。）

A better burden may no man bear.

（意译：无人能负较重之责。）

上引句中之三个 l，又三个 b，叠声也。下列两行中之 f 与 m，皆为叠声，但依严格言，此二行不完全，因只有二音而无三音之故。两行如次：

Food and clothes must the farer have.

（意译：旅行者非有衣食不可。）

Shun not the mead，but drind in measure.

（意译：毋避酒，要节饮。）

下面一行，虽有三个叠声，亦不得以完全称之，因前半只一叠声，而后半反有两叠声也：

Wit must he have who wanders wide.

（意译：行路多者，其智识必多。）

英语散文中，亦有用叠声者，惟极罕见；例如：

The fine gold is found in the filthy earth:…virtue is harbored in the heart of him that most men esteem misshapen. Do we not commonly see that in painted pots is hidden the deadliest poison? That in the greenest grass is the greatest serpent…? （Lyly）

（意译：……黄金发现于污泥中：……常人以为面貌丑陋者，其心中往往多藏美德。不见夫彩色瓶中隐藏毒药乎？青色鲜明之草中暗伏巨大之蛇乎？……——李立。）

上引文中第一句之三个f，第二句之三个h，第三句之三个p，第四句之三个g，皆叠声也。李立生于一五五四年（？），卒于一六〇六年，善用叠音于散文中。其姓亦一叠音，一笑！

吾国古诗，有暗合英人叠声或首韵之理者，请阅下引诸句：

（一）带甲满天地——杜甫（末二字）

（二）城春草木深——杜甫（一，二两字）

（三）虹飞百尺桥——陈子昂（末二字）

（四）功盖三分国——杜甫（首二字）

（五）石上千尺松——温庭筠（首二字）

（六）凭君传语报平安——岑参（一，五，六三字）

（七）悔教夫婿觅封侯——王昌龄（一，七两字，又三，六两字）

（八）菱歌清唱不胜春——李白（三，四，七三字）

（九）欲卷珠帘春恨长——王昌龄（五，六两字）

（十）隔江犹唱后庭花——杜牧（二，四两字，又五，七两字）

原载一九四一年三月《宇宙风》（乙刊）第四十期

两名一事，一事两名

吾国之人，非独好以别名自称，并喜以异名称物。一般人于姓名之外，无不另有字、号。常写稿者则随时改换其笔名。例子甚多，不能枚举。本篇所欲言者，事物之异名也。

先言两名一物，如下：

（1）典型——大辟也，老成人也（即新名词之“权威”）。

（2）太史——天官也，翰苑也。

（3）阃内——国门也，闺阁也。

（4）寸田——心也，地少也。

（5）金石——文字也，交情也。

（6）方丈——僧居也，宴室也。

（7）六寸——笔也，算也。

（8）图书——经史也，符印也。

（9）阑干——罘罳也，眼匡也，夜深也。

（10）秋水——剑也，眼也，面也，舌也，帐也，水花也，木花也，山峰也。

以上十例，已足以表现吾国两名一物之多矣。今继言一物两名：

（1）字——六书。

（2）书——黄卷，芸编。

（3）画——六法，丹青，无声诗。

（4）碑——贞石。

（5）笔——不律，毛锥子，管城子，管城侯，栗尾，斑管，中书君，毛颖，鸡距。

（6）砚——万金石，陶泓，石乡侯，龙鳞，即墨侯，石虚中。

（7）纸——剡藤，云膜，云蓝，楮先生，乌丝栏，赫蹄。

（8）墨——隃麋，松烟，龙宾，元霜，元玉，青松子，松滋侯，玄香太守，陈玄，客卿，黑松使子。

（9）诗——韵语。

（10）词——诗余。

阅众倘欲细究一物两名，可参阅钱唐袁翔甫（祖志）所著之《择言尤雅录》。

吾国文人，又有以人体器官之名，用作他种解说者。兹据余所知者，开列于后：

面首（外宠），眉目（头绪），须眉（男子），股肱（亲信），手足（兄弟），骨肉（亲属），心腹（亲信），爪牙（帮同作恶者），手面（场面），手脚（行动），项背（后尘），嘴脸（神气），面目（景象），唇齿（邻国），皮毛（表面），脉络（理路），腹背（前后），血汗（劳力），脂膏（钱），心胸（度量），头脑（首领，理智），肝胆（义气），喉舌（代表发言者），体面（场面），耳目（亲信小人），心肠（慈善之代名），胁肩（谄媚），眉睫（近处），头目（首领），心肝（所爱者），掌嘴（巴掌），胃口（嗜好），脾胃（嗜好），肺腑（密友），眉眼（调情姿态），手腕（手段），口舌（打骂之别名），身手（本领），脊脑（书之订线处），胚胎（起始）。此外想必尚多；倘有知之者，务乞　赐教。

原载一九四三年一月《经济资料》（两月刊）创刊号

讲外国话

讲外国语的人，必为善于听外国话的人。不善于听外国话的人，必然不能习得顶好的外国话，必然不能讲清清楚楚的外国话，必然不能讲像外国人的外国话。学外国话者，倘然没有灵巧的耳朵，一定没有灵巧的嘴巴（包括唇齿颚舌喉等等）。嘴巴之应用在后，耳朵之应用在前。

我在东京遇见过一位中国的女性。她是华北籍，能讲北方话。她幼时曾经向（在华的）美国传教士学过英语。她自以为她的华语很好，她的英语也很好。她的华语好不好，我不知道。不过她的英语，虽然富于华北调，我能了解。我曾经听过重庆调的英语，九江调的英语，安庆调的英语，扬州调的英语，无锡调，浦东调的……英语。华北调偏向国语国音，更易使我明白。

但是华北调的英语，总不是真正的英语，总不像英国人的英语或美国人的英语。总是恶劣的英语，总非优美的英语。我们不论讲哪一国话，至少要像哪一国人所讲的话；我们决然不可以本国调出之（“出”指“讲话”；“之”指“外国话”）。

那位女士，在东京居留几天之后，也学讲日本话了。起初我当她是对我讲英美话。我一点不懂她的意思。难道我到东京后，耳朵就聋了么？我要求她重说一遍。她带笑带叫地说了两遍——三遍。我才知道她是讲日本话。因为礼貌及自尊自重的缘故，我不敢笑。我点点头，又拿起冷水来，喝了两口。

后来几天，我常常听见她讲“倒触”“碧绿”……等似是而非的日语。我遇到那种“机会”之时，马上避开，假装没有听得什么。因为她所讲的日语，发音既不正确，又加上很浓厚的英美调，真能使人吐隔夜饭呀！

一日午后，我空闲之至。我就静坐，细细地讨索她所以讲英语用华调，讲日语用英调的主因。我最初想要乘车到帝大图书馆去翻查教育名著。后来自说自话道，“何必呢？何必多事呢？何必自苦呢？……这一点点小事情。……”

我的独语未毕；她的主因已经找到了。我在篇首讲过这几句话：“不善听外国话的，必然不能……讲清清楚楚的外国话，……倘然没有灵巧的耳朵，一定没有灵巧的嘴巴。……”那位女士讲英语不像英语，讲日语不像日语，都因她的耳朵不好，听不明白。

她当然不是聋子。她当然能够听，能够听英语，听日语，不过她听得不正确，所以讲得不正确。她不知不觉地华化（此两字作动词用）英语，英化（动词）日语。她犯了一个很普遍的毛病，叫作“调聋”（Tonedeaf）。

人类中百分之七十以上犯调聋病。调聋病较色盲病多；色盲病犯者不过百分之二、三。北方人讲不好南方话，南方人讲不好北方话，上海人讲不好苏州话，苏州人讲不好无锡话，都是因为调声，不是因为舌硬。

我从前有一个姓吴的朋友，苏州人。他十一、二岁时就开始学习英文。在本国大学毕业之后，又到美洲去留学四年，并且得到理学士的学位。他仍旧不能辨别“他”（he）与“她”（she）两字之音。他在南京教书的时候，常在课堂（教室）中讲南京话，讲得学生捧腹大笑地作恳切的请求道，“吴先生，请你原谅我们。以后请吴先生讲苏州话，我们虽然是南京人，或者是江北人，或者是湖南湖北人，多少总懂些苏州话。先生的南京话，实在太高明了，我们不懂。……”

这位朋友的失败，与东京的那位中国女士完全相同，——也是调聋。我当时和他（吴君）很亲密，常常同他谈天。某日，我教他说湖州（浙江）土话。他学了三四句，马上就讲起来了，然而总是似是而非，不入调，连我也听不懂。

调聋是天生的，无法补救，不可医治。色盲也是这样。

色盲的人，最好不习绘画，不跑马路。调聋的人，最好不习方言，不讲洋话。色盲者学绘画，调聋者学语言，一定失败，一定“献丑”（对不起，对不起！）。

最末，我当略提日本语之难学难精。日本语的音调，与华语、德法语、英语不同，日本语的组织（文法），也与华语、德法语、英美语不同。日本人虽然采取了许许多多汉字，许许多多洋文，然而他们不读汉字的音，不读洋文的音。例如，“诸位”二字，他们不说“诸位”而说“皆样”（音minasama）；“谢谢”二字，他们不说“谢谢”而说“有难”（音arigato）（我用罗马拼音，恐怕排字房内没有假名的缘故）。我的姓名“周越然”变成“秀怡之禅”的音（奇么？）再他们所采用的西洋字，统统改读了；“手帕”（handkerchief）改为“汉客基”（hankachi），“旅馆”（hotel）改为“霍推路”（hoteru）。他们句法的组织，也与我们或西洋人大异。我们说，“他在房间里”。西人说，“他是在这房间”（He is in the room）。日本人说，“那人（男女通用。日本人于通常语言中不用‘他’或‘她’）滑（虚字）房间里是”（Sono hito wa heya ni imasu）。所以调聋的那位女士在东京所说的“倒触”与“碧绿”两字（见上文），后来细想，知道是“请”（doozo）与“啤酒”（biiru）之误读。

原载一九四三年十一月十五日《文友》第二卷第一期

学习外国语的一个秘诀

不论学习耕种，学习烹饪，不论学习驾车，学习土木工程，不论学习美术或刺绣，——不论学习什么——最好先要求得秘诀。秘诀，就是合宜的方法。求得后，学习的人，莫不收“事半功倍”之效。

学习外国语也是这样，非求得秘诀不可。我在本篇中，专谈秘诀。不过我先要讲明什么叫作外国语。

外国语的定义简单之至，如下：

外国语是本国以外的人的文字和言语；例如，日本语、德国语、法语、英语……。有时本国的土白（方言），比较外国语还要难懂，但是因为他们的字义结构与我们的相同，我们总不称他们为外国语。广东人不能明白苏州人所讲的话，苏州人也不能明白温州人或福建人所讲的话。但是广东人决不称苏州话为外国语，苏州人亦不称温州话或福建话为外国语。

外国语的定义既明，我当进而言学习外国语的目的。

学习外国语的目的有四，如下：

（一）要能听外国人讲得很流利的话。

（二）要能讲得像外国人所讲的话。

（三）要能阅外国人所写的普通文字。

（四）要能写得像外国人所写的文字。

欲达到这个目的，当然需要时日，需要名师。我从十一、二岁开始学习英语，今年六十岁，时日真的多了。我的老师也不少，有男的，有女的，有中国人，有外国人。然而为什么到现在还不能完全达到上面所述的目的呢？为什么到现在还是外国语的门外汉呢？我学习英语的机会最多。除了英语之外，我曾自习法语，德语，拉丁语。我虽然可以看他们的文学书，请他们的寒暄语，然而总觉得不满意，总觉得学而不精。为什么呢？因为我在初学的时候，一意盲从瞎撞，没有求取秘诀。

学习外国语的秘诀，很多很多；统统写出来，恐怕非上万字不可。在本刊中写数百字或一、二千字，决不能尽述我所知道的。所以我只讲一个秘诀，只讲一个关于听的秘诀。

学习外国语，除了能“听”之外，还要能“讲”，还要能“阅”能“写”。我为什么单讲“听”呢？专讲关于听的秘诀呢？

因为学习外国语，听是最要紧的事。听不明白的学生，必然讲得不好。听不明白，讲得不好的学生，根基已经不坚固，将来阅书作文，一定不会十分高明，一定不会胜过能听能讲的人。我在本篇中，虽然只讲一个秘诀——关于听的——其实，另外的秘诀总不及它，总不及它的重要且有概括性。

现在我开始讲听的秘诀——秘诀的本身：

人而不聋，总有听觉，总能辨别人声犬吠。但是为什么在美国念了四年书，回到中国来，还说不清楚 he（他）与 she（她）呢？为什么在东洋游历七、八月，还讲不像“滑踏过西”（Watakusi 作“我”字解），而以单调很长的“瓦塔古稀”为代呀？这都因为听觉没有受到相当训练的缘故。

要使耳朵受到相当的训练，最妙莫如一天到晚地听外国人或本国的名师讲话。但是你是一个初学外国语者，虽然勉强能够讲几句简易语，哪里有名师，哪里有外国人肯实实在在地，真心真意地将他们流畅的外国语专对了你，讲给你听呢？你每星期五小时，每时五十分，在教室中学习外国语。每次你听得老师说的正则语，至多不到二十句，听得同学的变格语，至少倒有四十句。这当然不是训练耳朵的正理。怎样办呢？

我有一个方法在此，简便易行。我的方法，就是秘诀。我讲出来，你仔细实行，不怕听不懂别人的口音，不怕自己的语音不正确。我们以为要听得明白，非“张开”耳朵不可，非“洗耳恭听”不可。其实何尝如此？我们“闭着”耳朵，“包住”耳朵，听得更加明白。

包耳闭耳的仪器，是随身带的，不必购买。那种“仪器”，就是手掌（亦称手心）。譬如你的名师已经授了你一句日本语，叫作“滑塌过西（我，主词）——滑（主词的表记）——

吐给我（东京，地名）马忒（作‘直至’解）（‘吐给我马忒’作‘直到东京’解，合而成一副词）——衣给（去，动词）麦洗塌（动词过去式的表记）”。这句日本话——滑塌过西滑吐给我马忒衣给麦洗塌（Watakus-Wa Tokyo-madeiki-mashita），倘然你张开耳朵，先念一遍，然后包了耳朵，再念一遍，试问你自己听起来，有什么不同么？……或者你的名师，不授你日本语，授了你一句英国语，叫作 I went as far as Tokyo（我直至东京为止）。你也照样张开耳朵，先念一遍，再包着耳朵，重念一遍。你自己听起来，还是相同？还是不同？我现在自习日本语——六十老翁学日语，如同“八十三学吹打”，可笑，可笑——张开耳朵听自己念那日本话，觉得非常得意，虽不完全像日本人讲日本话，至少有点像西洋人讲日本话，或者像日本人讲中国话。等到包住耳朵再听自己念那一句话的时候，不好了——那句话变成不知什么东西了，变成不东不西了。我从前自习德语法语，也用包耳方法来试验自己的发音。我往往觉得很不满意。我又用同一的方法来试验我的英语，觉得非常满意。为什么呢？因为我的英语，比较靠得住；我的英语的发音，比较日语，德语，法语的发音好得不少。

这个包着耳朵，试验发音的方法，最灵也没有了。诸君或者学习日语，或者学习德语，或者学习法语英语，不妨拿这个方法来实验，看它灵不灵。试验的时候，要手心肉贴肉地罩住耳孔，不可松放，不可带套。倘然包着耳朵，觉得自己的发音，不像名师，或者不像外国人，那末你应该仔细重习。发音在学习外国语中，占最重要，最重要的地位。发音不正确，非独听不懂，讲不来，并且将来看不透彻，写不精通。

原载一九四四年二月十六日《锻炼》第四期

英语学习法

我们不论要做一件什么事情，总应该预先定下一个计划，或秩序。这个计划，这个秩序，就是所谓方法——或者称作做法。

学习英语，也是这样的，也须定一个方法才是。没有一定的方法，英语断乎学不成的，即使学得成，也必很是困难，事倍而功半。

现在我把学习英语的简便方法或秩序写出来，供大家研究。为行文便利起见，列为一个个的问题，依次解答他。

（一）文辞先呢口语先？

口语（Spoken）是最宝贵的言辞（Speech），因为他自己能构成活的语言（Language）；世界上一切语言都是口语比文辞（Written）发生得早，缀法（Orthography）也是比较的近代所发明，而且它在语言的本质上，也比不上速记法（Shorthand）更其来得重要。

文辞是人工的，口语是随着自然的步骤而演进的；常能打破古旧的无用的障碍。所以口语是活的符号，而文辞简直是死东西罢了。

就小孩讲，他实在是口语的善用者，他能说一切文辞所不能达的音素，和一切最繁复最美丽的音调，而为缀法上所从不会讲到的。

我们用视觉来学习一个书写着的文字，固较用听觉来学习一个口说的文字为容易。然而论它的结果：假使我们仅仅学习了几个书写的文字，那么我们怎能领悟得人家的说话，一方面自己又怎能说自己所要说的呢？

有人说：由视觉得来的知识，要转换做听觉的知识，这是很容易的；我们既经知道一个字怎样写法，就不难学得他的读音。然而这句话是完全错误的。我以为学习文字最困难的事情，当在转换视觉的知识为听觉的知识；我们先知道了一个文字的发音法，然后去认识和记忆它的写法，这才是最便当的事了。

根据上述的理由，所以我们应该先学口语。

（二）我们于开始学习时需否为系统的听觉训练和正音练习？

我对于这个问题，是完全肯定的。假使我们不在这基础上从事练习，则随后的工作，都属谬误而不正确了。

睡在摇篮里的幼孩，他别的事情一些也不管，只是默习那流行的土话，他静静地谛听，更细细地模仿，起初虽则不完全，然而渐渐儿会认识和记忆那些单独的音素，和复杂的结合音了。观此可知听觉训练和正音练习，不是对于初学者很属重要吗？

而且，这种练习，又是很有兴味，常能因此引起一种研究语言的趋势。

（三）我们于初学时应否注意音调？

我以为这也是很值得注意的，音调（Intonation）在语言研究上，实占极重要的位置。有几种语言的言辞，若是没有正确的腔调，怕只能了解它的一半。就像我们中国的语言，如果讲时不带腔调，不是几几乎完全无从了解吗？

而且这种音调，不在初学时及早练习，那么以后欲求正确，实在是很困难的了。因为我们的音读，常常给习惯所牵制；不正确的读音，正是不良的习惯。习惯既深，一朝要改革他，更其觉得烦难了。

（四）字先呢句先？

人家常常以为字是语言的本位。实则又是一个谬误。现在我们姑且不必管它的本位，究竟是什么？而总不是字，那是可以断言的。

一句完全句语，常可节到极短，而不减原意。有时用几个字，也有时用字群（Word-groups 如合沓及仂语是）或比字还少的（如接头附尾字）来表达都可以。只是你若不明白句子的构造，那可要难懂了。

从翻译上讲，句子大概可与外国语有相等的意思；而单字则每因其用法的不同，常有许多相异的解释，极不固定的。

从作文上讲，句子又是作文的基础，写了几个不结合的单字，不成功文章的。

就退一步而论，我们不要做文章，有意见尽可从口内宣布。然而仍非句子不为功，所以句子，实乃发表意见唯一的工具！

据此，我们学英语，应当先学句子，不是极明了的吗？不过很有人以为初学者，记忆句子未免困难；而记忆单字，较为容易得多多。其实依我看来，两者正是相同。记忆一句六个字组成的句子，和记忆六个单字，有什么两样呢？

我们只要稍些记熟几句句子，就可根据之而变化转换，组成无数不同的句法。只在我们善于应用，就能得一而知百了。

至于各人的识字率（Vocabulary），尽可放在后期；转借语（Derivatives）、合沓语（Compounds）也宜稍缓学习。

（五）不规则的变化（Irregularities）应否于初学期内学习？

各种不规划的变化，较之有规划的变化，更其来得有用而常用；为便利起见，不妨把必需的几种变化，划入初期之内，以备应用。

还有许多例外的法式，本来不用过细的了解，在此期内，也尽可置之勿学。

在自然的语言中，本有些不合情理的和违背逻辑的；然而这也是无可如何的事，初学者只有勉强学一些人工的语言罢！

（六）初学英语即须流利呢还是渐渐地使它流利?

关于这个问题，人家又常以为读得慢而明晰是容易，熟而流利是困难；其实这也是一样的，也许流利是容易些罢！只有自己做文章时，一个字一个字慢慢地呻吟下去，那未或者读得慢比较是容易了。但是这究竟不是很好的读法呢！

在有教育的人群中，发音发得更其响亮而迟缓，正是显出他不正确的弱点来，Cummings 博士说得好："流利便是正确的全部"（Fluency is an integral part of accuracy）。

一切简省法（Shortened forms）如 Don't，I'm 等，初学者可不必去问它；然而一般学生很喜欢引用，以自炫其渊博，这实在是不良的习惯，应当改革它。

我们要想把已经说惯了的太清晰和太迟缓的言辞，一朝改变为流畅和谐的语调，而且要具有天然的节奏和韵律，这是不可能的。因此理由，常常听得人家读 Sunday，two to two，或 Four for four 时，总和读 Some day，2，2，2，或 4，4，4，的声音一样了。

（七）结论

我的话是完了，现在再把它归纳一下：

（1）学习讲和听，应当在学习读和写以前。

（2）开始学语言时，应当有系统的听觉训练和正音练习。

（3）学习音调，宜在极早的时期。

（4）记忆句子，学习其构造法；应当在记忆单字，和学习变化式或转借语之前。

（5）包括不规则变化及习语，在早期学程内。

（6）开始时，先学发音的熟练和流利。

（此篇文字，系由越然供给材料，而由徐君调孚写成的。徐君善于白话文，曾有《沙乐美》等译本。　越然附注）

原载一九二三年六月五日《学生杂志》第十卷第六号

英语教学法

学习外国语所必不可缺的条件有三：——就是“读”“写”“讲”；但是也因将来职业的需求，可加力于三项中的某一项。譬如将来要做教师的，则“读”一项应该着重些，将来要做商人的，则“讲”应该着重些；倘使要预备从事著作的，那么就应该注重“写”了。

注重其中的某一项，并不是怠忽其余的两项，这个理由是很明显的。所以教师也并不是只需阅读就够的，他在教室里也须讲的；外国语程度很好而不能说话，仍旧不是一个成功的教师。商人的主要事业，虽在于讲话，然而他也须写信、阅报。至于著作家和新闻记者，他们更其不能不读书了。因此，我们教学英语（现在中小学校内的外国语以英语为原则，所以此地只说英语，其实一切外国语都是这样的。）应当三方面均重。

但是有人说：“同时要注重三方面，恐怕不可能罢。纵使教师能够教授，但学者的智力和身体也不能容受这许多，将怎样办呢？”

我们的答案是这样：一切的教育，是促进发育或帮助进步的。我们曾注重过儿童的发育，当他生长时，他身体的各部分——四肢、躯干、头部等——是匀称地发展的。我们从不曾见过一个孩子，他的头发育了一个月，然后他的四肢再发育一个月，一部分一部分逐渐发育的。言语的教学是教育的一部分，教他一种东西，目的在于使他完全进步。这就是说，语言的教授应当在同时训练学生的耳、目、舌、手、脑和肺——即明了的阅读、巧妙的写作和流利的说话的机关。

现在我们要讲教学的方法了。在未讲之前，请先一看旧时的教学法是怎样。大概一个教师教学英语的开始，总是从A、B、C……教起。这种教师总是先教字母，然后教附有中文译的单字、不相关联的单句、形式的文法，还有很少的几课的会话和作文。这种教学法的结果，文法上的rules背得烂熟，但不能应用；会话也只成为书本的。每每一个中学毕业生，英文至少读了四年，连一个good morning也不敢说出来去和外国人招呼，不能够写一封买三本书的短信，不翻英华的字典，不能读一节英美的报纸。他在学校里究竟读些什么呢？他的教师总说：他是迟钝、愚笨或不注意，他的性情不适宜读外国书，他的中文是很好的。

这种教师毫不迟延地把一切的咎罪完全归到学生的身上，而不晓得自己教学的方法是谬误的、不适用的。总之：教英语起始就教字母是不行的。

那么，什么是正当的方法呢？

我以为这是直接法（the direct method）。

直接法究竟是怎样的一种东西呢？就是直接用外国语来教学，既不参以本国语的解释，也不杂以文法上的研究，只从观念（idea）上、想象（imagination）上、观念（concept）上显明他的意思，使得学生自己去辨解；和从前所用的翻译法（translation method）比较起来，少一番手续，而容易见效。可看下面的一个比较图：

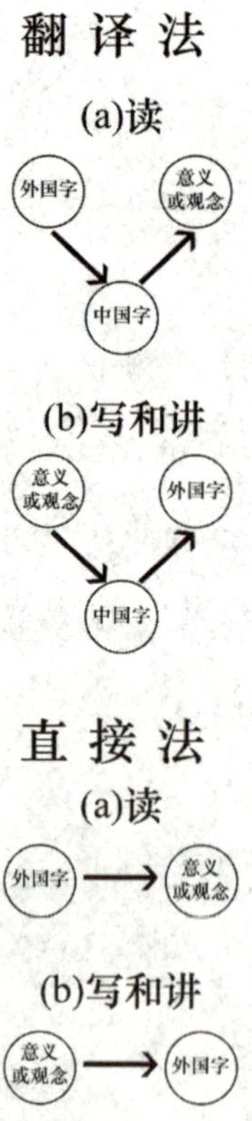

直接法的要点再条举如下：

（1）注意学生的发音，初级尤须注重。

（2）上课的时候，必须于会话上做一定的练习。

（3）上课以多用外国语为主。

（4）教学初级学生，用实物和画片为教具。

（5）教科材料，必和日常生活相联络。

（6）阅读为教学的中心点。

（7）文法用归纳法教学。

（8）高级学生的教材，才把风俗、民情加上。

（9）自由构思的作文，高级才有。

（10）译本国语为外国语的功课，限于最少数。

像上面所举各端，虽未可说十分详尽，然大致也不外乎这几条。现在为明了它的底蕴，知道它的用法起见，再举些实际教学的状况以便参考。

我们假定这一班学生已经学过几个月的英文，而且知道了许多实用的句语，则教师入教室时，就可向学生说 Sit down（就坐）——当这个时候学生本来依例站着——学生听了，便知他的意义而坐下。教员可继续说道：

We are sitting down.（我们正在就坐。）

然后走到讲台上课桌的旁边，学生依他的行动而说种种的陈述语——如其以前的教法是得当的——如下：

You are standing on the platform.

（你正立在讲台上。）

You are going to the desk.

（你正向书桌走去。）

You are sitting down.

（你正就坐。）

You are taking your pen.

（你正拿你的笔。）

You are writing your name.

（你正写你的名字。）

You are putting the pen on the desk.

（你正放这支笔在书桌上。）

You are taking the blotting paper.

（你正在拿吸墨纸。）

You are putting the blotting paper in the class book.

（你正放吸墨纸在点名薄中。）

You are rising up.

（你正立起来。）

You are leaving your place.

（你正离开你的位置。）

现在再可叫一个学生走向门跟边去，那个学生于是依他的话而走去，口内可说 I am going to the door.（我正走向门去。）于是其余的学生可分队而向那个学生说：You are going to the door.（你正走向门去。）并向他队说 He is going to the door.（他正走向门去。）准此又可做同样的作法，教师说：

Open the door.

（开门。）

Shut the door.

（关门。）

Leave the room.

（离开教室。）

What have you done？

（你已做过什么事？）

Go to your place.

（到你的位置里去。）

You will go to the bookcase.

（你将到书橱的前面。）

Go to the bookcase.

（到书橱的前面。）

Open the bookcase.

（开这书橱。）

等语。再可进而对一个学生说：Take this book，and put it in the bookcase.（试取这本书放在书橱内。）说毕，取书于手里，使得那个学生不得不说。Please give me the book.（请给我这本书。），于是教师再可问道：

What are you going to do ?

（你将来做什么事？）

What are you doing now ?

（你正在做什么事？）

What have you just done ?

（你刚才做什么事？）

这种问语，不独那个学生可以对答，就是其余的各个学生，也可按照前法，把那个学生将要做的、正在做的、已经做的，先对那个学生说，然后再对别队学生说。

又如黑板有字，可叫学生去揩拭，同时使他按着动作而口说下列的句子：

I am standing.

（我正起立。）

I am leaving my place.

（我正离开我的位置。）

I am going to the blackboard.

（我正走到黑板那边去。）

I am wiping the blackboard.

（我正在揩拭黑板。）

这种方法最便教授动词（Verb），尽可不用翻译，表达完全意义。至于名词（Noun），可用实物教授。实物可示的，如桌子上或袋内的小物件、零星的器具，房屋的各部分，从窗孔里直接望见的景物，身体的各部分，衣服的各种种类，国家都市之见于壁上地图的，壁画中的东西，物件制造的原料……等。至于具体的例句，兹再举如下：

This is a book–pencil–knife–key–letter–stamp，etc.

This isn't a book–pen–pencil，etc.

That's the door–window–ceiling–floor，etc.

This is my book–pen–head–hand–coat，etc.

I have（or I've got）a book–pen–pencil，etc.

I'm touching the book–table–chair–blackboard，etc.

This is made of wood–glass–leather–iron–paper–silver，etc.

名词和动词既已讲过，现在我们可继续举些他种词类的教材：

（1）形容词的适例为：

This is white—black—red—large—small—wide—hard—round，etc.

This book（box，etc.）is white—black，etc.

This is Chinese—English—national—flag.

This isn't white—large，etc.

This isn't a black（large，etc.）book，etc.

（2）前置词的适例为：

This match is on（—under—in—outside—in front of—

behind—beside—over—under—against—near) the box, etc.

I' m standing behind (—in front to—beside—near) the table, etc.

The book' s in the box—the drawer—my pocket, etc.

The table (—chair—door—window, ect.) is here—there—ove there—near me—near you, etc.

(3) 代名词的适例为:

This is my (—your—his—her—John's—Mr.Chang's) book.

These are my (—your—his—her—Jhon's—our—your—their) books.

This is mine—yours—his—hers—ours—yours—theirs—John's.

Mr.Chang is looking at us.He can see me—you—him—her—us—them.

I can see him—you (he—she—we—they) can see him.

这种例子，同时也给学生们一个实用的字汇。

此外还有别种教法，现在顺便略述如下:

(1) 陈述句的完成 (Completions of statements)

Iron is heavier than wood, therefore wood... (教师说)

Therefore wood is lighter than iron. (学生说)

I wrote the letter, therefore the letter...

Therefore the letter was written by you.

This chair's made of...

It's made of wood.

（2）普通的问答（Questions of the "General" Type.）

这种问题只要一个肯定或否定的答案。

Is this a table？

Yes，it is，或 No，it isn't.

Is a horse an animal？

Yes，it is.

Am I speaking English？

Yes，you are.

Do you use a pen when you write？

Yes，I do.

（3）选择的问答（Questions of the "Alternative" Type.）

这种答语，只要把问句里少些的部分反复说一遍就是了。

Is this a table or a chair？

It's a table，或 It's a chair.

Is a horse an animal or metal？

It's an animal.

Am I speaking English or French？

You're speaking English.

Do you use a pen or knife when you write？

I use a pen.

教学的方法就止于此罢，现在再讲两项小学教员应注意的事情：

（1）应注意语音学（phonetics）

初学外国语，必须从发音入手；学生终身发音的正确与否，就根据于这个时期；而负这个责任的，却是教师。所以教师不能不明白语音学，以便教学正确的发音。尝看见有习了几年英文的人，还不晓得 thin 与 thing 尾音的不同，及 than 与 thin 两字中 th 音的不同，这都由于教师不懂语音学的缘故。近年来，欧洲各国学校中，每当教授外国语以前，必先教语音学几个星期，也是这个道理。

（2）应多读参考书

教学的方法，也因时代而更变的，万不可执一而不化。所以须多读书籍，以资应用。现在我把较为主要的教学法书和语音学书列举如下，聊作一个介绍：

1. *How to Teach a Foreign Language*, by Otto Jespersen（George Allen & Co.）.

2. *The Practical Study of Language*, by Henry Sweet（J. M. Dent & Sons）.

3. *The Art of Teaching and Studying Languages*, by F.Geuin（George Philip & Son）.

4. *The Teaching of Modern Languages in the United States*, by C. H. Handschen，United States Bureau of Education，Bulletin，1913.No.3; whole No.510，Washington Government Printing Office.

5.*The Scientific Studay and Teaching of Languages*, by Harold E. Palmer （ George G. Harray & Company）.

6.*The Oral Method of Teaching Languages*, by Harold E. Palmer （W. Heffer & Sons）

7.*The Pronunciation of English*, by Daniel Jones（Oxford University Press）.

8.*Introduciation to English*, *French & German Phonetics*, by Laura Soames （The Macmillan Co.， London）.

9.*Elements of Phonetice*, by Walter Rippmann （J. M. Dent & Sons）.

10.*The Sounds of English*, by Henry Sweet （Oxford Univesity Press）.

11.*The Sounds of Spoken English and Specimens of English*, by Walter Rippmann（J. M. Dent & Sons）.

12. *The Standard Pronunciation of English in America*, by George Philip Krapp（N.Y. Oxford University Press）.

13.*English Intonation*, *with Systematic Exercises*, by Harold E. Palmer（W. Heffer & Sons）.

14.《英语语音学纲要》，周由廑著（商务印书馆出版）。

原载一九二四年二月二十日《教育杂志》第十六卷第二号，原副标题为“直接法”

语音学的定义

现在世界上的人，都有种种觉悟，觉得以前所做的事情，很有谬误的地方，因此都起来研究，讲求改良的方法。语言的觉悟，也是这时代种种觉悟的一种。就是一般人对于自己平日所讲的语言，都不信任，起了怀疑，恐怕自己的语音不正确，讲出话来人家听不懂；因此，上至各大学的教员学生，下至普通人民，都有一种研究语音学的趋势。

在未讲语音学之前，应该先要明白两件事情，就是：（一）什么是语音？（二）什么是学？所谓语音者，可以替它下一个很简单的定义：凡是我们讲话时所用的声和气，能够表达意义的，就叫作语音。所谓学，就是科学，凡是有条理的智识，都叫作科学。明白了这两个观念，可以知道语音学是一种研究语音的科学。换句话说，就是：语音学是一种研究语言中所有音的科学。

讲到语音学这种东西，并非是新近发明的科学。基督教《圣经》上《士师篇》内，曾经有过一桩故事，说及当时有基列人（Giliadites）和以法莲人（Ephraimites）两种人民交战，结果以法莲人吃了败仗，兵士都纷纷逃回本国去，却被基列人守住了约旦河（Jordan River）旁——这处地方是以法莲人回国必经的路——凡是人来，都要叫他说 Shibboleth 一个字。读得不差的，那就是本国人，放他去；若是读做 Sibboleth 音的，那就是以法莲人，把他杀了。这一来总共有四万多以法莲人都被杀戮。基列人所以想这法子的缘故，就是知道以法莲人不能读 Shi 的音，而都要变为 Si 的音，这岂不是一个很好的语音实验吗？从此看来，可以晓得四千年以前，已经有人研究语音学，知道语音了。

我在上面曾经提及声和气两个字，现在且把它再略为说明一下：空气从肺中发出，必先经过声带，声带可开可闭，假使声带紧闭，空气出时，一定要推动声带，才可放出；因此，就成了声；假使声带不闭，空气可以自由流出，声带不受推动，不成为声，仍旧是气。诸位若不信我的话，可以用种种方法，试验声带的开闭。关于试验的方法，各种语音学书中，讲得很详细。现在姑且任意举几种例罢：（一）双手按耳；（二）手按头顶；（三）口吹火柴或洋烛；（四）以手指击头颈等都是。

语音既经有声和气的分别，所以就把他分做带声的和含气的两种。有的好像仆音中的［p］、［t］、［k］、［s］等，发此等音时，空气从肺出来，声带都不闭，就成了含气的音；又有像仆音中的［b］、［d］、［g］、［z］等和各元音发音时，空气从肺出来，声带都紧闭而受推动，就成带声的音。

这种含气和带声音的分别，在语音学上是占很重要的位置。凡是研究语音学的人，所不可不细细地辨明的。

因声带的开闭，可成带声和含气两种语音，既已明白了，然而声带还不过是语音机关的一种，其他的语音机关还多咧。像鼻像口，都是很重要的机关。而口的一部分，再可分做颚垂，软颚，硬颚，牙龈，上齿，上唇，舌后部，舌前部，舌头，舌尖，下齿，下唇等部。

这几部里边，颚舌齿牙唇各部分，都有变化或阻止声与气的能力。例如发［p］、［b］等音时，其声和气，一概都被唇部所阻止。总计发语音可阻止的地方，共有七处：（一）上唇和下唇的阻；（二）上齿和下唇的阻；（三）上齿和舌头的阻，（四）牙龈和舌头的阻；（五）硬颚和舌前部的阻；（六）软颚和舌后部的阻；（七）舌垂和舌后部的阻。各部阻止的方法有五：（一）爆裂；（二）摩擦；（三）侧发；（四）卷舌；（五）鼻发。至于变化的方法，有前、后、中，和开、闭、半开、半闭等的分别。关于这种的论述，在各种语音学书上，都有很详细的解释，而尤以琼司氏的《英语语音学大纲》（Jones，*Outline of English Phonetics*）这本书，算最明确。凡是因阻止气和声而成的音，叫作仆音；因变声而成的音，叫作元音。

以上所讲，都是单个的音。但是我们的语言，是从连合单个的音而成的。当发单个的音时，固然没有什么变化，这样的总是这样，那样的总是那样，但是把音连合时——即语言——最要紧的就是调了。无论学本国语言或外国语言的，都应该特别注意到所谓调，就是音的高低。我们中国语言中的平上去入，是各国语言中最精细的调。

研究语调，现在外国有个人发明了一件仪器，名曰量音器（Kymograph），可以用它记出一切语调的高下，而且很是正确，没有什么差误，那真是一种研究语音学不可或缺的工具咧！

关于语音学的范围，也很广大，怎样可以在一二个小时内讲完呢？今天我所讲的，不过是它的一个大概情形；那肤浅的毛病，总不能免却，要望诸位原谅。

原载一九二一年十一月二十日《教育杂志》第十三卷第十一号（讲演号），原刊标注“周越然讲，徐名骥记”

新制中学的外国语

——教授原理及课程细目

吾国研究学校课程的人，从来没有把外国语教授原理这个题目讨论过的，也没有把外国语课程细目一一开列过的。间有开列课程的，也不过写几个空空荡荡的名词；如读法，会话，文法，造句，作文，习字，默书，翻译等就是了。至于这许多功课，如何教授，如何支配，总是一字不提。吾国教授外国语数十年，成绩总不甚佳，恐怕就是因为这种空空荡荡有等于无的课程使然的。现当新学制讨论之际，我想把我意中所有的外国语教授原理和课程写出来，与阅者诸君讨论讨论。错误之处，还望诸君教正。

我所谓外国语，专指英语而言。别的外国语，我一点教授经验都没有，所以不敢瞎说。不过照我想起来，教授英语与教授法语德语及其他欧洲语，凡是外国语，必有相似之点。如是，我下面所开列的课程及叙述的教授原理，在教授别的外国语，即英语以外的外国语方面，或者也是合用的。

本篇认定英语从初级中学第一年教起，又认定初级中学和高级中学各为三年。目下教育家有主张二四制者，亦有主张四二制者。他们根据生理学，心理学，及经济学立论，都是持之有故，言之成理，在下哪里敢反对呢？我的主张三三制，实因教授外国语，三三制较为方便的缘故。故我的主张，可以称为逻辑的。因我既不是生理学专家，又不能依靠心理学原理，作种种试验，再行发表意见，只得照自己的判断，分中学为两个三年。自己觉得这个分法很为方便，因为学英语的，至少也须学过三年，方才有些用处。（我称这个分法为逻辑的，恐怕也不适当。不过没有较好的名字，就将就的称它一称罢了。）

要讲一科的课程和教授原理，不可不先说明教授这一科的宗旨。中学校中所以教授英语或他种欧洲语，究竟为什么缘故？中学学生学了外国语，将来究竟有什么用处？他们将来还是要做买卖呢，还是要做工人？还是要从事业或教育呢，还是要升入大学？这种问题，不得不细想一想，把他们解决了，然后再将课程写出来。

个人的需要，各自不同。中学校每班学生人数既多，将来必定有升学的，有做买卖的，也有从事实业教育的。若要定一种课程，可使人人适用，这是一定办不到的。若不能人人适用，那末必定耗费多数学生的光阴，而受益的学生反居少数。这是不合教育原理的。现在许多外国语教授家，作种种考查，公认为人人所需要的有下列四端：

（一）能明白外国人的说话，并能明白他们讲得很快的说话。

（二）能与外国人讲话，并能讲得颇像他们讲话的样式。

（三）能明白外国人所写的文字。

（四）能自写外国文字，并能写得颇像外国人自写的样式。

要收上列四端的圆满结果，教授外国语者，不可不注意下面所开的各条：

第一，当设法使学生改去不良的坏习惯，并使他们得到合宜的新习惯。什么叫作不良的坏习惯呢？初级中学的学生，年纪最小的，也有十二三岁了。他们的本国习惯，像音调和语法，已经太深了。这种习惯在学本国语上，是有用的；在学外国语上，是有害的。学外国语有外国语的音调，外国语的语法，与本国语的音调和语法，完全不同。故教授外国语时，应设法使学生改去旧习惯，取得新习惯。

第二，就是正确。什么叫作正确？正确就是取定一种模范或标准，照这模范或标准，不与乖离的意思。譬如我们教英语发音，还是采取英国音呢，抑是采取美国音？二者虽相差不远，然究竟有些分别。做教员的人，若不于教授之前，先行斟酌，夹杂取用，恐怕学生有吃亏的地方。这就是不正确。譬如拼字，英美也有些不同，我们采用了一种，当认第二种为不正确，且不合用。这就是正确。依此类推，可以知道正确与不正确的分别了。

第三，就是进程。什么叫作进程？进程所包甚广，大概不外(1)先用耳而后用目。(即先听字音后看字形之意。)(2)先容受而后摹仿。(容受即听人讲，看人作。摹仿即学人讲，学人作。)(3)先口述而后阅读。(教师必令学生把他所教的字句，先口说一遍或数遍，待他们说得没有错误了，再准他们把书取出来，看书中的字句。)(4)先合作而后分作。(合作即全班学生同时口述；分作即个人一一口述。)(5)先机械而后自在。(初学者不可使他们自由造句，只可使他们填字。不可使他们自由会话，只可使他们背诵已熟习的会话。)做教员对于这五项课程，断断不可忽略的。

第四，就是均匀。均匀也是很紧要的。发音，拼法，字义，字根，造句，析句，交法等，都是学外国语极要紧的事。一件也不可缺。教外国语者，断不可偏重一二件，而忽略其他条件。目下教英语的人，往往在高等小学中，教授正式文典，叫学生死记什么名词咧代名词咧的界说，和单复数阴阳类的分别。那时学生们对于“手”“足”“耳”“目”“椅”“桌”“铅笔”等字，发音还不正确，用之还没无错，难道就可和他们讲正式文法么？这就是犯了偏重不均匀的病了。

第五，就是具体。吾们教一个实物的名词，就拿实物给学生看。教一个动词，就把动词的意义演出来给学生看。这就是具体的真意，用具体法教授外国语，很可以帮助学生的记忆力。依次，吾人就知道教授外国语，若用本国语翻译来解说字义，比不上实物指示和扮演动作的有效。不过无法用实物指示或扮演动作的时候，我们也可以用翻译，或定义，或同义字与异义字，或上下文的连贯，来表明字义。但是做教员的人，总要晓得具体法是教初学的唯一妙法。

第六，最后一条——就是兴味。欲使学生有兴味，我们不可采取易于混乱心目的材料。文典中的阴阳类表，不规则单复数表，过去现在及分词表，混乱学生的脑筋，断不可使他们强记。教师倘多取几种游戏似的功课，或把各种练习课随时变换，今日填字，明日默书，后日习字，学生就不至生厌倦之心，而且读外国语的兴味，也就鼓起来了。同时又要在众学生之中，造成一种友谊的竞争心。至于教师自己的态度，只可和蔼，不可有一些骄傲。

我们若把上面的六条都讲究明白了，再依下列的课程教授学生，则成绩没有不佳的。

初级中学

初级中学的课程，应该很普通，不应含职业性质。无论他种课程什么样，至于外国语课程，必当依据此理。

第一年　每周六小时

本年应注重识字，发音，拼法，习字，默写和会话等事。教师宜多设机械的练习。字的变形，句的作法，须使学生熟记，不必详细分析。教材应包括下列几个题目：（一）书籍文具，（二）教室，（三）数目字（自一至千），（四）家庭（父母伯叔兄弟姊妹等），（五）年月日时，（六）钟点，（七）房屋，（八）衣服，（九）食物，（十）饮料（茶水牛乳等），（十一）鱼鸟（日常所习见的），（十二）兽及草木（日常所习见的）。

上列十二个题目，都是切近学生日用的，故教授时易于鼓起他们的兴味。

教授上列各个题目时，不可专教单字，也不可专教名词。动词及他种词，如形容词稀代字等，应与名词连成浅近适用的句语，同时教授。教师并应随时指示实物扮演行动，参观商务印刷书馆出版的《英语模范读本》第一册之编制即明。

第二年　每周六小时

本年应注重识字，发音，拼法，会话，默写，填字等事。此外可加简易文法和短简故事。至于机械的练习，亦为本年重要之事项。教材应包括下列各题目：（一）方向（东南西北），（二）轮船及小舟，（三）火车，电车与汽车，（四）街道，（五）亲友，（六）百货店，（七）银行，（八）小菜场，（九）公园，（十）各种职业（成衣匠，水木匠，铁匠，农夫），（十一）作业日与休业日，（十二）新闻纸，（十三）图书馆，（十四）医院，（十五）火药，（十六）网球戏。

上列十六个题目，都是小范围的城市生活。吾国城市生活，各处不同，且以外国语讲述本国之城市生活，有时甚觉困难。故近来教外国语者，多主张采用外国城市生活之最普通者，则学生觉得有兴味些，并且可以学得些新智识。（《英语模范读本》第二册，专述美国人的城市生活，就是这个缘故。）

第三年　每周六小时

本年课程，除机械练习之外，可酌加自由造作的功课；如，写信和短段文字。文法和故事，也可较上年略深些。识字，发音，拼法，会话，仍不可忽。教材应包括下列的题目：（一）英（或美）国的重要城邑，（二）水陆路程，（三）伦敦（或纽约）的交通，（四）英（或美）人之家庭，（五）英（或美）人见人的礼节，（六）拜会及请客，（七）旅馆及饭店，（八）英（或美）国的学校，（九）币制和度量衡，（十）四季和天气，（十一）国庆日，纪念日，和圣诞日，（十二）婚变，（十三）足球及他种游戏和运动，（十四）英（或美）国的出产，（十五）商业，（十六）邮电，（十七）宗教，（十八）海陆军，（十九）职业之选择。

上列十九个题目，都系英人或美人的风俗人情。学生得了这一点小智识，将来研究英美历史地理，可以减少困难。（《英语模范读本》第三册的编制，就是如此。）

照上面所述的教法，学生读毕初级中学三年课程后，就是不能继续高级中学的课程，所得的英语智识，也可以有点用处了。譬如做买卖，或在工界实业界任事，见了英美人，可以寒暄几句，也可以写几封短信，看几张日报。岂非比较学些国王、神仙、猫、狗、老鼠的故事好得多吗？

初级中学的外国语教程，已经讲完了。我现在要把高级中学的外国语课程，再来讲一讲。

高级中学的外国语课程，应该比较初级中学略为专门些，——即略具职业性质之意——因为学生在高级中学毕了业，有做买卖的，有做小学教师的，也有从事实业界，工业界，或升入大学的。故课程不得不多设几种。

高级中学

第一年　每周六小时

从本年起，教员须注重正式文法，自由作文，句语构造法和用字法，全篇分段法和贯串法。这一年的学生，已经受过三年的训练，英语自然略有些程度了。但是为教员的，对于他们的发音和会话，仍应十分注意。

本年教材，可选用英美人之简易短篇散文与诗歌，如《英语模范课本》第四册中所选者。

第二年　每周六小时

从本年起，学生应能自己预备功课。教师在课堂中，只需多设问题与解说难明白的字句。

教材：选读近人短篇小说和诗歌，或名人自述和忏悔录等。农工商师范等科学生，可减去上列教材的一部分，酌加关于各本科的文字。譬如师范科可读有趣味的教育小说，如《爱米儿》节本之类。

第三年　每周六小时

本年应令学生阅看日报杂志。

教材：小本文学史，兼读一二本近人或前人著的小说、戏曲和诗歌。农工商师范等科学生，可减去上列教材的一部分，酌加关于各本科的文字。

十一年，三月，一日　上海

原载一九二二年五月《教育杂志》第十四卷号外（学制课程研究号），原副标题为“教授原理及课程细目”

初级外国语之试验

试验（test），即考试，用以查察程度者也。旧时教学外国语者，举行考试时，常用“试将下列各句中之某类字指出之”，或“试作十句，每句中含某类字各一”，或“试以光阴如箭一语为题，作一短文”等题，呆板划一，不足以见学生之所长。是以今日教学者，对于此种试法，每觉不甚满意，而不满意之主要理由有二：

（一）偏而不全，致成绩之优劣，不皆可靠。（二）漫无标准，致成绩之审查，不能划一。

欲避免上述二点，非改用新法不可。欲改用新法，当先知学生欲求获外国语之目的；求获外国语之目的，依余浅见所及，不外下列各端：

（一）发音正确；（二）诵读合宜；（三）深明意义；（四）讲话明白；（五）写作通顺。

知此五端，则考查学生成绩之试验，不难实行矣。兹将最有效者四种，分节开列于后：

一、发　音

此种试验，最简易者，为单字之听音。试验单字听音，可以下法行之：

教师于学生已识之字中，择二十或三十字，开列一单，写于黑板上，令学生各自手抄。单内之字，含同一之音者，应为二分之一，其他各字所含之音，与此不同。而同者与不同者，当参互错综以排列之。例如：day、parent、arm、yard、leg、lark、large、chair、rain、dark、march、pork、match、park、cat、hour、car、father、lake、last。

单内含同一之音（即 are 字音）者共十字，其余十字所含之元音，与此不同。教师于行此试验时，可先云："单中共二十字，内十字含 are 字之音，其余则不然。余今慢慢将单中之字读出。汝等闻得字之有 are 音者，可于其前作一个 × 以为记号。其他诸字，无 are 音，不必做记号。"

上述者，are 音之试验也。其他诸元音或仆音，均可仿此法行之。

此种试验，可以"闻音择字"名之。行之者，非独学生之成绩显然，且分数不啻已由学生自批矣。

二、文　法

旧时试验文法，往往以错误之句，使学生改正。惟此法不尽善，因学生学力浅薄，不能同时认识其误而修革之也。

现有一法，较旧者佳而易行，兹述之如下：

施行试验者，作十句或廿句写于黑板上，令学生各自誊写（或油印发给亦好）。此十句或二十句之一半，皆合文法，其余则不然。考试者可令学生将不合文法之句涂去，合文法者留存，试举一例如下：

1. I shall going to school.
2. My school is near my home.
3. My teachers kind to me.
4. They give me good lessons.
5. Often they asks me questions.
6. Sometimes they tell me stories.
7. The stories they tell me is beautiful.
8. I love my teachers, and I like to study in their school.
9. My teachers do not kind to the lazy pupils.
10. They like pupils who work hard.

上十句之1，3，5，7，9均不合文法，受试验者，如不涂去，或误涂他句，均应扣分，此种试验，可以“选择正句”名之。

三、答　问

见一句语而能深明其意，闻一问语而能立时作答，此学习外国语最大之目的也。然此皆由常常训练而来。下述者可作平时训练，亦可作临时考试之用。

此法先问后答，问语一，答语三。答语中一是而二误。教师或考试者，应令学生择其一而去其二。试举两例如下：

（1）What is a bicycle ?

1.A bicycle is machine.

2.A bicycle is a car.

3.A bicycle is a two-wheeled vehicle.

以上1、2两答误。

（2）Who wrote "Three Principles of the People"?

1.Confucius wrote it.

2.Dr. Sun Yat-sen wrote it.

3.Washington wrote it.

以上1、3两答误。

此种试验可以"见问择答"名之。

四、翻 译

此试验含原语一，翻译语四。译语一佳而三劣。受试者应去三而留一。误去误留均扣分。例如：

（原句）The Chinese tea industry is showing signs of recovery.

（翻译）

1. 中国茶业正显露重兴之态。

2. 中国实业有恢复之情形。

3. 中国茶业表现恢复之象。

4. 中国工业现露重整之状。

以上 1，2，4 均不合。

上述四种试验之法，可专施之初级学生，至于高级学生之试法，当然不必依此也。

原载一九三四年十一月《江苏教育》第三卷第十一期（外国语教学专号）

编后小记

金小明

民国时期著名的藏书家、编译家、散文家周越然（一八八五——一九六二），在沉寂了半个多世纪以后，那些记录与折射了他在文化启蒙、传播、教育等方面事功与心迹的文字作品，日益受到人们的关注。作为上海沦陷时期一位具有社会影响的重要作家和不无争议的文化人物，周氏的集内、集外作品，更已进入了探寻者、研究者的视野。

周越然于中、西文化浸淫日久，涉猎甚广，撰述亦丰，不少文字在他生前未及汇订成集，曾使后人有“文字飘零谁为拾”之叹。系统、细致地搜集、挖掘、整理相关的材料和文本，仍然是一项不可或缺的基础性工作。为此，王稼句先生委托我将周氏的主要集外中文作品，分类编辑，汇成《修身小集》《文史杂录》《婚育续编》《风俗随谈》《旧籍丛话》数集，与修订重刊的《情性故事集》《性知性识》《书书书》《六十回忆》《版本与书籍》等，一并纳入他与陈子善先生共同主编的《周越然作品系列》梓行，力图对周氏佚文的整理工作，作一个阶段性的回顾与总结。

《文史杂录》，分类辑入作者的一些早期序跋文字，以及发表在《教育杂志》《小说月报》《申报月刊》《中华月报》《文友》《文帖》《杂志》《古今》《天地》《大众》《语林》《光化》《众论》《风雨谈》《宇宙风》等刊物上的文史类杂文，共计六十八篇。

周氏的这些文章，品类比较丰富，集中体现了他多元混搭的文化趣味和新旧夹杂的语言风格：既有对中国古籍、文献藏品的梳理和提要，也有对外国名家行述、逸闻的介绍和拾遗；既有对清末民初历史人物、洋场旧俗及文教往事的追忆和评论，也有对东瀛文化近距离观察的记录和心得；此外，还有对中西语文现象的比较和外语教学方法的总结。一卷在手，阅众可以从中领略这位“湖州老少年”藏书、品书、著书、教书的生活轨迹和“读书穷探沧瀛奇”（顾佛影诗句）的人生志趣。

在编订方面，编者对原版明显的笔误与印误，径行改正，不另出校记；对个别需要说明的旧译外国人名，酌加注语；对当年习用的标点符号、通假字及带有作者行文风格的语文现象，一般并不按现行标准求得统一，以保持历史原貌。需要特别说明的是，他的几篇与拼凑的“第二届大东亚文学者大会”等日伪勾结活动有关的文字（《中日文化的融合》、《东游闲谈》《东行日记》《告日本与会诸君》）虽有一定的资料价值，无法也不必不合时宜地重刊，在此存目而已。

刘永平君对编订工作多有助益，谨此致谢。

2017 年 1 月 25 日　于金陵心远斋

图书在版编目（CIP）数据

文史杂录 / 周越然著 . -- 哈尔滨 : 北方文艺出版社 , 2017.7

（周越然作品系列）

ISBN 978-7-5317-3914-2

Ⅰ . ①文⋯ Ⅱ . ①周⋯ Ⅲ . ①出版工作 – 中国 – 文集 Ⅳ . ① G239.2–53

中国版本图书馆 CIP 数据核字（2017）第 128274 号

文史杂录

Wenshi Zalu

作　者 / 周越然

策　划 / 陈子善　王稼句

编　者 / 金小明

责任编辑 / 宋玉成　张　喆

装帧设计 / 壹・书装

出版发行 / 北方文艺出版社

网　址 / www.bfwy.com

邮　编 / 150080

经　销 / 新华书店

地　址 / 黑龙江现代文化艺术产业园 D 栋 526 室

印　刷 / 北京诚信伟业印刷有限公司

开　本 / 850 × 1168　1/32

字　数 / 231 千

印　张 / 12.5

版　次 / 2017 年 7 月第 1 版

印　次 / 2017 年 7 月第 1 次印刷

书　号 / ISBN 978-7-5317-3914-2

定　价 / 46.80 元